医药市场营销

主　编◎周　立　陈湘霞　李德鑫

副主编◎孙　沂　毛午佳　卢晓兰　贾　俊

西南交通大学出版社

·成　都·

图书在版编目（CIP）数据

医药市场营销 / 周立，陈湘霞，李德鑫主编. 一成都：西南交通大学出版社，2023.3
ISBN 978-7-5643-9190-4

Ⅰ. ①医… Ⅱ. ①周… ②陈… ③李… Ⅲ. ①药品－市场营销学－高等职业教育－教材 Ⅳ. ①F724.73

中国国家版本馆 CIP 数据核字（2023）第 036625 号

Yiyao Shichang Yingxiao
医药市场营销

主编 / 周　立　陈湘霞　李德鑫

责任编辑 / 罗爱林
封面设计 / 何东琳设计工作室

西南交通大学出版社出版发行
（四川省成都市金牛区二环路北一段 111 号西南交通大学创新大厦 21 楼　610031）
发行部电话：028-87600564　028-87600533
网址：http://www.xnjdcbs.com
印刷：四川煤田地质制图印务有限责任公司

成品尺寸　185 mm × 260 mm
印张　15　　字数　370 千
版次　2023 年 3 月第 1 版　　印次　2023 年 3 月第 1 次

书号　ISBN 978-7-5643-9190-4
定价　45.00 元

课件咨询电话：028-81435775
图书如有印装质量问题　本社负责退换

《医药市场营销》编委会

（排名不分先后）

前　言
PREFACE

为了适应我国高职院校医药教育事业的发展，结合当前职业院校医药市场营销实际教学工作的需要，贵阳职业技术学院根据医药市场营销实际工作过程中需要掌握的基本理论和方法，结合大量实际案例和药事管理法规，组织多所院校、医院的有关人员共同编写完成本书。

本书力求反映医药市场常见的营销理论、方法、技巧，将各种医药市场营销教学内容与工作场景紧密结合，力争做到内容丰富、重点突出、切合实际、操作性强。本书可作为高职、中职院校的专业课教材，具有较强的实用价值。

本书共有 3 个模块，11 个项目，41 个教学任务。

每个项目按以下方式构建内容体系：

（1）学习目标（知识目标、能力目标、素质目标）；

（2）教学内容（理论知识、案例启发、知识链接、典型案例、课堂练习）；

（3）课后实训（实训目的、实训内容、实训步骤、实训评价、实训要求）。

本教材模块化的编写方式是我们对职业教育课程改革的探索。由于编者水平所限，书中难免存在不足之处，敬请广大读者提出宝贵意见，以便再版时加以完善。

编者

2022 年 6 月

目　录
CONTENTS

模块一　认知医药市场营销

模块二　制定医药产品市场营销战略

1

模块一
认知医药市场营销

项目一

医药市场

学习目标

1. 知识目标

（1）掌握市场的含义，医药商品的概念及分类，医药市场的定义及类型，处方药市场、非处方药市场及原料药市场的含义。

（2）熟悉医药市场需求的特点，处方药市场、非处方药市场及原料药市场的特点。

（3）了解处方药市场、非处方药市场及原料药市场的现状。

2. 能力目标

运用所学知识辨别市场类型，根据市场类型及特点，分析不同医药市场的需求。

3. 素质目标

培养学生主动学习、搜索相关信息、总结归纳的能力。

任务一　认知市场及医药市场

【案例启发】

非常可乐

饮料食品业是中国近 30 年成长最快的行业之一。1987 年，宗庆后以 14 万元起家，从卖 4 分钱一支的棒冰开始创业。1989 年，成立娃哈哈营养食品厂，推出儿童营养液；1991 年，组建成立杭州娃哈哈集团公司，主要经营果奶；1996 年，进入纯净水市场。1994 年起，娃哈哈成为中国最大的饮料食品企业。2008 年，娃哈哈集团销售收入达 330 亿元。1998 年，创始人宗庆后相信利润高的碳酸饮料在中国还很大的上升空间（可口可乐公司和百事可乐公司进入中国近 20 年的年均增长达到 30%以上）；娃哈哈进而开发并在中国市场推出挑战“两乐”（可口可乐和百事可乐）的非常可乐。

20 世纪 80 年代后半期，中国碳酸饮料市场曾经有过本土第一代可乐，如重庆的天府可乐、山东的崂山可乐、河南的少林可乐、北京的昌平可乐、杭州的“中国可乐”以及广东的汾煌可乐等。80 年代初期“两乐”进入中国后，发展势如破竹。“两乐”实施强势的并购，至 1994 年，百事可乐在中国收购了天府可乐 60%的股份，结果使中国饮料业的 8 大本土品牌仅幸存“健力宝”未被收购，这被称为著名的“水淹七军”事件。

1998 年，非常可乐问世时，可口可乐在中国内地已建立了 23 家合资灌装厂，年销售量达到了 3.2 亿箱，并占有 57.6%的市场份额。“两乐”已经完全垄断了中国的碳酸饮料市场，两者的市场份额之和已达到了 80%。在中国本土饮料几乎全军覆没的背景下，绝大多数人对非常可乐不屑一顾。

出人意料的是，非常可乐推入市场后，销量不断上升：1998 年 7.4 万吨，1999 年 39.9 万吨，2000 年 48.8 万吨，2001 年 59.5 万吨，2002 年 61.1 万吨，2003 年 61.6 万吨。到 2006 年年底，非常可乐在中国碳酸饮料的市场占有率已经提升到 16%～17%，而在局部二、三级城镇的占有率则为 30%左右。

非常可乐何以能突破强大的对手，从“可笑”到“可乐”实现生存和发展呢？简言之，非常可乐采取了创新策略（机会捕捉、目标市场、分销渠道、传播）加模仿跟随策略（产品、价格、口味、包装）的混合挑战策略。其关键是在创新和模仿之间保持了适当的张力。

目标市场走“农村包围城市”的战略路线，以中国的三、四级市场（县市级城镇及广大农村）为目标市场和市场推广的重心。这主要基于两方面的原因：一是“两乐”在中国的一、二级市场（中心城市、省会城市）上已经势力强大，与其竞争的进入壁垒太高；二是“两乐”当时几乎没有进入中国的三、四级市场，这些市场消费水平不高但总量巨大（县市级城镇及农村人口超过 11 亿人），消费者对饮料的需求正在不断上升，这给非常可乐提供了好的市场空间和机会。分销乡镇市场是娃哈哈的优势。

（1）分销渠道。娃哈哈集团强大的经销商网络和渠道渗透能力是其核心的竞争优势。娃哈哈建立了与经销商利益与共的被称为“联销体”模式的分销渠道。联销体模式的优点是风险更低、渗透性更强，以及供应商与经销商之间有更好的互动，较好地解决了中国市场环境下供应商和经销商之间的职责和利益分配问题。娃哈哈有 2 000 人的销售团队，这些销售人员负责厂商联络、为经销商提供服务以及开发市场甄选经销商等。同时，娃哈哈在全国各地拥有 1 000 多家一级批发商，以及众多的二级批发商。在业绩好的地区，平均每 5 万人有一个二级批发商，平均每 30 千米半径有一个一级批发商，每 500 万元销售额配一名理货员。娃哈哈的经销商也是物流商，负责仓储、资金和送货到终端等，而娃哈哈各省的分公司则会派人专助经销商管理铺货、理货以及广告促销等业务。在利益的分配上则会与各自的职责挂钩，并依照职责的完成情况给予不同的激励。在联销体中厂商共同成长。这确保了娃哈哈的渠道重心能下沉渗进到二、三、四级市场，非常可乐能以此为依托进军广大的乡镇及农村市场。

（2）传播与广告入市时机。1998 年 6 月 10 日，娃哈哈抓住法国世界杯首场赛事（巴西—苏格兰）的时机，选择在其转播前插播非常可乐的入市广告“非常可乐，中国人自己的可乐”“非常可乐，非常选择”，几乎一夜之间，非常可乐传遍了全中国。

（3）高广告投入。重视以大量广告（不低于竞争对手）支持新产品入市是娃哈哈的基本策略。1998 年 6—8 月入市期投放电视广告 3 390 万元；1999 年及以后几年广告费有更多的增长。

（4）传播卖点。在其市场宣传中，非常可乐强调“做中国人自己的可乐”，依托社会上普遍的民族情绪争取中国消费者，这在当时产生了积极的市场效果。

（5）小媒体。除中央电视台的电视广告，还针对乡镇农村，更广泛使用当地的区域电视、有线广播、传单、墙头标语、节日对联等小众媒体传播。加上铺货的差异，在许多乡镇，非常可乐的知名度高过可口可乐和百事可乐，甚至在一些偏远农村只知道非常可乐反而不知道可口可乐和百事可乐。

（6）产品。非常可乐包装的外形和大红底色非常接近可口可乐，颜色和口味也酷似可口可乐，只是口感稍略偏甜一点（适应多数中国人）。

这是经过深思后，非常可乐采取的尽可能全面模仿可口可乐和百事可乐的产品策略。宗庆后认为，“两乐”的全球地位已使消费者对产品的认同定型化，20 世纪 90 年代初中国本土的各种第一代可乐之所以失败，正是因为犯了一个共同的错误：创新产品——做中国式的可乐，如天府可乐引入麻辣味，“中国可乐”加入中药成分，汾煌可乐添加生姜。非常可乐入市前夕，宗庆后悄然飞抵美国亲自验证了这一成败的关键，他取了三瓶可乐（非常可乐、中国产可口可乐和美国产可口可乐）在美国做盲眼测试，肯定之后才正式上市。非常可乐在产品上不创新，减少了风险，正是其成功的关键之一。

（7）价格。非常可乐的定价贴近可口可乐，每瓶（370 毫升装）比后者低 0.5～0.6 元。

当时有一个担心是，“两乐”凭其实力可以低价将非常可乐扼杀在摇篮之中。但后来并未出现可乐降价战，一方面娃哈哈已具备综合低成本的优势，另一方面对市场领跑者的“两乐”而言，高市场份额下降价会带来巨额利润损失，是不可取的下策。

思考：

（1）面对强大的可口可乐和百事可乐，中国本土的非常可乐能生存和发展的基本策略是什么？

（2）非常可乐在竞争中是如何处理创新和模仿这两种不同策略的？

一、认识市场

（一）市场的产生

市场是一种以商品交换为内容的经济联系形式，它是社会分工和商品生产的产物，是商品经济中社会分工的表现。在社会产品存在不同所有者的情况下，生产劳动的社会分工使它们各自的产品转变成了商品，亦即出现了商品的供与求，从而产生了进行相互交换的产品市场。随着生产和社会分工的发展，商品交换活动日益频繁，交换关系也更加复杂，市场成为不同生产者通过买卖方式实现商品互相转让的商品交换关系的总和。

在市场经济条件下，市场是一切经济活动的集中体现。从生产企业到消费者个人，无不与市场有着千丝万缕的联系。市场是所有企业从事生产经营活动的出发点和归宿，是不同国家、地区、行业的生产者相互联系和竞争的载体。因此，市场是一个具有多重含义的概念，可以从广义和狭义两方面来理解。

（二）市场的含义

1. 广义的市场

广义的市场是指商品交换关系的总和，也是经济学上对市场概念的解释，即市场是那些从事商品生产和交换的生产者、经营者、消费者之间的交换行为中体现的经济关系的总和，它强调的是商品供求关系、竞争关系、利益关系等。“市场机制”“市场调节”中的“市场”就是经济学意义上的市场。

2. 狭义的市场

狭义的市场是指商品交换的场所，即买主和卖主进行交换的地点，即“作为场所的市场”。从市场营销学的角度看，市场是指某项产品（或劳务）的现实或潜在购买者的集合。卖者构成行业，买者构成市场。

从行业或卖方的角度来看，市场由三要素构成：人口、购买力和购买欲望。只有当三个要素都同时具备时，市场才能真正形成。下面的公式显示了这三要素之间的关系：

市场＝人口×购买力×购买欲望

（三）不同角度的市场含义

在日常生活中，人们将市场看作是买卖的场所，这是从时间和空间角度来理解市场的。人们认识和理解它的角度不同，含义就不同。

1. 生产者视角下的市场

生产者是交换内容的提供方，是商品或服务的供应者。在生产者视角下，市场是指某种商品或服务的实际购买者和潜在购买者的集合。

2. 消费者视角下的市场

消费者是交换内容的接受方，是商品或服务的使用者。消费者总要在把钱存起来和购买商品或服务之间做出选择。在消费者视角下，市场是能够满足其现实需求或潜在需求的商品或服务的货币购买力。货币购买力决定了人的需要或欲望与市场需求的转换关系。

3. 经济学视角下的市场

经济学强调资源配置如何决定生产和分配。认为市场是一个商品经济范畴，是供求关系、商品交换关系的总和，是通过交换反映出来的人与人之间的关系。资源配置决定的社会分工和商品生产，就产生了市场。市场就是为完成商品形态变化，在商品所有者之间进行商品交换的总体表现。

4. 管理学视角下的市场

管理学强调活动效率。管理学侧重从具体的交换活动规律认识和交换效率提高的角度去认识市场，认为市场是供需双方在共同认可的条件下所进行的商品或服务的有效交换活动。

5. 市场营销学视角下的市场

市场营销学强调通过营销活动来满足消费者的现实或潜在需求，其核心是达成交易（一次独立的交换），以有效率的方式达成交易从而既保证本组织的利益，又兼顾消费者和相关组织的利益。因此，需要综合考虑上述各视角下对市场的认识。市场可以被定义为是商品经济中生产者与消费者之间为满足需求并实现商品或服务价值的交换关系、交换条件和交换过程。

首先，市场是建立在社会分工和商品生产的商品经济基础上的交换关系。这种交换关系由一系列交易活动构成。

其次，现实市场的存在要具备一定的条件，这些条件包括：① 存在消费者，他们有某种需要或欲望，并拥有可供交换的资源；② 存在生产者，他们能够提供消费者需要的商品或服务；③ 有促成交换双方达成交易的各种条件，如法律保障，交易双方接受的价格、空间、时间、信息和服务方式等。

最后，市场的发展本质上是一个由消费者（买方）决定而由生产者（卖方）推动的动态过程。一般而言，在买方市场条件下，消费者具有决定性。这种决定性表现在，交易行为取决于是否具备消费者、消费者是否有购买力和购买欲望两方面。没有消费者就谈不上购买力和购买欲望，或是消费者没有购买力和购买欲望，也不能形成现实的市场。

人们习惯于从生产者视角，将卖方称为行业，将买方称为市场。

【知识链接】

消费者的行为模式

消费者行为学（consumer behavior）研究个人、集体和组织怎样选择、购买、使用和处置商品、服务、创意和体验，以满足他们的需求和愿望。营销者必须从理论和实践两方面充分了解消费者行为。

了解消费者行为，要先理解图 1-1 中所示的刺激-反应模型。营销和其他环境刺激进入购买者的意识，然后购买者的个性和决策过程导致特定的购买决定。营销者的任务就是要了解在受到外部刺激和做出购买决策之间，购买者的意识发生了怎样的变化。

如图 1-1 所示，消费者的购买行为受到文化、社会、个人和心理等因素的影响。文化因素具有最广泛、最深远的影响。

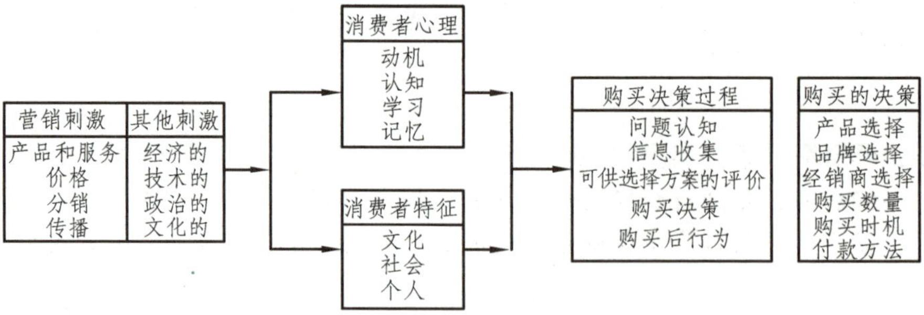

图 1-1　刺激-反应模型

【典型案例】

创新市场——宜家

1943 年，17 岁的瑞典人英格瓦·坎普拉（Ingvar Kamprad）创立了宜家公司。最初，还只是做些卖笔、圣诞卡和自家农场种子的小生意，如今宜家已经成为家居用品的零售巨头。宜家本身也成为一种全球性的文化现象，被《商业周刊》称为“一站式购买时尚家居用品的圣地”和“典型的崇拜性品牌”。

宜家拥有忠诚的顾客，平均每天的顾客人数达到110万人。2005年，伦敦的新店开张时，6 000人在店门没开时就开始排队等候了。宜家在亚特兰大的新店曾举行了一次名为“快乐大使”的比赛，最后产生了5位获奖者。为了获胜赢得宜家优惠券，他们得在还没开业的宜家店铺里生活整整3天。对此，他们欣然做到了。

宜家如此成功是因为它给顾客提供了独特的价值：时尚的北欧设计风格以及便宜的价格。宜家的时尚廉价品包括：249美元的克利帕（Klippan）沙发，120美元的比利（Billy）书架，以及13美元的拉克（Lack）边桌。在北欧市场上，宜家甚至卖出了2 500套价值大约4.5万美元的组装房屋。宜家的价格如此便宜，部分原因是大部分的商品都需要顾客自己组装。这意味着更方便运输，占货架面积小，极少需要送货，因此降低了成本。

宜家的使命是提供价值。创始人坎普拉曾说：“人们并不富裕。我应该考虑他们的利益。”宜家一直遵循着这一理念，每年都将产品的价格降低2～3个百分点。宜家以价值为中心的战略也让自身受益：宜家的利润率有10%，高于其他竞争者。

宜家的很多产品在全世界都是相同的，但也有一些是用来满足当地需求的。例如，在中国，宜家配合当年的生肖主题推出了数十万个塑料餐桌垫，很快就在春节时脱销了。当宜家意识到美国顾客认为一般的喝水杯太小，转而购买花瓶当作水杯时，宜家马上就在美国市场推出了更大的杯子。

宜家的经理们亲自拜访欧洲和美国的家庭，了解到欧洲人一般喜欢将衣服挂起来，而美国人喜欢折叠起来存放。因而美国市场的衣橱被设计成有更深的抽屉。在美国加利福尼亚州，宜家拜访西班牙裔家庭之后，增加了厨房设计中的餐桌座位和用餐空间，采用了更明亮的色调，在墙上挂上了更多的画框。

二、认识医药市场

（一）医药市场的定义及类型

依据市场的定义，医药市场可以被定义为医药商品生产者、经营者、使用者和消费者之间为满足健康需求并实现商品价值的交换关系、交换条件和交换过程。

医药市场的类型可以按交换关系、交换内容、交换地点、交换方式等来划分。

1. 按医药产业供应链中的交换关系分类

按医药产业供应链所形成的交换关系，医药市场共有9种：

（1）原材料供应商与医药生产企业之间建立交换关系而形成的市场；

（2）医药生产企业与批发商之间建立交换关系而形成的市场；

（3）医药生产企业与零售药店之间建立交换关系而形成的市场；

（4）医药生产企业与医疗机构之间建立交换关系而形成的市场；

（5）医药批发企业之间建立交换关系而形的市场；

（6）医药批发企业与零售药店之间建立交换关系而形成的市场；
（7）医药批发企业与医疗机构之间建立交换关系而形成的市场；
（8）零售药店与患者之间建立交换关系而形成的市场；
（9）医疗机构与患者之间建立交换关系而形成的市场。

2. 按医药商品的类别分类

按交换的医药商品的类别不同，可以将医药市场分为：药品市场、药用辅料市场、医疗器械市场、体外诊断试剂市场、药包材市场、保健食品市场和化妆品市场。还可以再细分为不同的市场，如药品市场按注册类型细分为：中药和天然药物市场、化学药品市场和生物制品市场等。

3. 按营销或消费的地域分类

按交换、营销或消费的地域不同，可以将医药市场分为：国际医药市场、国内医药市场，城市医药市场、农村医药市场，东北医药市场、华北医药市场等。

4. 按交换目的分类

按市场参与主体的交换目的不同，可将医药市场分为：组织市场和消费者市场。组织市场是指工商企业为从事生产、销售等业务活动以及政府部门和非营利组织为履行职责而购买产品和服务所形成的市场，是以某种正规组织为购买单位的购买者所形成的市场中，上文中市场（1）~（7）是组织市场。消费者市场是指为满足自身需要而购买的一切个人和家庭构成的市场，上文中市场（8）（9）是消费者市场。

5. 按交易方式分类

按交换过程中商品的展示形态、交换手段和方式不同，可以将医药市场分为：医药电子市场和医药实体市场。医药电子市场是指通过互联网建立的，能够将医药商品交易的参与主体集中在一起进行电子交易等商务活动的电子化虚拟交易平台。而相对于医药电子市场的传统市场则被称为医药实体市场。

6. 按注册批准的经营方式分类

按注册批准的经营方式或交易量，可以将医药市场分为：医药批发市场和医药零售市场。医药批发市场是指专门提供大宗医药商品交易的市场，包括生产企业的直供批发、代理商批发、经销商批发、第三方物流企业批发、配送中心的供货批发和批发市场批发等。医药零售市场是指为个人、家庭和公共团体的非生产性消费需求的满足而提供零星医药产品交易的市场。

7. 按医药商品的供求态势分类

按交易的主动权形成医药商品的供求态势，可以将医药市场分为：卖方市场和买方市场。卖方市场是指医药商品供不应求，购买者竞争激烈，卖方掌握交易主动权和价格支配权的市场。买方市场是指医药商品供过于求，供应者竞争激烈，买方掌握交易主动权和价格支配权的市场。

8. 按销售终端分类

销售终端是指产品销售渠道的最末端，是产品到达消费者完成交易的最终端口，是面对面地向消费者展示商品和交易的场所。医药商品的销售终端是医药机构和零售药店。习惯上，人们将医药商品的终端市场分为：医疗终端市场和零售终端市场。医疗终端市场是指消费者与医药机构之间进行交换从而获得医药商品所有权的市场。零售终端市场是指消费者与零售药店之间进行交换从而获得医药商品所有权的市场。这种分类方法有助于企业研究医药销售终端市场的消费者需求特点，从而有效地开展市场营销活动。因此，业界还将终端市场进一步分为第一终端、第二终端和第三终端。第一终端是指大型医院，第二终端是指城市中小型医院和零售药店，第三终端是指城市社区卫生服务中心、乡镇卫生院、村卫生室以及城郊和农村零售药店。

（二）医药市场的需求特征

如上所述，医药市场的类型具有多样性。不同类型医药市场的需求特征差异较大。宏观上看，各类市场的需求均受国家政策对需求的引导（如招标采购对医药批发企业的影响、医保政策对消费者用药的影响等）、市场进入自由程度（如注册、审批、认证等）、买者和卖者数量、生产经营产品的类别以及信息完备性（如终端市场上消费者的信息不对称高于其他市场）等因素的影响。这些因素不仅影响市场竞争的态势，也影响需求。以下只对药品终端市场需求的特征加以论述。

药品不同于一般商品，其主要作用是用于治疗或预防疾病，它是与人的健康甚至生命相关联的特殊产品。因此，消费者在获得药品满足其健康的需求上也存在特殊性。药品终端消费者需求的一般特征表现在以下几个方面：

1. 被动性需求

健康需求是人的生理需求的一部分，它的产生不是完全自主的，而是被动的。主要表现在：① 遗传、环境、个性等多种因素导致人们是否得病是不能完全自主的；② 疾病及其成因的复杂性需要很高的专业技术和专业技能才能得到确定，人们对疾病的确诊和治疗方式是不能完全自主的；③ 药品本身的高技术特性决定了其内在质量和功效作用等需要较强的专业性技术加以识别，人们用药治疗疾病也是不能完全自主的。因此，这就决定了消费者的需求是一种被动性需求。这种需求的满足要依靠专业技术和专业技能才能得到实现。在很大程度上，疾病的确诊、治疗和用药是被动地由医生来决定的，使用什么药品也被动地由药品的研发、生产和供应状况来决定。尽管对药品进行分类管理后，对于 OTC 药品，消费者可以自行判断、购买和使用，但因为疾病本身的复杂性、药品的高度专业性，消费者在选购和使用时，也往往是头痛医头，脚痛医脚，不能从整体上把握自己的病情，自然对症用药也就存在难度。所以，零售终端提供的药学服务的水平和质量对消费者健康需求的满足至关重要。

2. 被迫性需求

需求的被迫性是指这种需求一旦产生，就迫使人们不得不去满足，生病才去买药。药品的消费是不得已的消费，具有被迫性。当人们由于经济等因素受限而不能满足健康需求时，会带来极大的生理病痛和心理压力，生活质量也随之降低，这都是由被迫性需求的特征所决定的。从某种程度上来讲，政府对药品交换设置条件并在一定程度上进行管制，也是出于此因。

3. 急迫性需求

急迫性需求是指药品消费者的需求是急切需要被满足的。原因在于：①这种需求如果不及时满足会给人们带来生理或心理方面现实或潜在的痛苦；②这种需求延迟满足或者可能增加顾客总成本，或者可能造成难以满足或不再有机会得到满足，甚至导致不需要再去满足的生命终结；③健康需求的产生是非预期的。医院终端的夜诊和零售药店的 24 小时营业服务的提供就是由健康需求的急迫性特征决定的，这也是其他大部分商品不需要 24 小时营业的原因。

4. 特定性需求

特定性需求是指需求有一定的目标指向。有目标指向的需求表现为不是所有的药品都能满足某一特定消费者的需求，或者说，消费者的这一需求满足只能由一种或几种药品来提供，其他大多数药品对于消费者的这一需求不起作用或没有意义，不能对顾客总价值有任何贡献。消费者对于要购买的药品种类有很强的针对性，目标指向集中。如胃病患者到药店后不会购买心血管类药品，甚至除了购买胃药除外，不会在其他柜台驻足。因此，药店中的药品不像百货商店的商品那样，能或多或少地满足消费者的某些需求，都能提高顾客总价值。比如，人饥饿的时候，米饭、馒头、馅饼等所有食品都能满足需求，只是由于个人偏好满意度大小不同而已。但健康需求则不是所有药品都能满足的，不是指向消费者这一特定需求的药品，不仅不能给消费者带来满意体验，还会加大消费者总成本，减少消费者感知价值，降低消费者满意度。因为这一需求特征有目标指向，所以要求医院要确诊开药、药店要对症售药。对症是药品消费的基本特征。药品品种有成千上万种，但是可以治疗某一疾病的药品可能只有一种或几种，消费者使用其他药品无效，有时还会产生不良反应或延误病情。因此，确诊开药和对症售药是药品终端服务的第一准则，这对药学服务水平提出了更高的要求。

5. 需要量精确的需求

就某一特定消费者的一种特定需求而言，其对药品需求的数量是非常精准的。因为满足这一需求的某种药品既不能多，也不能少。就病程而言，少于病程的购买量，其治疗效果不显著，达不到治愈目的，甚至会延误病情；超过了病程的购买量（即治愈后的用药）显然没有意义，保存起来备用也未必适用于下次病情，过期失效后也增加了消费者购买药品的支付成本。消费者一次的购买量一般是预计疾病治愈的量。常年患病者可能会按一个周期、一个疗程参考购买。也就是说，销售终端满足患者需求的药品提供量，过多或过少，消费者都会不满意。因此，药品销售终端为了获得高销售额而多卖给消费者药品的销售行为是不可取的。

6. 谨慎满足的需求

常言道“是药三分毒”。用药不当不仅不能治病，还可能致病。消费者在选购药品时都很慎重，甚至愿意多花钱去买“好”药。由于对疾病及药品知识的缺乏，消费者往往也错误地把药品价格的高低作为判断药品好坏的标准。因此，对于消费者这种谨慎满足的需求，要求销售终端能够正确地指导消费者合理用药。这就对销售终端的专业化服务和在利润的诱导下树立正确的经营理念提出了更高的要求。

任务二 解析医药商品

【案例启发】

保健品类维生素和药品的区别

药品的作用就是治病救人，而保健品是用来保健和辅助治疗用的。两者之间有着明显的区别。但有的产品如维生素、矿物质元素类产品，有的是药品，有的却是保健品。如何看待维生素类产品的药品和保健品呢?

第一，生产及配方组成不同。药品的生产能力和技术条件，都要经过国家有关部门严格审查，并通过药理、病理和病毒的严格检查及多年的临床观察，经有关部门鉴定批准后，方可投入市场。而保健品无须经过医院临床试验等便可投入市场。这样，属于药品的必然具有确切的疗效和适应症，不良反应明确，属于食品的则不然。

第二，生产过程的质量控制不同。作为药品维生素类产品(药字号)，必须在制药厂生产，生产过程中的质量控制要求很高，如空气清洁度、无菌标准、原料质量等。目前，要求所有的制药都要达到 GMP 标准（药品生产质量规范）；而作为食品的维生素类产品（食字号），则可以在食品厂生产，标准比药品生产标准低。

第三，疗效方面的区别。药品一定要经过大量临床验证，并通过国家药品监督管理局审查批准，有严格的适应症，治疗疾病有一定疗效；而作为食品的保健品，则没有治疗作用，仅检验污染物、细菌等卫生指标，合格即可上市。

第四，说明书和广告宣传不同。药品一定要有经过国家药品监督管理局批准的详细的使用说明书，包括适应症、注意事项、不良反应，十分严谨；而作为食品的保健品，说明书不会这样详细、严格，这也比较容易被利用做夸大其词的广告宣传。

所以消费者在选择产品时，为确保安全，最好选择国家药品监督管理局批准的标有“OTC”（非处方药）字样的药品，购买时看是否附有详细说明书。在服用属于药品（药字号）的保健品前必须仔细阅读说明书，要按推荐剂量服用，不要超剂量服用。

一、商品及医药商品的概念

（一）商品的概念

商品是能够满足人们某种需要、用来交换的劳动产品。从这一概念中，可以引申出商品的 3 个特性：一是商品是能够满足人们某种需要的，因此，商品具有一定的价值和使用价值；二是商品只有通过交换，其价值和使用价值才能够得以实现；三是商品是劳动产品，是人类劳动创造出来的社会产品，其价值形成过程中耗费了一定量的人类劳动。

（二）医药商品的概念

关于医药商品的概念，业界还没有达成共识，但医药商品作为一种商品，完全满足商品的 3 个特性，与商品相比，其满足人们需要的范围缩小了。早期的医药商品特指用于预防、诊断和治疗疾病的药品。在大健康产业发展的时代背景下，医药商品是指满足人们健康需要的商品，其内涵有所扩大，包括药品、药用辅料、医疗器械、体外诊断试剂、直接接触药品的包装材料和容器等。从我国食品、药品监督管理部门事权划分和企业实际生产经营的范围来看，医药商品甚至还包括保健食品和化妆品。

二、医药商品的分类

医药商品，即药品，是指用于预防、治疗、诊断人的疾病，有目的地调节人的生理机能并规定有适应症或者功能主治、用法和用量的物质。

（一）按生产经营许可分类

按生产经营许可，药品可以分为：中药材、中药饮片、中成药、化学原料药及其制剂、抗生素、生化药品、放射性药品、血清、疫苗、血液制品和诊断药品等。

（二）按注册类型分类

按注册类型，药品可以分为以下类型：

（1）中药和天然药物：中药是指在我国传统医药理论指导下使用的药用物质及其制剂，天然药物是指在现代医药理论指导下使用的天然药用物质及其制剂。

（2）化学药品：以化学理论为指导，依据化学规律研究和生产的化学合成药。

（3）生物制品：利用生物体、生物组织或其部分，综合应用生物学、生物化学、微生物学、免疫学、物理化学和药学的原理与方法进行加工、制造而成的预防、诊断和治疗制品，又分为治疗用生物制品、预防用生物制品。

（三）按生产阶段分类

按生产阶段，药品可以分为以下类型：

（1）原料药：用于生产各类药物制剂的原料药物，是制剂中的有效成分，有药理活性，能直接作用或者能影响机体的功能或结构。

（2）辅料：生产药品和调配处方时使用的赋形剂和附加剂，是除活性成分以外包含在药物制剂中的物质，起到赋形、充当载体，提高稳定性、增溶、助溶、级控释等重要功能。

（3）制剂：按照一定的剂型要求所制成的，可以最终提供给用药对象使用的药品。人们一般所说的药品是指药物制剂。

（四）按使用方法分类

按使用方法，药品可以分为以下类型：

（1）外用药：在体表或某些黏膜部位使用并通过皮肤或黏膜吸收而发挥药效的药品。

（2）内服药：又称口服药，是指各种口服经胃肠道黏膜吸收而发挥药效的药品。

（3）注射用药：各种直接注入或输入人体血液或皮下的药品。

（五）按药品来源分类

按药品来源，药品可以分为以下类型：

（1）动物性药：利用动物的全部或部分脏器以及其排泄物作为药用或提出纯品药用。

（2）植物性药：植物的各部分如皮花、根、茎、叶、液汁及其果实采作药用或提取植物有效成分药用。

（3）矿物药：直接利用矿物或经加工而成的药物。

（4）化学药品：利用药学方法合成的药品。

（六）按药物作用部位和作用机制分类

按药物作用部位和作用机制，药品可以分为：中枢神经系统、传入传出神经系统、心血管系统、呼吸系统、消化系统、泌尿系统、生殖系统、血液系统、内分泌系统、免疫系统和抗微生物、抗寄生虫以及诊断用药等。

（七）按特殊性管理方式分类

按特殊性管理方式，药品可以分为特殊管理药品和普通药品。特殊管理药品又有如下分类。

（1）毒性药品：毒性剧烈、治疗剂量与中毒剂量相近，使用不当会致人中毒或死亡的药品。

（2）麻醉药品：连续使用后易产生生理依赖性、能成瘾的药品。

（3）放射性药品：用于临床诊断或治疗的放射性核制剂或其他标记药品。

（4）精神药品：直接作用于中枢神经系统，使之兴奋或抑制，连续使用能产生依赖性的药品。

普通药品是指除上述 4 种特殊管理药品以外的药品。

（八）按我国药品分类管理界定分类

按我国药品分类管理界定，药品可以分为以下类型：

（1）处方药：必须凭执业医师或执业助理医师处方才可调配购买和使用的药品。

（2）非处方药：不需要凭医师处方即可自行判断、购买和使用的药品。

（九）按药品费用承担方式分类

按药品费用承担方式，药品可以分为以下类型：

（1）国家基本药物：为保证人们防病治病的基本需求，由政府制定并纳入《国家基本药物目录》中的药品。

（2）基本医疗保险药品：保证人们临床治疗必需的、纳入基本医疗保险给付范围内的药品，分为甲类和乙类两种。

三、其他相关概念

（一）药用辅料的概念

药用辅料，是指生产药品和调配处方时使用的赋形剂和附加剂，是除活性成分外，在安全性方面已进行了合理的评估，且包含在药物制剂中的物质。药用辅料除了赋形、充当载体、提高稳定性外，还具有增溶、助溶、缓控释等重要功能，是可能会影响到药品的质量、安全性和有效性的重要成分。

按来源不同，药物辅料可分为天然物、半天然物和全合成物。

按作用和用途不同，药物辅料可分为溶剂、抛射剂、增溶剂、助溶剂、乳化剂、着色剂、黏合剂、崩解剂、填充剂、润滑剂、润湿剂、渗透压调节剂、稳定剂、助流剂、矫味剂、防腐剂、助悬剂、包衣材料芳香剂、抗黏合剂、整合剂、渗透促进剂、pH 调节剂、缓冲剂、增塑剂、表面活性剂、发泡剂、消泡剂、增稠剂、包合剂、保湿剂、吸收剂、稀释剂、絮凝剂、反絮凝剂、助滤剂、释放阻滞剂等。

按给药途径不同，药物辅料可分为口服、注射、黏膜经皮或局部给药、经鼻或口腔吸入给药和眼部给药等。

（二）医疗器械的概念

医疗器械，是指直接或者间接用于人体的仪器、设备、器具、体外诊断试剂及校准物、材料以及其他类似或者相关的物品，包括所需要的计算机软件。其效用主要通过物理等方式获得，不是通过药理学免疫学或者代谢的方式获得，或者虽然有这些方式参与但是只起辅助作用。其目的是：① 疾病的诊断预防、监护、治疗或者缓解；② 损伤的诊断、监护、治疗、缓解或者功能补偿；③ 生理结构或者生理过程的检验、替代、调节或者支持；④ 生命的支持或维持；⑤ 妊娠控制；⑥ 通过对来自人体的样本进行检查，为医疗或者诊断目的提供信息。

医疗器械按使用场所和功能不同可以分为：① 医院用医疗器械：外伤处置车手术床、手术灯、监护仪、麻醉机、呼吸机、血液细胞分析仪、分化分析仪、酶标仪、洗板机、尿液分析仪、超声仪（彩超、B 超等）、X 线机、核磁共振等。② 家庭护理设备：家庭康复护理辅助器具、女性孕期及婴儿护理产品、家庭用供养输气设备；氧气瓶、氧气袋、家庭急救药箱、血压计、血糖仪、护理床。③ 家庭医疗康复设备：家用颈椎腰椎牵引器、牵引椅、理疗仪器、睡眠仪按摩仪、功能椅、功能床、支撑器、医用充气气垫；制氧机、煎药器、助听器等。④ 家庭保健器材：疼痛按摩器材、家庭保健自我检测器材、血压计、电子体温表、多功能治疗仪、激光治疗仪、血糖仪、糖尿病治疗仪、视力改善器材、睡眠改善器材、口腔卫生健康用品、家庭紧急治疗产品。⑤ 家庭用保健按摩产品：电动按摩椅/床、按摩棒、按摩锤、按摩枕、按摩靠垫、按摩腰带、按摩浴缸、气血循环机、足浴盆、足底按摩器、甩脂腰带、治疗仪、足底理疗仪、减肥腰带、汽车坐垫、揉捏垫、丰胸器、美容按摩器等。

（三）体外诊断试剂的概念

按医疗器械管理的体外诊断试剂，包括在疾病的预测预防诊断、治疗监测、预后观察和健康状态评价的过程中用于人体样本体外检测的试剂、试剂盒、校准品、质控品等产品。它可以单独使用，也可以与仪器、器具、设备或者系统组合使用。

根据产品风险程度由低到高，体外诊断试剂分为第一类、第二类、第三类产品。

第一类体外诊断试剂包括：① 微生物培养基（不用于微生物鉴别和药敏试验）；② 样本处理用产品，如溶血剂、稀释液、染色液等。

除已明确为第一类、第三类的产品，其他为第二类产品，主要包括：① 用于蛋白质检测的试剂；② 用于糖类检测的试剂；③ 用于激素检测的试剂；④ 用于酶类检测的试剂；⑤ 用于酯类检测的试剂；⑥ 用于维生素检测的试剂；⑦ 用于无机离子检测的试剂；⑧ 用于药物及药物代谢物检测的试剂；⑨ 用于自身抗体检测的试剂；⑩ 用于微生物鉴别或者药敏试验的试剂；⑪ 用于其他生理、生化或者免疫功能指标检测的试剂。

第三类体外诊断试剂包括：① 与致病性病原体抗原、抗体以及核酸等检测相关的试剂；② 与血型组织配型相关的试剂；③ 与人类基因检测相关的试剂；④ 与遗传性疾病相关的试剂；⑤ 与麻醉药品、精神药品、医疗用毒性药品检测相关的试剂；⑥ 与治疗药物作用靶点检测相关的试剂；⑦ 与肿瘤标志物检测相关的试剂；⑧ 与变态反应（过敏原）相关的试剂。

（四）直接接触药品的包装材料和容器

直接接触药品的包装材料和容器，简称药包材，是指药品生产企业生产的药品和医疗机构配制的制剂所使用的直接接触药品的包装材料和容器。

实施注册管理的药包材产品包括：输液瓶（袋膜及配件）；安瓿；药用（注射剂、口服或者外用剂型）瓶（管、盖）；药用胶塞、药用预灌封注射器；药用滴眼（鼻、耳）剂瓶（管）；药用硬片（膜）；药用铝箔；药用软膏管（盒）；药用喷（气）雾剂泵（阀门、罐、筒）；药用干燥剂。

（五）保健食品

保健食品，是指具有特定保健功能或者以补充维生素、矿物质为目的的食品，即适宜于特定人群食用，具有调节机体功能，不以治疗疾病为目的，并且对人体不产生任何急性、亚急性或者慢性危害的食品。

保健食品，一是提供营养；二是提供增加人体食欲的色、香、味、形；三调节人体机能。保健食品应有与功能作用相对应的功效成分及其最低含量。功效成分是指能通过激活酶的活性或其他途径，调节人体机能的物质。主要包括：① 多糖类，如膳食纤维、香菇多糖等；② 功能性甜味料（剂），如单糖、低聚糖、多元醇糖等；③ 功能性油脂（脂肪酸）类，如多不饱和脂肪酸、磷脂、胆碱等；④ 自由基清除剂类，如超氧化物歧化酶（SOD）、谷胱甘肽过氧化酶等；⑤ 维生素类，如维生素 A、维生素 C、维生素 E 等；⑥ 肽与蛋白质类，如谷胱甘肽、免疫球蛋白等；⑦ 活性菌类，如聚乳酸菌、双歧杆菌等；⑧ 微量元素类，如硒、锌等；⑨ 其他类，如二十八醇、植物固醇、皂苷等。

（六）化妆品

化妆品，是指以涂擦、喷洒或者其他类似的方法，散布于人体表面任何部位（皮肤、毛发、指甲、口唇等），以达到清洁、消除不良气味、护肤美容和修饰目的的日用化学工业产品。

按使用目的不同，化妆品可以分为：① 清洁化妆品，用以洗净皮肤、毛发的化妆品，如清洁霜、洗面奶、浴剂、洗发护发剂、剃须膏等；② 基础化妆品，化妆前，对面部头发的基础处理，如各种面霜、蜜，化妆水，面膜、发乳、发胶等定发剂；③ 美容化妆品，用于面部及头发的美化用品，如胭脂、口红、眼影、头发染烫、发型处理和固定等用品；④ 疗效化妆品，介于药品与化妆品之间的日化用品，如清凉剂、除臭剂、育毛剂、除毛剂、染毛剂驱虫剂等。

按使用部位不同，化妆品可以分为：① 肤用化妆品，指面部及皮肤用化妆品，如各种面霜、浴剂；② 发用化妆品，指头发专用化妆品，如香波、摩丝喷雾发胶等；③ 美容化妆品，主要指面部美容产品，也包括指甲头发的美容品。

按剂型不同，化妆品可以分为：① 液体化妆品，如浴液、洗发液、化妆水、香水等；② 乳液化妆品，如蜜类、奶类；③ 膏霜类化妆品，如润面霜、粉底霜、洗发膏；④ 粉类化妆品，如香粉、爽身粉；⑤ 块状化妆品，如粉饼、化妆盒；⑥ 棒状化妆品，如口红、发蜡。

任务三　解析药品营销企业

一、解析处方药市场

（一）处方药

处方药指必须由医师明确写明药物的名称、规格、数量、用量及用法等，并在医师指导和观察下使用的药物，包括全部的注射剂以及副作用大、用量特别、新研制出的药品等。处方药在使用过程中需通过医师对疾病的诊断，对所用药物的综合评价做出准确判断、合理用药，并根据治疗的情况及时修正用药，以达到安全、有效、快速治疗的目的。人们在使用此类药物时一定要到正规的医疗机构由医师根据病情给出处方并详细了解用药方法、注意事项，随时与医师沟通病情的变化，注意切勿私自更改药物，增加或减少药量，注射剂还需在医护人员的全程观察下使用。

（二）处方药市场现状

2018 年以来，众多的原来集中全力做医院端的处方药企业开启组建 OTC 队伍，将自身的品种、培训、费用等资源不断向药店倾斜，这种转变也带来零售药店终端处方药销售占比的持续攀升。这种现象的大背景其实在于新医改政策的持续落地，如控制医院的药占比、公立医院推行零加成、禁止医院限制处方外流等，由此使之前医药分家的终极路径日益清晰，零售药店终端将成为药品销售主渠道的目标更加具备可信度。

1. 销量驱动增长

过去 3 ~ 5 年，医药市场整体陷入低迷处境，处方药的市场增速始终低于 5%。2019 年开始走出阵痛期。随着肿瘤药和创新药进院速度加快，以医院市场为主体的处方药增加，整体市场增速上升到 8.1%。处方药零售市场的增长同样可观。2019 年零售渠道的处方药销售占比达到 45.3% ，高于 2017、2018 年的 43.6%和 44.8%，销售额增长了 4%。

零售渠道处方药销售增长有两大原因：销量增长、新产品上市。处方药市场的增长，一方面是受销量驱动，带量采购导致外企品种降价显著，提高了药品可及性，推动产品销量的上升，这是市场增长的主力；另一方面是新产品上市。2019 年 3 月后，集中采购的试点城市百床以上医院渠道销售额同比上涨 7.8%，零售渠道的销量虽同比略有下降，但销售额依然保持上升，而未中标的进口原研药在零售渠道赢得了更多的销售量。未中标原研药受集中采购影响，在试点城市的零售渠道市场占有率上升，增长速度显著高于所属分子的其他产品；在非试点城市的零售渠道，随着集采扩面，落标原研药和有品牌力的优质仿制药依然有较大的市场空间。

这种趋势与 OTC、保健品是截然相反的。OTC、保健品由于大量的网上引流，销量长期下滑，其增长动因主要来自消费升级背景下平均单价变化带动的市场价格上升。

2. 零售渠道有望成为第一渠道

随着处方外流大趋势的发展，零售渠道有望成为第一渠道，这取决于 3 个节点；一是处方外流；二是医保统筹账户放开；三是零售渠道能够承接大量处方外流的市场容量，尤其是药事服务。

2018 年至今，各地都在尝试及探索电子处方流转，处方药在药店处于引流状态，相对保健品和医疗器械业务占比较高，增速也略高。根据专业预测，随着医药分家的推进，处方药外流规模为 4 000 亿元 ~ 5 000 亿元，其中零售市场规模约 3 000 亿元。在这样的前提下，医院市场的药品分发功能越来越弱化，中国零售渠道的销量可能成为第一渠道。

在线上渠道，随着网售处方药政策放开可能性的加强，短期来看，网售处方药针对与线下相近的慢病、常见病品类，B2C 电商巨头首先做到品牌发展，线上处方的开具处于初期阶段，市场规模预测 80 亿元左右；中期，随着电子处方量的爆发式增长，线上处方开具成为常态，更多自费和慢病处方药会在网上销售，市场规模可以达到将近 500 亿元；从长期来看，如果能对接医保系统，包括在线公共医疗保险系统和商保，市场规模将达到 1 500 亿元。

从整体处方药零售市场进行分析，随着分级诊疗和医药分家深入实施，2020 年约有 4 000 亿元的市场规模从大医院流出到基层市场和零售（线上 + 线下），大部分体现在城市社区服务中心或者县医院，1 000 亿元左右有可能直接流入零售渠道，其中线下承担 900 亿元规模，线上承担 60 亿元 ~ 80 亿元的规模；到 2023 年这个数字预计将达到 5 500 亿元。

（三）我国处方药市场面临的挑战

2018 以来，是建立健全基本医疗卫生制度、推进健康中国建设的关键时期。此刻，深化医药卫生体制改革进入攻坚阶段，医药行业一马当先，以仿制药为主的中国医药行业面临医保控费、合理用药监控、药品集中采购、医保支付方式改变等系列改革政策组合拳实施后的挑战期。尤其是与公立医院和医保改革最紧密相关的处方药市场，发生了翻天覆地的变化，医药企业面临生死抉择。为此，本研究中对中国处方药市场面临的重大政策环境变革进行分析，有针对性地提出从研发到营销等一揽子应对策略，为企业战略调整和转型提供参考、建议，促进医药行业健康有序发展。

1. 面临的挑战

（1）公立医院医疗费用总量控制。

因部分城市公立医院医疗费用总量增幅增长较快，国家将公立医院医疗费用控制工作纳入对所属公立医院目标管理、院长年度绩效考核和院长任期考核范围内。国家卫生健康委员会（简称国家卫健委）的统计数据显示，2015—2018 年，中国公立医院医疗总费用增长率已稳定在 9%左右。2017 年，公立医院总药费首次出现负增长，2018 年仅增长 1.3%。可见，公立医院处方药费用增长远低于医疗费用增长。可以说，2017 年是公立医院处方药市场低增长甚至负增长的拐点。

（2）重点监控合理用药药品的临床应用。

为了加强合理用药管理、开展公立医院绩效考核，2019 年 7 月 1 日，国家卫健委发布了第一批国家重点监控合理用药药品目录（化学药及生物制品），首批共纳入 20 个药品，绝大部分为目前临床用量大但循证医学证据不足的品种，如神经节苷脂、脑苷肌肽等。上述品种在公立医院的销售额处于大幅下滑状态，对以其为主营业务的企业来说，无疑是个巨大的挑战。

（3）国家组织药品集中采购和使用试点。

2018 年年底，国家组织药品集中采购和使用试点（简称“4 + 7”集中采购），25 个集中采购中选品种，最低价独家中选，价格平均降幅达 52%，最高降幅 96%。2019 年 9 月 1 日，国家组织的药品集中采购试点由“4 + 7”集中采购扩大到全国集中采购。结果显示，竞争最激烈的几个品种在 2018 年已经大幅降价的基础上又继续大幅降价,降幅最大的 5 个品种平均降幅均超过 40%。对 2 次国家组织的药品集中采购结果分析得出结论：大幅度降价成为主旋律。凡是参与竞争的企业超过 3 家的品种，每轮集中采购的降价幅度几乎均超过 40%。以最高降幅为例，“4 + 7”集中采购最高降幅 96%，2019 年 9 月集中采购最高降幅达 74%。这是政策设计的目的，也是中选企业少、参与企业多的必然结果。

由此可见，国家组织的药品集中采购和使用试点，对公立医院处方药市场的冲击极大，企业面临从研发一致性评价、生产产能设计、营销模式调整到企业经营风险控制等全方位的挑战。

（4）多种模式并存的省级药品集中采购和分类采购。

除国家组织的药品集中采购外，目前还存在形式多样的省级药品集中采购和分类采购。第一类是以广东省和重庆市为代表的药交所模式，医院直接通过药交所平台采购药品，尤其是广东省药交所，以同一竞价分类中最低报价确定中标企业，价格竞争异常激烈。第二类是以三明联盟药械联合限价阳光采购为代表的联盟采购。截至 2019 年 9 月，三明联盟已覆盖全国 15 个省 22 个市 4 个县，这种模式最大的特点就是联合限价、联盟联动、动态调整，药品价格阶梯式下降效应明显。第三类是最广泛的各个省单独组织的药品集中采购和分类采购模式，对不同类别的药品采用不同的采购方案。对于临床用量大、采购金额高、多家企业生产的基本药物和非专利药品，采取双信封制公开招标采购；对于部分专利药品、独家生产的药品，采取谈判采购；对于妇儿专科非专利药品、急（抢）救药品、基础输液、临床用量小的药品和常用低价药品，实行集中挂网采购；对于临床必需、用量小、市场供应短缺的药品，由国家招标定点生产、议价采购。这类采购最大的特点就是实行一个平台、上下联动、左右联动。

多种模式并存的省级药品集中采购对处方药市场最大的影响体现为采购模式的多样性和复杂性，导致企业不同品种在不同采购区域中需采取不同的投标策略和销售策略。而药品价格联动困境导致的药品价格阶梯下降，导致企业产生保市场还是保利润的困扰。

（5）医保支付方式改革。

我国的医保基金实行收支预算，全面推进付费总额控制，建立以按病种付费为主，按人头付费、按服务单元付费等复合型付费方式，逐步减少按项目付费，鼓励推行按疾病诊断相关分组（ DRGs）付费方式。2018 年，国家医保局的成立，推动了医保支付方式改革的进程。源自支付方的药品支付方式改革方案，决定了作为使用方医院的处方药使用导向，医院不但需考虑疾病治疗指南和临床路径，还需考虑药物经济性问题。在该背景下，药品的临床治疗地位和药物经济学价值同样重要。总之，医保支付方式改革引导处方药的价值导向，未来处方药的临床价值和经济价值并重。仅改变剂型，改变酸根盐、碱基等的简单研发模式必然被淘汰。

2. 应对策略

（1）加强创新，加快新产品开发。

加强研发创新力度，加快新产品研发进度，加速新产品的上市步伐，是应对处方药价格阶梯式下降最有力的措施。近几年，国家出台了很多鼓励新药创新的政策，如新的《中华人民共和国药品管理法》支持以临床价值为导向、对人的疾病具有明确或特殊疗效的药物创新，鼓励具有新的治疗机制、治疗严重危及生命的疾病或罕见病、对人体具有多靶向系统性调节干预功能等的新药研制。可以说，药品研发创新不但符合国家医药产业发展战略，也是打破当前处方药市场困境的重要举措。因此，加大研发创新投入、加快研发能力提升及研发创新转型、努力成为研发创新驱动型企业是首要的长期发展战略目标。

（2）调整产品结构，采用产品集群策略。

企业要全面梳理现有产品线，合理取舍，调整产品结构，要有选择性地放弃非治疗性药品、辅助用药、临床疗效不确切药品，加强具有一定治疗地位、有药物经济学优势药品的推广销售。此外，为了避免药品中标或中选的不确定性，以及产品单一带来的经营波动风险，应采取适当的产品集群策略加以规避。

（3）有选择性地开展一致性评价。

药品集中采购政策要求药品通过一致性评价，否则生产企业将失去集中采购准入资格，几乎意味着失去国内公立医院市场。即使通过了一致性评价，也纳入了国家药品集中采购，企业也将面临激烈的价格竞争。因此，对企业来说，全面衡量已有品种的一致性评价开展情况并有选择地开展很有必要。建议企业将有限的研发资源投入具有更高临床价值和市场价值品种的一致性评价，加快开展重点产品、拳头产品的一致性评价。

（4）重构公立医院处方药营销模式。

如果未来国家组织的药品集中采购试点品种范围扩大，那么很多企业都将面临公立医院处方药营销模式重构问题。毕竟降价50%以上乃至90%，降的是市场推广费用、代理商及渠道费用、营销人员费用，在无营销费用空间的情况下，企业的营销模式只能重构。当然，营销模式重构不能操之过急、过于激进，否则易导致营销队伍动荡，影响企业正常运营。较为稳健的策略是根据国家集中采购情况，逐步减少纳入集中采购品种的销售队伍。企业需在费用控制的大环境下重塑商业模式，推出新产品以应对挑战。

（5）重视民营医疗机构市场开拓。

在公立医院医疗总费用总量控制的环境下，企业应将市场发展的目光投向近几年蓬勃发展的民营医疗机构，要重视医师集团的蓬勃发展。自国家放开公立医院医师的多点执业政策后，医师集团迅速崛起。对于这个快速壮大的市场，企业应适时调整营销队伍，找准时机切入医师集团、新型民营医院等新的民营医疗机构市场。

（6）积极开拓零售市场和互联网电商市场。

2019年12月1日，新的《中华人民共和国药品管理法》开始实施，同2019年5月的《药品管理（修订草案）征求意见稿》比较，删掉了“药品上市许可持有人、药品经营企业不得通过药品网络销售第三方平台直接销售处方药”的条款。即新的《中华人民共和国药品管理法》并未禁止网络销售处方药。可以预期，未来互联网销售处方药市场将会迎来暴发增长期，该处方药新营销渠道将会带给企业新的市场机遇。在医院和医保均控制费用的大环境下，公立医院的处方外流将成为趋势，尤其是慢性疾病（慢病）处方，将从公立医院流向社区卫生服务机构，流向社会零售药店，流向互联网平台。企业应主动迎接处方外流趋势，提前布局慢病患者管理，积极开拓零售市场和互联网电商市场，最终形成公立医院、民营、医疗机构、零售药店、互联网电商平台等多渠道销售处方药的局面。

公立医院医疗总费用的总量控制、重点监控合理用药药品的临床应用、国家组织药品集中采购和使用试点、多种模式并存的省级药品集中采购和分类采购、医保支付方式改革等系列政策变革组合拳是中国处方药市场面临的严峻挑战。建议企业加快新产品开发；调整产品结构，采用产品集群策略；量力而行，有选择性地开展一致性评价；进行公立医院处方药营销模式重构；重视民营医疗机构市场开拓；积极开拓零售市场和互联网电商市场。最终实现企业战略调整和转型，促进医药行业健康有序发展。

二、解析非处方药市场

（一）非处方药

非处方药是指经国家药品监督管理局批准，不需医师处方，消费者按药品说明书可自行判断和使用的安全有效的药品，简称 OTC，意为从柜台上购买的药品。它包括西药和中成药，如感冒药、镇咳祛痰药、发热用药、疼痛用药、胃肠道用药（胃酸过多、消化不良、腹泻与便秘）、皮肤用药（皮炎与湿疹、癣症、痤疮）、外用药（扭伤、挫伤）以及维生素与矿物质等 32 大类 2 100 多个制剂品种，此类药品的正确使用尤为重要。

（二）我国非处方药市场现状

据统计，世界上每天使用一种以上药物的人占 60%以上，其中 37%使用的是 OTC 进行自我治疗。目前，全球范围内，OTC 都处在飞速增长中，很多发展中国家已经逐渐取代发达国家，成为推动世界 OTC 发展的主力军。而我国近几年的 OTC 平均销售增长率位居全球前列。2013 年，中国药品市场总规模突破 10 000 亿元，年增长率达 12%，OTC 占全国医药总销售额的 13%，这与发达国家的 30%～40%相比还有一定的差距。这正说明我国 OTC 的销售上升空间是巨大的。

1. 市场总体特征

我国的 OTC 市场，是计划经济向市场经济过渡的产物。我国医疗卫生领域的改革滞后于经济领域，是计划经济遗留下的最后一个系统。计划经济时代，国营医药公司掌控着我国医药市场，按照国家计划生产、统销分配，对药品价格进行统一控制、分级管理，直到 20 世纪 90 年代末，才允许个人开设药店，允许连锁药店跨区域经营。自此以后，市场上药店的数量飞速增加，零售药店的模式也开始向多样化发展，一时间，市场上出现了很多连锁药店和平价卖场。而药品的批发企业也从卫生局的相关机构发展为自主经营、自负盈亏的企业。目前，在对医院进行药品销售的领域，还被卫生部门所制约，种种法规还存在。但是在 OTC 方面，技术壁垒和进入成本较低，生产、研发费用普遍不高，而且政策也越来越开放，产品在市场上能够自由流通。这样，对需求的把握、市场营销的能力以及规模优势就成为 OTC 市场成功的关键。

2. 产品分类现状

我国非处方药市场分为三大类：第一类，维生素、补钙药品、矿物质等食品补充剂，这类药物与保健品存在着市场竞争；第二类，用于治疗一些易发病症，如感冒药、咳嗽药、治疗普通皮肤问题的药以及治疗消化问题的药；第三类，与处方药比较相似，主要用于治疗一些慢性的疾病，如心脑血管病、关节炎等。其中，维生素、矿物质等食品补充剂、抗感冒药排在前列，约占非处方药品市场份额的 1/2。近些年来，随着人们需求的不断变化，OTC 市场也在逐渐适应变化，突出表现在将目标消费者进行了分类，如分为儿童药品、老年人药品、妇科药品等。

3. 市场竞争现状

面对中国 OTC 市场这块大蛋糕，很多跨国公司也已经摩拳擦掌，有些已经占据了不小的市场。从 20 世纪 80 年代开始，我国开始恢复药品的进口，很多国外的制药企业通过药品输出、资本输出、品牌输出的方式抢占了我国市场。到 2010 年，全国三资医药企业就有 1 500 多家，占我国药品生产企业的 38%，全球最大的近 50 家医药生产企业都在我国设立独资企业或者通过合资的方式进驻。将近一半的国有大中型制药企业已同国外企业有合资项目。我国多家国有大型医药企业都由外方控股，比如，西安杨森外方控股 52%，而且在合资过程中很多国产品牌也进行了转让。就连我们一直引以为豪的中药市场也受到了韩国、日本等药企的冲击。管理水平不先进、设备落后、市场开拓能力不强，制约着国内企业 OTC 市场的发展。从统计数据看，在国内 OTC 市场，我国本土企业占 70%左右的市场份额，跨国公司占 30%左右的市场份额。除了三九药业、哈药集团这样的少数大型企业，大部分都是研发能力、市场拓展能力、资金实力、品牌认知度上都相对较弱的中小型企业。随着跨国企业的进入，我国本土中小型企业该如何生存发展，是企业应该重点考虑的问题。

三、解析原料药市场

（一）原料药

原料药，指用于生产各类制剂的原料药物，是制剂中的有效成分，由化学合成、植物提取或者生物技术所制备的各种用来作为药用的粉末、结晶、浸膏等，但病人无法直接服用的物质。

原料药（active pharmaceutical ingredient，API）的定义：用于药品制造中的任何一种物质或物质的混合物，而且在用于制药时，成为药品的一种活性成分。此种物质在疾病的诊断、治疗、症状缓解、处理或疾病的预防中有药理活性或其他直接作用，或者能影响机体的功能或结构。原料药只有加工成为药物制剂，才能成为可供临床应用的医药。

（二）原料药的分类

根据来源，原料药分为化学合成药和天然化学药两大类。

化学合成药又可分为无机合成药和有机合成药。无机合成药为无机化合物（极个别为元素），如用于治疗胃及十二指肠溃疡的氢氧化铝、三硅酸镁等；有机合成药主要是由基本有机化工原料，经一系列有机化学反应而制得的药物（如阿司匹林、氯霉素、咖啡因等）。

天然化学药按其来源，也可分为生物化学药与植物化学药两大类。抗生素一般由微生物发酵制得，属于生物化学范畴。近年出现的多种半合成抗生素，则是生物合成和化学合成相结合的产品。原料药中，有机合成药的品种、产量及产值所占比例最大，是化学制药工业的主要支柱。原料药质量好坏决定制剂质量的好坏，因此其质量标准要求很严。世界各国对于其广泛应用的原料药都制定了严格的国家药典标准和质量控制方法。

（三）我国原料药市场现状

我国的化学原料药产业与改革开放时间同步，经过几十年的发展不仅成为整个医药工业的重点，也成为全球最大的供应商并有了牢固的国际地位。截至 2013 年，已在国家食品、药品监督管理局注册的原料药生产企业共 1 600 多家，获得 GMP 认证的原料药有 3 700 多种，能生产的原料药有 1 600 多种，产能达 200 多万吨，其中 60%供应国际市场，以青霉素、维生素 C、柠檬酸、抗生素、对乙酰氨基酚为代表的 60 多种原料药均具有较强的竞争力。近 10 年来，化学原料药出口比例大幅增加，仅 2011 年，我国出口药品构成中，原料药的比重占 78%，出口额已超过 220 亿美元，在全球 400 亿规模里占 50%以上。另外，全球出现原料药生产向发展中国家转移现象，更为中国原料药的海外市场提供了良好的发展环境。

从生产品种来看，大宗原料药的生产主要集中在石家庄、沈阳、淄博、哈尔滨、天津等老医药工业基地，如华北制药集团、石家庄制药集团、东北制药、齐鲁制药厂、哈药集团等。其产品主要为中国的优势产品，集中在抗生素类、维生素类、解热镇痛类和激素类，生产规模较大，在国内和国际市场上都占有较大的市场份额。

此外，浙江海正集团在国内抗肿瘤原料药方面占据了优势，是国内抗肿瘤原料药出口最大的生产商，其主导产品阿霉素、柔红霉素和丝裂霉素已获得美国 FDA 的认证。昆明制药公司的蒿甲醚系列原料药是中国自主开发的一类新药，目前已出口到诺华公司。

我国原料药出口以大宗原料药为主，主要集中在维生素、抗生素原料类及解热镇痛类等方面，已具有稳定的出口市场。随着关税的降低和配额限制的取消，加上国内低成本的人力资源优势，我国原料药海外市场呈现稳定增长的局面。

【课后实训】

对贵阳贵安区域某医药企业进行调研

一、实训目的

当地企业信息收集。

二、实训内容

通过搜索、实地考察及调研等形式，简单了解当地医药企业的产品类型和现状。

三、实训要求

具备主动学习、搜索相关信息、总结归纳的能力。

项目二
市场营销及发展

学习目标

1. 知识目标

（1）掌握市场营销的定义及相关概念，医药市场、医药市场营销的定义和特点。

（2）熟悉医药市场营销的研究内容和学习方法。

（3）了解医药市场的分类，市场营销的产生和发展，医药市场营销学的研究内容和研究方法。

2. 能力目标

分析医药市场营销环境中的各因素对企业的影响。

3. 素质目标

培养学生高尚的市场营销职业道德。

任务一　认知市场营销

【案例启发】

1956 年，宝洁公司开发部主任维克·米尔斯在照看其出生不久的孙子时，深切感受到一篮篮脏尿布给家庭主妇带来的烦恼。洗尿布的责任给了他灵感。于是，米尔斯就让手下几个有才华的人研究开发一次性尿布。一次性尿布的想法并不新鲜。事实上，当时美国市场上已经有好几种牌子了。但市场调研显示：多年来这种尿布只占到美国市场的 1%。其原因首先是价格太高；其次是父母们认为这种尿布不好用，只适合在旅行或不便于正常换尿布时使用。随后的调研结果显示：一次性尿布的市场潜力巨大。美国和世界许多国家正处于战后婴儿出生高峰期。将婴儿数量乘以每日平均需换尿布次数，可以得出一个大得惊人的潜在销量。宝洁公司产品开发人员用了一年的时间来研发新产品。最初的样品是在塑料裤衩里装上一块打了褶的吸水垫子。但 1958 年夏天现场试验的结果却是，除了父母们的否定意见和婴儿身上的痱子，一无所获。1959 年 3 月，宝洁公司对一次性尿布进行了重新设计，并在实验室生产了

37 000 个样品，拿到纽约州去做现场试验。这一次，有 2/3 的试用者认为该产品胜过布尿布。降低成本和提高新产品质量，比产品本身的开发难度更大。到 1961 年 12 月，这个项目进入能通过验收的生产工序和产品试销阶段。公司选择地处美国最中部的城市皮奥里亚试销这个后来被定名为"娇娃"(Pampers)的产品。皮奥里亚的妈妈们喜欢用"娇娃"，但不喜欢 10 美分一片尿布的价格。在 6 个地方进行的试销进一步表明，定价为 6 美分一片，就能使这类新产品畅销。宝洁公司把生产能力提高到使公司能以该价格在全国销售娇娃尿布的水平。娇娃尿布终于成功推出，直至今天仍然是宝洁公司的拳头产品之一。

一、市场营销概述

学者们从不同的角度定义了市场营销。受社会经济发展水平的影响，不同时期的学者对市场营销的认识有一定差异。"现代营销学之父"菲利普·科特勒将市场营销定义为一个社会和管理的过程。在这个过程中，个人和集体通过创造、提供及与他人交换产品和价值，获得其所需和能满足其欲望的东西。

从广义上讲，人类自进行产品交换就产生了营销；从狭义上讲，在人类社会漫长的短缺经济和卖方市场时期，市场营销是指市场销售和推销。人类社会在 20 世纪中后期进入买方市场后，现代意义上的市场营销才产生，也就是说（现代）市场营销是基于买方市场的有效交换的理论知识和实践方法。

"市场营销"一词译自"marketing"。它有两层意思：一是指企业如何依据消费者需求，生产适销对路的产品，扩大市场销售所进行的一系列经济活动。二是指建立在经济科学、行为科学、现代管理理论基础之上的应用学科，是经济学、行为科学、心理学、社会学、现代管理学、广告学、公共关系学等学科密切结合而成的一门综合性、边缘性的经营管理学科。当"marketing"指经济活动时，称"市场营销"或"营销活动"；当指学科时，称"市场营销学"。

综上，市场营销含义的要点包括以下内容：

（1）市场营销的出发点和归宿点是人类的各种需要和欲望。

（2）市场营销的核心是"交换"。

（3）交换过程是否能高效进行，取决于创造和交换产品或价值满足顾客欲望、需求的程度，及过程中的管理水平。

【知识链接】

菲利普·科特勒简介

菲利普•科特勒，麻省理工学院博士，哈佛大学博士后，拥有苏黎士大学等其他 8 所大学的名誉博士学位，是现代营销集大成者，被誉为"现代营销学之父"，任西北大学凯洛格管理学院终身教授，是西北大学凯洛格管理学院国际市场学"S. C. 强生荣誉教授"，美国管理科学联合市场营销学会主席，美国市场营销协会理事，营销科学学会托管人，管理分析中心主任，杨克罗维奇咨询委员会成员，哥白尼咨询委员会成员，中国 GMC 制造商联盟国际营销专家顾问。

菲利普·科特勒见证了美国 40 年经济的起伏坎坷、衰落跌宕和繁荣兴旺的历史，从而成就了完整的营销理论，培养了一代又一代美国大型公司的企业家。菲利普·科特勒是许多大公司在营销战略和计划营销组织、整合营销上的顾问。这些企业包括：IBM、通用电气（General Electric）、AT&I、默克（Merck）、霍尼韦尔（Honeywell）、美洲银行（Bank of America）、北欧航空（SAS Airline）、米其林（Michelin）、环球市场集团（GMC）等。此外，菲利普·科特勒还曾担任美国管理学院主席、美国营销协会董事长和项目主席以区彼得、德鲁克基金会顾问。同时，菲利普·科特勒还出版了近 20 本著作，在《哈佛商业评论》《加州管理杂志》《管理科学》等核心期刊上发表 100 多篇论文。

二、市场营销的相关概念

（一）需要、欲望、需求

（1）需要。需要是个体感到某种缺乏而力求获得满足的心理倾向，是个体自身和外部生活条件的要求在头脑中的反映，是人们与生俱来的基本要求，如人饥饿时对食物的需要。

（2）欲望。欲望是对某种能满足需要的物品的渴望。如一个人饥饿时需要食物，想得到一杯牛奶，一个面包。欲望会随着条件的变化而变化。

（3）需求。需求是人们有支付能力并愿意购买某种物品的欲望。需要是无止境的，欲望是需要的显化，只有需求才能使市场从潜在变为现实。

（二）产品、服务

（1）产品。产品是指被人们使用和消费，并能满足人们某种需求的任何东西，包括有形的物品、组织、无形的服务、观念或它们的组合。

（2）服务。服务包括两类：一类是纯服务，即提供满意；另一类是功能性服务，即提供利益。人们购买产品的主要原因不仅仅是拥有它们，而是因为它们能够带给人们某种利益，满足人们的需求。如人们购买手机，不仅仅是因为手机本身，而是因为它可以让我们实现沟通交流等。

（三）交换、交易

（1）交换。交换是指通过提供某种东西作回报，从别人那里取得所带物品的行为。人们对满足需求或欲望之物可以通过多种方式取得，如自行生产、强制占有、乞讨和交换等。市场营销活动产生于以交换获得产品的方式。

（2）交易。交易是指双方以货币及服务为媒介的价值的交换，是交换的基本组成单位，是交换双方之间的价值交换。交易通常有两种方式：一是货币交易，如顾客支付3元而得到一包纸巾；二是非货币交易，如甲为餐饮店提供美食技术指导而得到终生免费就餐的福利。

（四）顾客让渡价值

顾客让渡价值是指企业转移的，顾客感受得到的实际价值。它的一般表现为顾客购买总价值与顾客购买总成本之间的差额。

顾客购买总价值是指顾客购买某一产品与服务所期望获得的一组利益，它包括产品价值、服务价值、人员价值和形象价值等。顾客购买总成本是指顾客为购买某一产品所耗费的时间、精神、体力以及所支付的货币资金等，因此，顾客购买总成本包括货币成本、时间成本、精神成本和体力成本等。由于顾客在购买产品时，总希望把有关成本包括货币、时间、精神和体力等降到最低，而同时又希望从中获得更多的实际利益，以使自己的需要得到最大限度的满足，因此，顾客在选购产品时，往往从价值与成本两个方面进行比较分析，从中选择出价值最高、成本最低，即“顾客让渡价值”最大的产品作为优先选购的对象。为了在竞争中战胜对手，吸引更多的潜在顾客，企业就必须向顾客提供比竞争对手具有更多“顾客让渡价值”的产品，这样才能使自己的产品为消费者所注意，进而购买本企业的产品。为此，企业可从两个方面改进自己的工作：一是通过改进产品、服务、人员与形象，提高产品的总价值；二是通过降低生产与销售成本，减少顾客购买产品的时间、精神与体力的耗费，从而降低货币与非货币成本。

（五）市场营销者

市场营销者是指希望从别人那里取得资源并愿意以某种有价值的东西作为交换的人或组织。

营销者可以是卖方，也可以买方。谁更积极、主动寻求交换，谁就是营销者。在买方市场中，营销者通常是卖主，但假如有几个人同时想买正在市场上出售的某种稀缺产品，每个准备购买的人都尽力使自己被卖主选中，这些购买者就都在进行营销活动。在另一种场合，买卖双方都在积极寻求交换，那么，双方都是营销者，这种情况就是相互市场营销。

【知识链接】

马斯洛需求层次理论

马斯洛的需求层次结构是心理学中的激励理论，包括人类需求的五级模型，通常被描绘成金字塔内的等级。从层次结构的底部向上，需求分别为：生理（食物和衣服）、安全（工作保障）、社交需要（友谊）、尊重和自我实现。这种五阶段模式可分为不足需求和增长需求。前4个级别通常被称为缺陷需求（D 需求），而最高级别被称为增长需求（B 需求）。1943年马斯洛指出，人们需要动力实现某些需求，有些需求优先于其他需求。

三、市场营销的产生与发展

（一）市场营销的产生与发展阶段

1. 形成阶段

19 世纪末到 20 世纪初是市场营销学的形成阶段。在这一时期，欧美等主要资本主义国家相继完成工业革命，生产迅速发展，生产的增长速度超过需求的增长速度，即出现了“生产过剩”现象，商品销售出现困难。因此，经济学家逐步开始研究商品的销售问题。1912 年，美国哈佛大学教授赫杰特齐走访了大企业主，了解他们如何进行市场营销活动，于 1912 年出版了第一本销售学教科书。该教科书是市场营销学作为一门独立学科出现的里程碑。

2. 发展阶段

20 世纪 30 年代至第二次世界大战结束是市场营销学的发展阶段。这一时期，西方经济发生重大变化，各国相继发生了经济危机，出现严重的生产过剩，企业商品销售困难。在实际经营中，为了争夺市场，人们开始越来越重视对市场营销学的研究，重视商品的推销和广告术，商品的推销组织、机构和推销策略等。

3. 变革阶段

第二次世界大战结束后，特别是 20 世纪 70 年代至今是市场营销学的变革阶段。这一时期，由于科学技术的进步，社会政治经济情况发生了重大变化，市场销售的矛盾日益突出，市场营销的研究范围从以产品为中心转向以消费者为中心。市场细分、大市场营销观念、合作营销、整合营销、绿色营销、学术营销、网络营销观念等概念相继出现。

（二）市场营销在国内的传播与发展

（1）引进启蒙阶段（1979—1983 年）；

（2）广泛传播阶段（1984—1994 年）；

（3）应用深化阶段（1995—2008 年）；

（4）创新拓展阶段（2008 年至今）

总之，市场营销是商品经济高度发展的产物，它是一门应用科学，将随着社会经济、政治状况的不断发展变化而得到进一步的充实和完善。

【知识链接】

4P 营销理论：产品（product）、价格（price）、促销（promotion）、渠道（place）。

4C 营销理论：顾客（customer）、成本（cost）、便利（convenience）和沟通（communication）。

4R 营销理论：关联（relevancy/relevance）、反应（reaction）、关系（relationship/relation）、报酬（reward/retribution）。

6P 营销理论：产品（product）、价格（price）。渠道（place）、促销（promotion）、公共关系（public relationship）、政治权力（political power）。与 4P 营销理论相比，6P 营销理论具有时代性。

任务二　认知医药市场营销

【案例启发】

2021 非凡大赏

"太极藿香正气液营销服务案例"斩获最佳健康行业整合营销奖

创新营销 持续增长

2021 年 9 月 10 日，由非凡创服与胖鲸智库共同发起，旨在发掘泛营销领域领先企业和新兴势力，推动泛营销行业在企业内容创意、销售转化、用户运营等方面数字化转型的进程，帮助品牌主构建业务增长策略，创新商业价值的非凡大赏年度品牌营销生态论坛暨非凡奖颁奖晚宴在上海举行。凤翔传说选送的《太极藿香正气液营销服务案例》，经过层层筛选，最终斩获非凡奖最佳健康行业整合营销奖。

正气同行，步步为营

2020 年太极藿香正气液启动了品牌升级工程，以做大品类增量为出发点，开创了"正气"品类新赛道，提出"要正气，选太极"的品牌口号。两年来，企业围绕"正气"赛道布局，从核心战略市场出发，进行品牌"海陆空"立体深度传播，并致力于工商共建，品牌共赢，以"太极正气行"IP（intellectual property right，知识产权）持续开展双品牌推广，开创了大健康新营销模式，取得了亮眼的增长。

正气加速 保障供应

2021 年以来，在新营销的驱动下，叠加高温和疫情影响，太极藿香正气液出现严重供不应求的情况，太极集团涪陵制药厂为此新增加了 7 条生产线 24 小时连续生产，全面实行"工人三班倒，机器不停转"机制，把产能扩大到日产 400 万支，加速生产太极藿香正气液。下一步将根据市场实际情况，全面启动智能化车间产能，确保市场需求。

一身正气 平安四季

源自宋代《太平惠民和剂局方》经典名方"藿香正气散"的太极藿香正气液是国家基本药物、国家医保品种，其创新运用现代制药工艺，不含酒精、疗效确切，是治疗暑湿感冒的良药和家庭常备药品，成为传承创新发展中医药的典范。

一、医药市场营销的含义

医药市场营销，是指个人和医药组织通过同他人交换医药产品、服务以满足自身需求和欲望的一种社会管理过程。可以从以下方面把握医药市场营销的含义：

（一）医药市场营销的主体为个人和医药组织

医药产品是特殊商品，现代医药市场营销的主体包括一切面向市场的个人和组织，既包括制药企业、药品批发企业、医疗机构药房、社会药房等，也包括一些通过交换获取产品和服务的个人。

（二）医药市场营销的客体是医药产品和价值

医药产品主要是药品和相关药学服务，其价值包括医药产品本身的价值和使用价值。

（三）医药市场营销的核心是交换

医药市场营销交换是指通过提供他人所需医药服务的过程，满足双方需求和欲望的过程。

（四）医药市场营销是一个社会管理过程

医药市场营销是由一系列活动构成的，包括医药市场调研、医药产品价格制定、医药产品分销渠道管理、促销等一系列活动，整个过程是一个社会管理过程。

（五）医药市场营销的最终目的是有利于满足人们的需求

医药市场营销主要是满足人们对医药产品及服务的需求，治疗疾病和提高生命健康质量。

二、医药市场营销的特点

（一）医药市场营销要遵守一定的法律法规

法律法规是医药市场营销活动的重要环境，必须严格遵守。医药市场营销要遵守《中华人民共和国药品管理法》《中华人民共和国药品管理法实施条例》《医疗器械监督管理条例》等相关法律法规。药品生产、经营管理、特殊药品管理、药品医疗器械广告管理等都有明确规定。

（二）营销人员专业化

医药市场营销人员应具备医学、药学专业知识；掌握一定的医药市场营销知识；熟知营销产品的适应证、用法用量、配伍禁忌、不良反应等必备知识；了解医药行业的实际情况和相关医药法规。

（三）医药市场营销终端多元化、复杂化

医药市场营销一般有三类终端药店，以及包括城镇社区服务站、街道医院、职工医院、乡镇卫生院、村卫生室等在内的第三终端市场。特别是农村市场已成为第三终端的主战场。另外，随着互联网的快速发展，医药电商市场发展迅速。天猫商城与京东商城在医药电商方

面比较活跃，不仅为药品电子商务打开了局面，也让很多药品零售企业看到了药品网上零售的巨大潜力。

三、医药市场营销的研究内容

医药市场营销学是一门新兴的医药经营管理学科。作为营销学，它的研究对象与一般的营销学是一致的，即企业的营销活动及其规律性，因而它的理论框架与一般的营销学也是相似的。但医药市场营销学在阐述市场营销原理、方法、策略时，自然带有医药行业的特色，它的理论总结来源于医药生产经营企业的实践，具体是指医药企业通过市场交易来满足现实和潜在需求的整体性经济活动过程，它的目的是促进医药商品经济的发展，满足人们防病、治病、医疗保健、计划生育等多面的需要。它是对医药企业营销活动经验的总结和概括，并阐明了一系列概念、原理和方法。

从研究对象看，医药市场营销的研究内容主要是：医药市场营销环境研究、健康需求特征研究（方法是市场调查和预测）、医药市场营销战略研究、医药目标市场营销战略研消费者行为研究、竞争策略研究、营销策略组合研究、网络营销与医药电子商务研究、国际医药市场营销研究和医药营销的组织管理研究。本书的基本结构便是围绕这些研究内容构建的。

四、医药市场营销的研究方法

（一）产品研究法

产品研究法侧重于交换内容的研究，研究不同类别医药商品的消费特征，以及生产经营、监督管理的特征，以便于更好地开发、生产、经营产品，更好地满足健康需求。

（二）机构研究法

机构研究法侧重于交换关系的研究，是对医药市场各参与主体的市场行为等的研究，包括生产商、经销商、代理商、批发商、零售商等。

（三）职能研究法

职能研究法侧重于交换过程的研究，研究市场营销的各类职能以及在执行这些职能时遇到的问题和解决方法。如将营销功能划分为交换职能、供给职能和便利职能三大类，并将之细分为购、销、运、存、金融、信息等内容分别进行研究。

（四）管理研究法

管理研究法侧重于交换条件的研究，从管理决策的角度研究营销问题，用管理学的方法研究政府的市场营销政策和企业的市场营销决策，如政府政策等方面的市场营销环境研究、企业制定目标市场决策和营销组合决策研究等。

（五）系统研究法

系统研究法是将交换关系、交换条件和交换过程纳入一个系统中进行研究，是将现代系统理论和方法用于市场营销学研究的方法。企业市场营销管理系统是一个复杂的系统，研究系统各要素（包括企业、渠道、消费者、竞争对手、社会公众、政府、宏观环境等市场参与主体或影响主体）相互影响、相互作用的关系和规律。其目的是使企业能对整个系统进行有效的协调和整合，使企业外部系统与企业内部系统协调一致、密切配合，达到系统优化，产生增效作用，提高经济效益和社会效益。

五、医药市场营销的学习方法

医药流通是医药市场营销主要的研究内容。随着医疗制度改革的深化，医药营销渠道的各个环节发生了显著的变化。医院在医药促销活动中的重要程度逐渐减弱，而社会的零售药店已成为重要的销售终端，医药产品的销售渠道由单一化向多渠道和宽渠道信息化发展。医药市场的一系列发展，决定了我们要用科学化、全面化的方法去学习医药市场营销。

（一）系统全面学习法

医药市场营销系统主要是由两个相互影响、相互作用的卖方和买方组成的统一体。卖方进行市场营销决策时，应把自己周围的环境和市场营销活动过程看作一个系统，统筹兼顾其医药市场营销系统中各个相互影响、相互作用的组成部分，做到密切结合、协同一致，从而制定正确的营销策略，提高营销绩效。

（二）遵循医药市场的传统研究法

传统的医药市场研究学习包括：医药产品研究法和医药市场机构研究法。医药产品研究法是指分别对各种类型及各种产品的市场营销进行分析和研究，通过分析可以找出营销中的具体产品存在的问题，可以全面地做好医药产品的营销。但是这种方法较复杂。医药市场机构研究法是指对营销渠道中各种类型的机构或组织进行研究，如各种医药产品的生产者、医药产品的中间商等。

（三）坚持唯物辩证法，结合案例分析法学习

辩证唯物主义和历史唯物主义正确地揭示了人类社会的本质和发展规律，一切从实际出发是唯物主义的根本要求。我们要用马克思主义哲学唯物辩证法的观点，采取具体问题具体分析的方法来解决和处理问题，这是唯物辩证法的实质和核心，也是我们学习在实践应用营销技术必需的基本理论知识。在实际工作中我们一定要坚持唯物辩证法，结合营销案例，理解营销理论的运用技巧，灵活机动地应用到实践中去，防止形而上学，照抄照搬的理论化营销。

任务三　建立现代市场营销观念

【案例启发】

整合营销：痰热清注射液的启示

新一代中药注射液——痰热清注射液是我国第一个按照指纹图谱技术批准和生产的中药注射液，2004 年上市以来，销量快速增长，2007 年销售额达 3.5 亿元，有望成为年销售收入过 10 亿元的重磅产品。新谊医药集团能够打造出这个重磅炸弹，就充分采取了“整合资源”的方法。新谊医药集团并没有传统企业庞大的研发部门，而只有为数不多的研发人员负责寻找项目，一旦企业选定了项目，就会集中投放资源。痰热清注射液就是新谊医药集团采取内部定产品方向、外部确定研发伙伴的策略，整合外部研发资源的成果。

痰热清注射液 2004 年上市后，销量未达到预期目标，于是，该公司启动了和柏青医药营销机构的品牌策划与传播合作。柏青经过调研将该产品定位于“新一代安全中药注射液”，通过整合行业媒体、学术营销会议、学术赞助、临床促销等多种促销手段，从 2005 年开始，产品进入高速增长快车道，2004 年的销售额达到 1700 万元，2005 年 8 000 万元，2006 年 2 亿元，2007 年 3.5 亿元，不久的将来，相信就会成为年销售收入过 10 亿元的“重磅炸弹”。

回顾痰热清注射液的经历，从 1992 年立项，到 2000 年获得批号，这期间整合了研发力量；2004 年年末，又找到营销机构整合了策划和传播力量。新谊能打造出该重磅炸弹，这种整合资源、聚焦资源的方法，功不可没。

市场营销观念是指企业从事市场营销活动时所依据的基本指导思想或经营哲学。它是一种意识形态，是企业在开展市场营销管理的过程中，在处理企业、顾客和社会三者利益方面所持的态度、思想和观念，传达对目标市场的期望。因此，指导思想正确与否，对于企业经营的成败有着关键的作用。所以，每一个企业都必须十分重视确立正确的营销观念，明确经营方向，借以指导企业的营销活动。

一、营销观念的发展

营销观念是在一定经济基础上产生的，随着市场环境的变化，也在相应地发展演变。菲利普·科特勒将现代企业的市场营销观念归纳为 5 种，即生产观念、产品观念、推销观念、市场营销观念和社会市场营销观念，并分为传统营销观念和现代营销观念。无论是西方国家的企业还是我国的企业，其营销观念的发展都经历了由“企业生产什么，顾客就消费什么”转变为“顾客需要什么，企业就生产什么”，从“以产定销”变为“以销定产”的过程。企业经营哲学的演变过程，既反映了社会生产力及市场趋势的发展，也反映了企业领导者对市场营销发展客观规律认识的深化结果。

二、传统营销观念

（一）生产观念

生产观念，是指企业的一切活动都是以产品为中心，注重大量生产产品，并“以产定销”。19 世纪至 20 世纪初，消费者喜爱那些可以随处得到的、价格低廉的产品，因而生产企业的主要任务就是努力提高生产效率，降低成本，扩大生产和广泛的销售覆盖面，至于生产出来的产品是否能使消费者满意，则很少考虑。

【典型案例】

世纪之车——福特“T 型车”

20 世纪初，汽车工厂都是作坊式的手工生产状态，当时汽车的产量很低，成本居高不下。1903 年由亨利·福特、詹姆斯·卡曾斯与道奇兄弟等创办，福特任总经理。1912 年美国福特汽车公司聘用詹姆斯·库兹恩担任总经理。库兹恩上任后实施了 3 项措施。

（1）对产品“T 型车”做出降价的决定，即由 1910 年的定价 950 美元降到 850 美元以下。

（2）按每辆“T 型车”850 美元售价的目标，着手改革企业内部的生产线，在占地面积为 278 英亩（1.125 平方千米）的新厂中首先采用现代化的大规模装配作业线，将原来 12.5 小时出一辆“T 型车”降至 9 分钟出一辆车，大幅度降低生产成本。

（3）在全世界设置 7 000 多家经销商，广设销售网点。这 3 项决策的成功，使“T 型车”冲向全国，市场占有率居美国汽车行业之首。

1919 年，库兹恩被解雇，亨利·福特任总经理一职。福特采取低价策略，到 1924 年，每辆“T 型车”的售价已降到 240 美元。1926 年福特车产量占美国汽车产量的 1/2。随后，福特汽车公司又提出“不管顾客需要什么，我的车都是黑的”的观点，实行以产定销的策略，以“黑色车”作为福特汽车公司的象征。结果，“T 型车”在市场竞争中日益失利，1927 年 5 月终于停产。1928 年，福特汽车公司的市场占有率被通用汽车公司超越，退居第二位。

分析：在社会生产力不发达、市场产品供不应求时，福特汽车公司采用各种方式增加生产，提高生产率、降低成本，使福特 T 型车成为一款改变了世界的汽车。但随着科学技术和社会生产力的发展以及市场供求形势的变化，福特 T 型车的市场愈来愈小，以致被其他品牌所取代。

（二）产品观念

产品观念认为企业的一切活动都是以产品为中心，在提高产品质量的前提下大量生产产品，并“以产定销”。它与生产观念相类似，其区别在于：产品观念不仅注重大量生产产品，而且在同等价位的情况下，把提高产品质量和增加产品的功能及使产品具有某些特色作为企业的主要任务，借此吸引顾客购买。因此，企业经营的重心致力于生产优质、精益求精、日渐完善的产品，以迎合顾客的需求。在我国广泛流传的“酒好不怕巷子深”“一招鲜，吃遍天”等商谚就是这种产品观念的反映。

产品观念把市场看作是生产过程的终点，而不是生产过程的起点，忽视了市场需求的多样性和动态性，过分重视产品而忽视顾客的需求。当企业所生产的产品出现供过于求，或不适销对路而产生积压时，却不知产品为什么销不出去。

【课堂练习】

美国爱尔琴钟表公司的经营理念

美国爱尔琴钟表公司自1869年创立到20世纪50年代，一直被公认为是美国最好的钟表制造商之一。该公司在市场营销管理中强调生产优质产品，并通过由著名珠宝商店、大百货公司等构成的市场营销网络分销产品。1958年之前，公司销售额始终呈上升趋势。但此后其销售额和市场占有率开始下降。造成这种状况的主要原因是市场形势发生了变化：这一时期的许多消费者对名贵手表已经不感兴趣，而趋于购买那些经济、方便、新颖的手表；而且，许多制造商迎合消费者需要，已经开始生产低档产品，并通过廉价商店、超级市场等大众分销渠道积极推销，从而夺取了爱尔琴钟表公司的大部分市场份额。爱尔琴钟表公司却没有注意到市场形势的变化，依然迷恋于生产精美的传统样式手表，仍旧借助传统渠道销售，认为自己的产品质量好，顾客必然会找上门。结果，企业经营遭受重大挫折。

【思考题】

1. 爱尔琴钟表公司持有什么样的经营观念?
2. 该经营观念的缺点是什么?

（三）推销观念

推销观念产生于社会经济由“卖方市场”向“买方市场”的过渡阶段。20世纪20年代末，资本主义世界经济大危机，许多产品供过于求，销路困难，竞争加剧，企业担心的已不是生产问题，而是销路问题。于是推销技术受到企业重视，推销观念便成为企业经营的指导思想。所谓推销观念，是指企业的一切活动都以推销为中心，注重大量销售产品，通过各种推销手段来刺激购买，解决产品销路，并从中获取利润。推销观念认为，企业只有大力刺激消费者的兴趣，消费者才能买它的产品，否则，消费者将不买或少买。因此，当时许多企业纷纷聘请推销专家，培训推销人员，建立专门的推销机构，采取蜜蜂式的推销方式，大力开展高压式推销工作。企业相信它们的产品是被“卖出去的”而不是被“买去的”。这种建立在强化推销基础上的营销有着高度的风险。

推销观念以推销为重点，通过开拓市场、扩大销售来获利；生产观念和产品观念都以生产为重点，通过增加生产、提高质量、降低成本来获利。但是，3种观念都是建立在以企业为中心的“以产定销”的基础上，而不是满足消费者真正需要的基础上。因此，这3种观念被称为传统市场营销观念。

三、现代营销观念

（一）市场营销观念

市场营销观念形成于 20 世纪 50 年代中期，由美国通用电气公司的约翰·麦克金特立克于 1957 年首先提出，是一种以消费者的需要和欲望为导向的营销观念。市场营销观念认为，企业的一切活动都以市场为中心，以顾客的需要和欲望为出发点，并且比竞争对手更有效、更有力地传送目标市场所期望满足的东西，通过实行整体营销来让顾客满意。“发现需要并设法满足它们”，而不是“制造产品并设法销售出去”；是“制造能够销售出去的产品”，而不是“推销已经生产出来的产品”。因此，“顾客至上”“顾客是上帝”“顾客永远是正确的”“顾客才是企业的真正主人”等口号，就渐渐成为现代企业家的信条。

市场营销观念的产生是市场营销哲学的一种质的飞跃和革命，它不仅改变了传统观念的逻辑思维方式，而且在经营策略和方法上也有很大的突破。它要求企业将管理重心放在善于发现和了解目标顾客的需要，并千方百计地去满足，从而实现企业的长期利益。

【典型案例】

全新的维生素 C 泡腾片

平时生活中见到的维生素 C 通常是光秃秃的圆形白色片剂，装在一个茶色的玻璃瓶或白色塑料瓶中，价格很低，少有人问津。然而，随着市场上出现了上海罗氏制药有限公司生产的力度伸维生素 C 泡腾片，情况就大不一样了。一大片黄色力度伸每片含 1 000 毫克维生素 C，高于一般维生素 C 片的 100 毫克的含量，并加入了橙味、蔗糖、酒石酸细晶体等辅料，放入一杯冷水或热水中，溶解后成为一杯可口的橙味饮品。有趣的是，在其溶解过程中还伴有“哧哧”的声响，顿时让人们苦于吃药的感觉消失得无影无踪。习惯了西药的“苍白”和中药的“杂脏黑”形象，与众不同的力度伸确实给我们了全新的感受。

分析：力度伸的成功来源于充分考虑了消费者的感受和需求，用一系列极具竞争力的差异化特征打破了维生素 C 行业的规则，避开了直接竞争。

（二）社会市场营销观念

20 世纪 70 年代，西方国家的市场环境发生了许多变化，例如在美国，出现了能源短缺、人口爆炸、消费者主义运动盛行、失业人数增加等突出问题。在这种背景下，人们纷纷对市场营销观念提出了怀疑和指责，认为这种观念在美国没有真正付诸实施，即使某些企业真正实施了市场营销观念，它们也忽视了满足消费者个人需要同社会福利、消费者暂时利益与长远利益之间的矛盾，造成了资源大量浪费和环境污染等社会弊端。如一些企业为了攫取高额利润，不顾社会公德，拼命竞产竞销，以致大量掠夺资源，严重污染城市空气、生活用水，危害社会公众的身体健康，以致不断发生事故，这就引起了消费者、社会公众的不满与反抗。因此，企业不得不考虑如何防止空气污染、水污染、精神污染等。针对这些情况，一些市场学者提出了新的观念来修正、补充市场营销观念，如“人类观念”“理智消费观念”“生态准则观念”等。美国学者菲利普·科特勒把这些归纳为“社会市场营销观念”。

社会市场营销观念是以实现消费者满意为核心，并关注消费者的长远利益和社会福利，正确处理消费者欲望、消费者利益和社会长远利益之间的矛盾。总的来说，社会市场营销观念认为，企业的主要任务是创造顾客的满意度以及消费者和社会的长期利益，以此作为企业经营的根本目的与责任。企业不仅要适应和迎合消费者的需要，还要考虑生态平衡、净化环境、社会福利等问题。同时，要主动参与社会生活方式的设计，不能单纯根据消费者需要什么，企业就生产经营什么，不恰当地去迎合消费者过分的欲望，而是运用现有的生产能力，现有的科技，根据消费者现有的生活观、价值观和幸福观等变化趋势，主动为消费者设计出新的生活方式。

【典型案例】

医药企业的环境保护良知

美国强生公司是一家以生产保健品及幼儿药品闻名的公司，该公司被《财富》杂志评价为美国最受尊敬的公司之一，特别是在社会责任和环境责任方面。强生公司的信条是强调诚实和正直，要把消费者看得比利润更重要。在这个信条下，强生公司宁可承担大笔损失，也不愿把任何有害产品推向市场。此外，公司还支持社区和雇员组织的许多项目，只要这些项目对顾客和社区有益。以1982年发生的8个人因服用含氰化物的泰诺胶囊而致死的案例来说，尽管强生公司确信药物不是在工厂中变质的，而且只有少数几家商店的药物出现变质现象，但公司还是迅速回收了所有产品。

分析：从长期来看，强生公司对泰诺的迅速撤回增强了消费者的信心和忠诚，此次事件后泰诺仍然是美国镇痛剂的主导品牌。多年来，强生公司不仅是美国最受欢迎的公司之一，也是获利最丰厚的公司之一。

四、现代营销观念的发展

在不断新生和变化的市场营销环境中，为了适应营销实践的要求，逐渐孕育出了一系列新的营销理念与方法，如品牌营销、文化营销、服务营销、关系营销、整合营销（传播）、机会营销、网络营销、数据库营销、绿色营销等。这些内容不同、形态各异的营销领域中的新生力量，既大大充实和丰富了原有的营销大家族，又相互交融在一起，与原有营销家族成员共同构建了21世纪营销体系。为了对整个营销大家族有全面的了解，并掌握世界最新的营销理念和方法，现简单介绍其中具有代表性的观念。

（一）整合营销观念

在当今企业中，包括营销部门在内的各职能部门的活动日益专业化，从而导致资源的内部竞争，且各职能部门之间的独立性也往往使其目标不一致，其结果是既降低了企业绩效、影响了竞争力，又违背了专业化的初衷。在现代化企业管理中，整合的过程要求企业打破部门间的隔阂，杜绝消耗，使企业的经营活动围绕一个宗旨来进行，而不是围绕部门或职能来进行，从而使分力变成合力，大大增强了企业的综合竞争能力。把这种整合的思想运用到营销过程中来，就有了整合营销的概念。

整合营销是一种对各种营销工具和手段的系统化结合，根据环境进行即时性的动态修正，使交换双方在交互中实现价值增值的营销理念与方法。整合就是把各个独立的营销综合成一个整体，以产生协同效应。这些独立的营销工作包括广告、直接营销、销售促进、人员推销、包装、事件、赞助、售后和客户服务等。战略性地审视整合营销体系、行业、产品及客户，从而制定出符合企业实际情况的整合营销策略。整合营销传播的核心思想是以整合企业内外部的所有资源为手段，再造企业的生产行为与市场行为，充分调动一切积极因素以实现企业统一的传播目标。

【知识链接】

医药企业整合资源的几个方向

整合研发和品种资源企业通过信息分析获得研发线索和研发方向，然后整合外部资源来达成研发目标。这种方法降低了企业成本，最更重要的是能够通过利益机制调动合作伙伴的积极性，从而提升企业的研发效率。这个层面的整合资源，其核心目标是获得优质品种。

整合信息资源企业要做到有效决策，就必须做到掌握充分的信息。决定一个项目可行与否不仅应包括企业家的经验，还应该有更为慎重的调查和分析过程。这时候就有必要借助外部的数据调研机构、分析机构、行业专家等，通过整合外部信息，来帮助企业做出正确决策。

整合营销策划和传播资源寻找外部策划及传播机构帮助企业突破这种局限。

整合管理资源企业做到一定层面以后，在管理层面同样需要寻找外部咨询公司的合作。这种合作，往往能够帮助企业提升系统的管理能力，从而提升核心竞争力。

（二）事件营销观念

事件营销是指企业通过策划、组织和利用具有新闻价值、社会影响以及名人效应的人物或事件，吸引媒体、社会团体和消费者的兴趣与关注，以提高企业或产品的知名度、美誉度，树立良好的品牌形象，并最终促成产品或服务的销售的手段和方式。

由于这种营销方式具有受众面广、突发性强，在短时间内能使信息达到最大、最优传播的效果，为企业节约大量的宣传成本等特点，近年来越来越成为国内外流行的一种公关传播与市场推广手段。

事件营销运作过程中要注意的原则：别把庄重的事当成游戏，任何人、任何事都是值得尊重的；任何营销都需要技巧，事件营销需要除了技巧，还需要真心。

【课堂练习】

美国流感火了川贝枇杷膏

2018 年年初，《华尔街日报》一篇关于念慈庵川贝枇杷膏的报道让一款传统中药止咳糖浆在美国突然成了新“网红”。在美国，其零售价格已经从 7 美元被炒到了 70 美元，按照当时的汇率计算，相当于441元人民币一瓶。

川贝枇杷膏为什么能在美国走红？据了解，2018年入春以来美国遭遇了10年来最强的夺命流感，报道中国川贝枇杷膏的媒体不少，所有报道的源头都是《华尔街日报》2月22日的一篇文章。标题的核心意思是“有一部分纽约人在谈这么一个东西”，副标题的意思是，虽然有些人声称川贝枇杷膏确有疗效，但专家警告食用此类制品可能会有健康风险。中文媒体编译成“让许多纽约人疯抢”，中文媒体选择性地摘取需要的信息，并对需要的那部分信息加了不少原文并没有的报道。

无论川贝枇杷膏在美国热销事件是不是药企方面的主动营销策略，还是无意形成的，这个产品已经势不可挡地成为医药行业2018年的一个品牌成功案例， 而且是全球性的品牌成功案例，尤其是其品牌知名度的成功。

【思考题】

1. 川贝枇杷膏采用了哪种营销观念？
2. 川贝枇杷膏在美国的热销事件给中药企业什么启示？

（三）文化营销观念

文化营销是指企业给予产品、企业、品牌以丰富的个性化的文化内涵，并付诸营销活动中，从而使企业的营销活动形成文化氛围的一种营销观念。如星巴克卖的不仅是咖啡，还卖时尚、个性化的文化；柯达公司卖的不仅是照相机，还卖让人们留住永恒的纪念；百事可乐卖的是它所蕴含的阳光、活力、青春与健康；康师傅冰红茶卖的是它的激情、酷劲与时尚。

总之，企业向消费者推销的不仅仅是单一的产品，产品在满足消费者物质需求的同时还能满足消费者精神上的需求，给消费者以文化上的享受，满足他们高品位的消费。

（四）关系营销观念

关系营销是把营销活动看成是一个企业与消费者、供应商、分销商、竞争者、政府机构及其他公众发生互动作用的过程，其核心是建立和发展与这些公众的良好关系。

关系营销与传统营销的根本区别在于对顾客的理解和对待方式。传统营销对关系的理解仅仅限于向顾客出售产品，完成交易，把顾客看作产品的最终使用者；关系营销则把顾客看作有着多重利益关系、多重需求、有思想、有情感、存在潜在价值的人。进而关系营销把营销活动看成是一个企业与消费者、供应商、经销商、竞争者、政府机构、社区及其他公众互相作用的过程，企业营销活动的核心是建立并发展与这些公众之间的良好关系。

关系营销观念打破了传统营销观念的信条，其营销任务不仅仅由营销部门完成，许多部门都积极参与并与各方建立良好关系，营销部门成为关系营销的协调中心。

（五）绿色营销观念

绿色营销是指企业在整个营销过程中充分体现环保意识和社会意识，向消费者提供科学的、无污染的、有利于节约资源使用、符合良好社会道德准则的商品和服务，并采用无污染或少污染的生产和销售方式，引导并满足消费者有利于环境保护及身心健康的需求。其主要目标是通过营销实现生态环境和社会环境的保护及改善，保护和节约自然资源，实行养护式经营，确保消费者使用的产品安全、卫生、方便，以提高人们的生活质量，优化人类的生存空间。

此营销观念中企业必须把消费者的需求、企业的利益和环保利益三者有机地结合起来，必须充分估计资源环保问题，在产品设计、生产、销售到使用的整个营销过程都要考虑资源的节约利用和环保利益，做到安全、卫生、无公害。

（六）网络营销观念

网络营销是指以现代营销理论为基础，借助网络、通信和数字媒体技术等实现营销目标的商务活动。为用户创造价值是网络营销的核心思想，基于互联网工具的各种方法是开展网络营销的基本手段。互联网为营销带来了许多独特的便利，如客户进入网络商店挑选商品（以选购奶茶为例），根据自己的喜好进行个性化定制，可选择低糖、加奶、去冰等，然后选择下单完成支付。商户接单后就可以送货上门。

网络营销可以促进企业通过网络快速地了解市场动向和顾客需求，节省中间环节，降低销售成本，在常态化疫情防控下，更突显了不可替代的优势。

【课后实训】

组建市场营销团队

一、实训目的

通过实训，学生能清楚目标、明确任务；认知营销职业，树立正确的营销观念。

二、实训内容

本实训在校内教室进行。教师布置任务，学生组建营销团队进行团队展示。具体内容如下：

（1）团队（组）名称、标志、口号、队歌等。

（2）团队研究的行业、企业、主打产品。

（3）团队愿景（长远目标）。

（4）每个团队 6～8 人，挑选 1 名队长，其他成员合理分工，相互配合。

（5）团队本学期的目标任务（市场调研方案策划、企业营销战略和策略分析、模拟演示等）。

三、实训步骤

（1）团队闪亮登场，展示精神风貌。

（2）介绍团队，声音洪亮、吐字清楚，内容主题明确、条理清晰。

（3）进行活动。活动中举止文雅大方、文明礼貌、专业、有序。

（4）活动完毕，礼貌谢场。

四、实训评价（100 分）

（1）知识（30 分，包括应知知识、应会知识）要求：熟悉营销活动过程，掌握营销核心理念。

（2）专业能力（60 分，包括组织能力、沟通能力、解决问题能力、创新能力、自我管理能力）要求：团队名称、标志、口号、目标等，自主设计、有新意；团队集思广益、有团队精神；团队活动体现文明礼貌。

（3）态度（10分，包括参与意识、合作意识）要求：遵守纪律，积极参与，协同合作。

五、实训要求

（1）教师提前布置实训内容，指导学生制定方案，让学生有准备、有目的地开展实训。

（2）每个团队的展示时间为10分钟。展示结束后，教师和团队的组长给每个团队打分，求平均后记为一次平时成绩。

（3）小组互相点评，教师点评、总结。

2

模块二

制定医药产品市场营销战略

项目三

医药市场营销环境

学习目标

1. 知识目标

（1）掌握医药市场营销环境的概念；

（2）掌握医药市场营销环境对企业营销的影响；

（3）熟悉医药企业应对环境影响的任务；

（4）了解医药市场营销环境的相关因素。

2. 能力目标

掌握医药市场营销微观环境和宏观环境的构成，并了解这些构成因素对医药企业开展市场营销活动的影响。

3. 素质目标

培养学生分析问题、解决问题的能力以及创新精神。

任务一　认知医药市场营销环境

【案例启发】

龙胆泻肝丸事件的启示

2003 年 2 月以来，很多媒体都转载了一条消息，被称为“清火良药”的传统中成药——龙胆泻肝丸能够导致肾损害，而且还可能致癌。经研究查明，龙胆泻肝丸害人的真正“元凶”是组方中含马兜铃酸成分的关木通。

据考证，在龙胆泻肝丸的原始配方中，历代所用木通为木通科植物的干燥藤茎，包括木通、三叶木通及其变种白木通。在20世纪30年代，由于木通科木通资源紧缺，逐渐被马兜铃科植物关木通的干燥藤茎代替。两种木通的名称虽相近，外形类似，但因成分不同而造成疗效及毒性有别。木通产于南方，不含马兜铃酸。关木通主产东北，含马兜铃酸，而马兜铃酸正是对肾脏有明显损害的主要成分。

专家指出：医药界像这样因名称相近而混用的现象不在少数，潜在的危险令人难以想象。龙胆泻肝丸官司，拷问的不仅是制药界，同时也在考验司法界。2007年8月24日，国家食品药品监督管理局召开专题会议，讨论药品安全专项整治行动的具体措施，并酝酿实施药品召回制度方案，这意味着药品召回制度不久将在全国范围内实行。国际上产品召回制度在20世纪70年代初期就被引入药品监管中。在中国，问题药品的召回，体现了政府、企业对百姓用药安全和企业信誉的一种负责态度。听说全国将实施药品召回制，山西亚宝药业集团认为："这是一件好事。这次国家出台统一、强制性召回政策，对老百姓用药、净化医药企业经营环境等方面都有好处。"

思考：医药企业的经营活动不可能脱离周围的环境而孤立进行，它的营销活动既要受到自身条件的限制，同时也受到外部条件的制约。医药企业管理者只有识别出内外环境因素的影响，并主动地运用可控因素，发挥自身优势，制定出合理的营销战略与策略，使营销活动与环境相适应，产生最优效果，才能实现企业目标。

一、医药市场营销环境的定义

环境是指事物外界的情况和条件。企业的市场营销环境是指与企业市场营销有关的、影响产品的供给与需求的各种外界条件和因素的综合。医药市场营销环境是相对医药企业市场营销活动的中心客体而言的，指的是与医药企业生存和发展相关的，一切影响和约束医药企业行为的因素和力量的集合。

医药企业市场营销环境的内容非常广泛。根据营销环境对医药企业的市场活动发生影响的方式和程度，可以将医药企业的市场营销环境分为微观环境和宏观环境两大类：微观环境影响着医药企业服务于其目标顾客的能力，由医药企业内部因素和医药企业外部间的供应商、营销中介、顾客、竞争者和公众等因素构成；宏观环境影响着微观环境，由一些大范围的社会约束力量构成，包括人口、经济、自然、科技、政治、法律和文化等因素。这些因素不仅各自对医药企业的市场营销活动产生影响，而且各因素之间的相互作用也同样影响着医药企业的市场营销活动。如前所述，医药市场营销环境是由多因素、多层次组合在一起的综合体，它处在不断变化之中，如图3-1、图3-2所示。

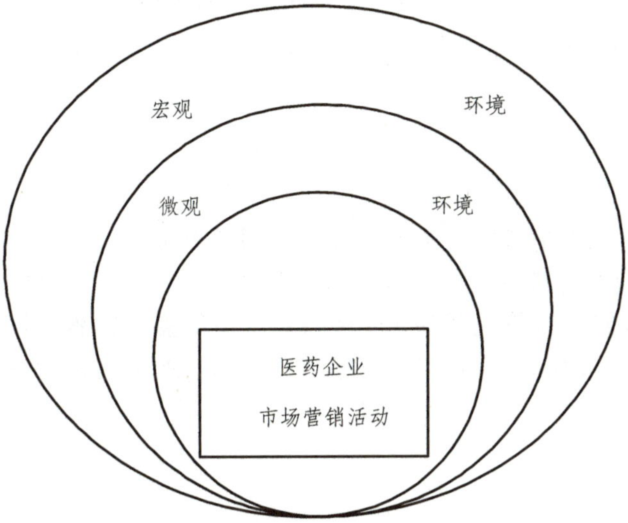

图 3-1　医药企业营销活动与市场环境

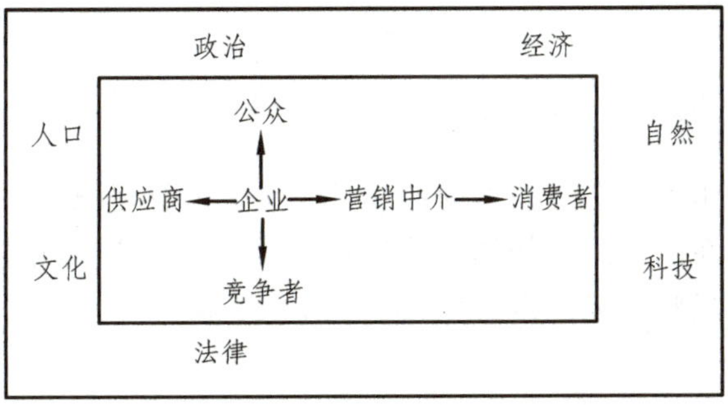

图 3-2　医药营销的宏观、微观环境

二、医药市场营销环境的特点

（一）客观性

医药市场营销环境不以营销者意志为转移而客观存在，有着自己的运行规律和发展趋势。医药企业的营销活动能够主动适应和利用客观环境，但不能违背环境的运行规律。主观臆断营销环境及其发展趋势，必然会导致营销决策的盲目与失误，造成营销活动的失败。

（二）动态性

医药市场营销环境各因素经常处于变化之中。尽管各因素的变化程度不同，但变化是绝对的。从中国的现状来看，由于经济体制改革不断深入，对外开放进一步扩大，经济建设和科学技术迅猛发展，医药市场营销环境的变化速度呈加快趋势。每一个医药企业都与营销环境的各种力量保持一种动态的平衡关系。一旦环境发生变化，医药企业必须迅速做出反应，适应变化，建立新平衡。

（三）相关性

医药市场营销环境不是孤立地受某一个或某几个环境因素的影响，而是受一系列相关因素的相互影响。例如药材的价格不但受市场供求关系影响，还受气候（自然环境）、科学技术（细胞组织培养或新替代药品）以及税收政策等多种因素的影响。这些因素各自都对医药企业产生影响，同时又相互产生影响。这些影响有的可以评估预测，有的则难以做出判断。

（四）复杂性

医药企业面临的市场营销环境的复杂性，一方面表现为医药企业的外部环境因素是企业所不能控制的；另一方面表现为各环境因素之间经常存在着矛盾的关系。例如企业要生产出好的药品去满足消费者治疗与预防的需要，又要遵守政府有关保护野生动植物的法律和规定。

（五）不可控制性和企业的能动性

医药市场营销环境作为一个复杂多变的整体，单个企业不能控制它，只能适应它；然而，某些企业通过自身能动性的发挥，如调整营销策略、进行科学预测或联合多个企业等，可以冲破环境的制约或改变某些环境因素，取得成功。

三、医药市场营销环境分析的重要性

（1）是医药企业营销活动的立足点和根本前提。医药企业的经营不能脱离环境因素单独存在，各种环境因素会对医药企业的经营产生综合的影响作用。只有深入细致地对市场营销环境进行调查研究和分析，才能准确而及时地把握消费者需求，否则，医药企业便不可能很好地实现其满足社会需求和创造好的经济效益和社会效益的目的，甚至陷入困境。许多医药企业的实践充分证明，医药市场营销环境分析是医药企业市场营销活动的立足点和根本前提。

（2）有利于医药企业认清环境中的优势和劣势，扬长补短。营销环境带给医药企业的影响是多方面的。市场经营中，医药企业往往面对的是机会与威胁并存的情况。医药企业营销的关键在于善于细致地分析市场营销环境，善于抓住机会，化解威胁，使企业在竞争中求生存、在变化中谋稳定、在经营中创效益，充分把握未来。

（3）为医药企业经营决策提供依据。医药企业任何经营战略或策略的制定都建立在调研的基础上，医药市场营销环境分析，直接关系到企业决策层对企业投资方向、投资规模、产品组合、促销组合等一系列经营活动的制定。

任务二　医药市场宏观环境分析

【案例启发】

2020 年以来，新冠病毒席卷全球，新冠疫情确诊病例持续上升，各行各业均受到了大小不一的冲击，这给社会的发展带来了阻碍。Our World in Data 的数据显示，截止到 2021 年 10 月 22 日全球新冠确诊病例已经达到了 2.42 亿例，其中，美国、印度、英国、法国、德国和加拿大的确诊病例最多，分别为 4530 万例、3413 万例、868 万例、721 万例、445 万例和 170 万例。

全球各地都针对新冠开展了相关研究，如治疗方案、预防方案等。世界卫生组织 2021 年 5 月发布的《COVID-19 研究和创新成果》显示，目前北美地区针对新冠的研发项目最多，达到了 3 273 项；其次是北欧地区，达到了 2 251 项；然后是西欧地区，达到了 1 028 项。

在疫情最为严重的 2020 年，全球紧急通过的新冠研发项目达到了 1 012 项。2020 年 4 月正值全球首轮疫情暴发期，美国、英国、德国等国家的每日确诊数达到了峰值。在此背景下，迫于社会的需求和疫情肆虐的冲击，针对新冠的研发项目集中在 4 月。从所属领域来看，研发项目主要集中在治疗领域和预防领域，分别达到了 391 项和 316 项，占比分别达到了 49.78%和 40.22%。

Pharma Projects 的数据显示，目前全球 TOP10 医药公司均对新冠疫情进行了相关药物的研发。其中，Novartis 和 Roche 对新冠疫情所研发的药物产品最多，均达到了 8 个；Novartis 拥有 6 个并发症的相关药物，其中有 4 个是现有已获批准的药物，被重新用于新冠并发症的用途。从治疗领域来看，研发药物主要集中在治疗领域，达到了 21 个，占总数的 35.59%；其次是并发症领域，达到了 20 个，占总数的 33.9%；最后是预防领域，达到了 18 个，占总数的 30.51%，在特殊时期，研发成功的疫苗和药品必将产生巨大的社会效益和经济效益。

医药市场的宏观环境指整个国家的政治、经济、社会文化及其发展变化的状况，是大范围的社会约束力量。医药市场的宏观环境随时随地影响和制约着微观环境，它主要包括以下六个方面。

一、人口环境

人口环境是指人口的规模、密度、地理分布、年龄、性别、家庭、民族类别、职业以及其他有关情况。医药市场是由具有购买欲望与购买能力的人所构成的，人口环境的变化，将对市场规模产生直接的影响。

（一）人口数量

在发病率和收入一定的条件下，人口数量的多少，决定了医药市场容量的大小。中国人口环境的两个重要特点就是人口多、增长快。1930 年，中国总人口 4.44 亿，约占当时世界总人口 20 亿的 22.2%；到 1949 年，人口增长为 5.42 亿，约占同期世界总人口的 21.3%。虽然自 20 世纪 70 年代中期以来，中国普遍推行计划生育政策，人口自然增长率不断下降，但由于人口基数大和人口增长惯性的作用，每年的净增人数仍然在 500 万以上。截至 2020 年年初，中国总人口数约 14 亿，约占同期世界总人口的 21.5%。人口规模总体上呈增长趋势，预示着中国的医药市场有极大的发展潜力。一个医药企业判断一个地区或国家市场规模的时候，首先应从该地区或国家的人口数量入手进行分析，在发病率一定的条件下，人口愈多，则患某种疾病的人数就愈多，该市场的规模就越大；反之人口愈少，则医药市场的规模就越小。

（二）人口构成

人口构成包括自然构成和社会构成。前者如性别结构、年龄结构，后者如民族构成、职业构成、受教育程度等。在这些因素方面存在差异的消费者势必会产生不同的消费需求和方式，形成各具特色的消费群体，从而给企业营销带来或多或少的影响。

1. 年龄结构

年龄层次不同的人，对医药市场的需求有着很大的不同。如少年儿童市场，对药品的需求，主要集中在上呼吸道感染（伤风感冒）、退热（清热解毒）以及消化不良（化积）、腹泻等方面，对保健食品的需求则集中在增进食欲、增强体质、促进身体的生长发育（特别是促进身高）以及改善智力等方面，如化积消食、补钙、补铁、补各种微量元素等。而中老年市场对药品的需求主要集中在心脑血管系统的疾病方面，对保健食品的需求集中在抗衰老、益寿延年等方面。据联合国预测，到 2030 年，全世界 60 岁以上的老人比 1990 年增加两倍，占世界人口的比例也由 1990 年的 9%上升到 16%。同时由于女性的平均寿命普遍高于男性，因此，未来的老年人中女性要占多数。近年来，人口老龄化在中国已初见端倪。按照联合国卫生组织的统计标准，中国的上海市、北京市已成为老龄化城市。由于之前推行“一对夫妇只要一个孩子”的政策，中国也进入老龄化社会，因此，努力开发满足老年人治疗、保健所需要的药品，是医药企业发展的一个重要良机。

2. 人口性别

不同的性别对医药市场的需求也有着明显的差异。不同的性别有着不同的生理特点，也就产生了某种性别所特有的疾病及需求，如在保健食品市场，男性需要壮阳类的保健食品，而女性则更需要健美（减肥、美容）类的保健食品。

3. 人口的地理分布

农村与城市、东部与西部、南方与北方、热带与寒带、山区与平原等不同地理环境的人口由于自然条件、经济、生活习惯等差异，其消费需求方面也有着显著差异，导致对医药市场需求的种类和数量不同。这就要求企业根据不同地域的消费差异，提供不同的产品和服务。

【知识链接】

儿童用药市场主要特点分析

中国0～14岁儿童患病率为12.33%，城乡居民总体患病率为14.98%，可见0～14岁儿童患病率要低于城乡居民总体患病率。结合中国人口总量，推算中国患病儿童占总患病人口的比例约为19.35%。从患病人口的总量上来看，儿童用药市场有较大的潜在容量；从儿童疾病的构成比例可以发现，尽管儿童患者总人数占居民总体患病人数的19.35%，但其中约有85%的儿童所患疾病为呼吸系统疾病和消化系统疾病。调查数据表明，0～4岁儿童呼吸系统疾病占该年龄组患病的比例为79.82%，消化系统疾病占10.13%。5～14岁儿童呼吸系统和消化系统疾病患者所占比例略低于0～14岁儿童组，但是两者合计仍高达83.05%。在用药方面，抗感染药用量较大，2002年中国儿童用药市场总规模约为180亿元，40%推广品种是抗感染药；中成药占市场比例相对较小，2003年数据显示，中成药占国内儿童用药市场的比例不足20%；从剂型角度分析，普通片剂、针剂仍为临床主要剂型，适合儿童服用的颗粒剂和糖浆剂增长较快。同时，一些新型制剂，像儿童用贴剂成为制药企业发展儿童剂型的重点。

二、经济环境

经济环境是影响企业市场营销活动的主要因素，主要包括经济发展阶段、地区发展状况、货币流通状况、收入因素及消费结构。医药企业经济环境主要是指社会购买力。影响社会购买力水平的因素主要有消费者收入、消费者支出等因素。消费者的收入水平是影响医药企业市场营销的最重要的因素。

（一）消费者收入

消费者收入主要指消费者个人从各种来源所得到的货币收入，通常包括个人的工资、奖金、其他劳动收入、退休金、红利、馈赠、出租收入等。消费者收入的多少不仅决定着消费者市场购买力水平的高低，而且直接影响消费者的支出行为模式。消费者收入可分为个人可支配收入和可任意支配收入，其中，可任意支配收入的多少是消费者需求变化的最活跃因素，这部分收入越多，消费者购买力就越强，医药企业营销的机会也就越多。

由于受通货膨胀、产品价格变化等因素的影响，消费者个人的货币收入并不能完全反映社会购买力水平。通货膨胀意味着货币贬值，物价上涨。货币的购买能力下降，这就会恶化企业的营销环境；而通货紧缩是与通货膨胀相反的一种经济现象，表现为商品和劳务价格的普遍持续下跌，同样对经济具有负面作用。因此，医药企业开展营销活动时，对消费者收入还要区别为货币收入和实际收入。在消费者的货币收入不变时，如果物价下跌，则表明实际收入上升；反之，则表明实际收入下降。医药企业的营销人员应重视实际收入的变动趋势，同时还应注意人均收入和收入的分配。

（二）消费者支出

消费者支出主要指消费者支出结构模式的变化对医药市场营销的影响。居民个人收入与消费之间存在着函数关系，对此，德国统计学家恩斯特·恩格尔提出了著名的“恩格尔定律”。这个定律的主要内容是：一个家庭收入越少，其总支出中用来购买食物的比例就越大；随着家庭收入的增加，用于购买食物的支出占总支出的比例下降，用于其他方面的开支（如通信、娱乐、保健、教育等）和储蓄所占的比重将上升。消费支出与总支出的比例关系被称为“恩格尔系数”。恩格尔系数越小，食物支出所占比重越小，表明生活质量越高；反之，生活质量越低。应当指出，恩格尔系数受诸多因素的影响，因此，各个国家的恩格尔系数并无可比性。

近年来，中国消费者的支出中，越来越多的资金投向了储蓄、证券投资等方面，其目的是为今后子女上学、购买住房及大件用品做准备。在消费者收入一定时，这种支出会使一定时期内的社会购买力下降，从而在一定程度上影响医药企业的销售量。因此，医药企业的市场营销人员要对某一地区消费者的收入与支出有一个较为全面的了解，才能正确指导企业的市场活动。

三、政治法律环境

政治法律环境主要是指国家的政治变动引起经济势态的变化及政府通过法律手段和各种经济政策来干预社会的经济生活。它往往是企业市场活动必须遵循的准则。医药企业的营销活动是整个社会经济活动的组成部分，不可避免地受到政治法律环境的影响和制约。从国内看，主要指国家的方针、政策、法律、法规及其调整变化对医药行业和医药市场的影响。从国际看，主要是指国际惯例、国际法以及政治权力与政治冲突对医药企业营销活动的影响。

（一）政治因素

1. 政治体制和经济管理体制

从宏观角度来看，与医药企业密切相关的突出问题在于政府机构是否精简，政府行为是否规范，是否能够切实为企业发展保驾护航，是否能够实现政企分开。随着中国经济体制、政治体制改革的逐步深入，中国医药企业将在一个更为开放、民主、法制化的政治环境中运行。

2. 政府的方针政策

国家的方针、政策可引导市场的需求，改变资源的供应，影响生产条件、产品质量，如公费医疗制度的改革，就会鼓励或限制某些医药企业的生产和销售。就中国当前医药市场的总体情况来看，政府的政策突出体现在进一步整顿市场、建立合理公平的竞争机制、规范企业经营行为、打击药品商业贿赂等方面。值得注意的是：方针政策具有可变性，会随着世界政治经济形势的变化而不断做出调整，企业只有密切关注方针政策变动的趋势，才能够不断迎合市场环境变化，获得成功发展。

（二）法律因素

法律是任何一个国家政治力量强制性的一种表现。对医药企业营销活动产生影响的法律法规主要有三个方面：一是有关经济方面的法律，如《合同法》《公司法》《商标法》《专利法》《广告法》《反不正当竞争法》《证券法》《票据法》《进出口商品检验法》《消费者权益保护法》等；二是有关药品生产、销售的法律法规，如已出台的《药品管理法》《药品零售连锁企业有关规定》《药品经营质量管理规范》《医疗广告管理办法》《进口药品管理办法》《精神卫生法》《中医药法》《国境卫生检疫法》等和即将出台的“医疗事故处理法”“初级卫生保健法”等；三是有关对患者利益进行保护的法律法规，如《产品质量法》《药品不良反应监测管理办法（试行）》等。中国现在的法律环境正在日趋完善和健全，每一项新的法律、法规的颁布实施，或者原有法律、法规的修改，都会对医药企业的营销活动带来影响。医药企业应该严格遵守相关法律法规，密切关注法律环境的变化，根据变化及时调整自己的营销战略和策略。值得指出的是：当医药企业涉及跨国经营时，还应特别注意他国相关的法律法规，尤其在许多发达国家，有关药品生产、销售等方面的立法非常严格，以美国为例，新药从研制到批准生产需要 8～10 年，耗资 6 500 万～8 000 万美元。美国食品药品管理局审批一个新药一般为 2 年，平均每年审 2 000 个新药，其中只有约 10%能够生产。此外，立法方面的差异也要求医药企业多方关注，严格遵守相关的法律法规。

【知识链接】

医药企业发展与法律环境

近年来，国外医药企业纷纷瞄准中国进行药物实验，“非法违规试药”屡见不鲜。据有关方面统计，中国每年有 800 多种新药进行人体试验，其中基本是以国外新药为主。目前有 60 多家跨国企业在中国进行着近 100 个项目的 I 期临床试验，直接参与人员数万人，如果算上大面积的采样对象，在 50 万人以上。

国外医药企业纷纷瞄准中国的原因在于：国外试药风险极高。以美国为例，甚至可以追溯 20 年以前的临床试验事故，赔偿可以达到数千万美元。而北京地坛医院来自河南的艾滋病试药者的“要求”，只是 10 元人民币一天的误工补助，甚至只是一只母鸡或 0.5 千克鸡蛋。另一个好处就是，中国试药病人体内没有其他药物成分，可以取得最理想的试药效果。

事实上，为了规范试药，早在 20 世纪 90 年代初，世界卫生组织就制定了《药品临床试验规范指导原则》。1998 年 3 月中国参照这一原则制定了《药品临床试验管理规范》并于 1999 年年底正式公布，2003 年 9 月 1 日又重新改版，更名为《药物临床试验质量管理规范》（简称 GCP）。专家认为： CCP 实施以来，一个最主要的趋势就是越来越注重对受试者权益的保护。但临床试验在实际操作中尚不能保证百分百规范，问题的关键在于中国新药临床试验缺乏第三方的强有力监督。现在缺少的不是规范，而是规范地执行。严格按照法律法规来做，既是对受试者的保护，也是对医生和企业的保护。

四、科学技术环境

科学技术是企业将自然资源转化为符合人们需要的物品的基本手段，是第一生产力。作为营销环境的一部分，科学技术环境不仅直接影响医药企业内部的生产和经营，还同时与其他环境因素互相依赖，相互作用，特别其与经济环境、文化环境的关系更紧密。尤其是新技术革命，既给医药企业的市场营销不断创造机会，又带来新的威胁。如果企业不及时跟上科学技术的发展，就有可能被淘汰。医药企业必须注意了解新技术，学习和掌握对医药行业直接产生影响的新技术，用好新技术这种“加速的推动力”，生产出更多疗效更好的药品来满足消费者的需求。

（一）新技术引起的医药企业经营管理的变化

新技术革命为医药企业的高效率管理提供了物质基础，并迫使企业转变传统的管理观念。目前，许多医药企业都在使用计算机进行管理，江中制药不仅采用了计算机管理，还购买使用美国企业的软件。许多医药企业给销售员配备了笔记本电脑，使企业可以随时掌握全国的销售情况。由于采用了微机管理，大大减少了财务人员、销售内勤等，提高了医药企业经营管理的效率。在医药物流方面，由于先进技术的引进，如电子分销、计算机全程控制配送中心、条形码自动识别系统、客户管理数据库、利用电子数据交换系统进行订单处理和公路运输的卫星追踪等，不少医药企业物流工作的效率大大提高，销售范围不断扩大，不仅节省了大量的人力，而且也使费用明显下降。

（二）新技术引起的医药企业市场营销策略的变化

（1）产品策略的变化。科学技术的迅速发展，对医药新产品的研制起了极大的推动作用。如药品资源从野生、栽培发展到组织培养，使药品生产资源更加丰富，质量更加稳定。药品粉针剂、喷雾剂、微囊的开发，使中成药起效更快，刺激性更小。因此，医药企业营销人员必须不断寻求新市场，预测新技术，从而开发出更加有效、更加安全、更加方便、价格低廉、质量可控的新药。

（2）价格策略的变化。新技术的采用，一方面使医药企业降低产品成本，给价格下调带来了空间；另一方面又使医药企业能够通过信息技术及时了解市场价格走势，从而充分发挥价值规律、供求规律、竞争规律的作用，制定和修改价格策略。

（3）渠道策略的变化。由于科学技术的迅速发展，人们的消费观念有了很大的变化。随着全球互联网络的建立，网络购物的开通，人们现行的到医院诊治疾病，并在医院或药店购药的习惯做法将部分被改变。人们如果想治病，可以在家通过网络，请自己选定的专家进行远程诊断、治疗，通过网络将医生开的处方转到药店，再输入自己银行存款账户号码，很快就能收到药店送来的药品。因此，医药营销应随之对营销渠道的策略加以研究及改变。

（4）促销策略的变化。科学技术对促销策略的最主要影响是广告媒体的多样化，尤其是互联网络的建立和多媒体技术的运用，使广告宣传有可能克服传统广告只能单向传递的弊端，使促销成本更低，而信息沟通的效率则会进一步提高。

五、自然环境

一个国家、地区的自然环境（natural environment）包括物质自然环境和地理自然环境，这些因素都会不同程度地影响企业的营销活动，有时这种影响甚至对企业的生存和发展起决定作用。企业要避免由自然环境带来的威胁，最大限度地利用环境变化可能带来的市场营销机会，就应不断地分析和认识自然环境变化的趋势，根据不同的情况设计、生产和销售产品。

（一）物质自然环境

物质自然环境主要指资源和能源，是进行商品生产和实现经济繁荣的基础，与人类社会的经济活动息息相关。比如，中药企业选址在中药种植基地附近，一般会降低原料价格及运输成本等，这样在其他方面类似的情况下，选择在基地附近建厂其产品价格方面就具有竞争优势。现代社会，环境污染已成为举世瞩目的问题，各个国家、地区政府都采取了一系列措施，对环境污染问题进行控制。这样会限制某些行业的发展，但是也为企业带来了两种营销机会：一是治理污染的技术和设备；二是不破坏生态环境的新的生产技术和包装方法。与此同时，政府对自然资源管理的干涉逐步增加。如许多国家都成立了环境保护组织，对破坏环境的行为进行制止；许多新的关于环境保护的法律法规得以通过，对破坏环境的单位和个人进行制裁。面对原料数量的日益短缺，资源成本急剧上升，环境污染不断加剧，政府对自然资源管理的干涉日渐增多，医药企业组织应该有所准备。

（二）地理自然环境

一个国家或地区的地形、地貌和气候，是企业开展市场营销所必须考虑的地理环境因素，这些地理特征对市场营销有一系列影响。例如安徽、江西等省份是血吸虫病高发地区，所以在这些地区针对血吸虫病的医药产品就有较大的营销空间。而在东北三省、山东等地区基本上没有血吸虫病，那么在这些地区上述产品就难以有生存空间。再比如，从经营成本上考虑，平原地区道路平坦，运输费用较低；而山区、丘陵地带道路崎岖，运费自然就高。因此，医药企业开展营销活动时，应该使其营销策略能适应当地的地理自然环境。

六、社会文化环境

社会文化是人类在生活实践中建立起来的价值观念、道德、信仰、思维和行为方式的综合体。它对市场营销的作用不像其他环境那样显而易见和易于理解，这些影响多半是通过间接的、潜移默化的方式进行的，但无时无刻不影响市场营销活动。对其影响比较大的主要有以下几个方面：

（一）教育水平

教育程度影响消费者心理、鉴别力、购买的理性程度和消费结构，从而影响企业营销策略的制定和实施。若教育水平高，人们可能更容易接受医疗服务、医药产品、保健品的消费，这会给企业带来机遇；但另外，教育使人们自我保护、自我预防意识增强，从而影响人群的患病率，这会降低医疗卫生服务等需求。

（二）语言文字

语言文字是文化的镜子，是文体的核心组成部分，折射出民族的价值观和世界观，反映某一文化的本质特性，也是经济活动沟通的桥梁和表达思想、传递感情的工具，需要适时、适地使用。诸如医药产品在进入市场时都要起一个恰当的商品名，而这些商品名往往使人产生舒适、减压、安慰感，象征健康和祝福，如复方氢氧化铝（胃舒平）、阿莫西林（安福喜）、头孢曲松钠（菌得治）等，在语言表达上也容易记忆和交流。

（三）价值观念

价值观念是人们对社会中各种事物的态度、评价和看法。人们的价值观念差别很大，而消费者对商品的需求和购买行为深受其价值观念的影响。

（四）宗教信仰

宗教信仰会使该人群逐渐形成特定的思维模式，影响人们的消费行为，如在印度打广告是不能用牛的。不同的宗教信仰有不同的文化倾向和戒律，从而影响人们认识事物的方式、价值观念和行为准则，影响人们的消费行为，带来特殊的市场需求，与医药企业的营销活动有密切的关系。

（五）审美观念

审美观念是文化的重要组成部分，在不同的文化环境中，美有不同的评价标准。从消费角度看，在一定的历史时期，由于社会文化融合的影响，消费者产生共同的审美观念和情趣爱好，从而出现社会需求的一致性。审美观念在时间上有一定的稳定性，在空间上有一定的地域性。因此，医药组织在提供产品和服务时应充分考虑同一时间内不同地区流行的品种、款式、型号、颜色、包装等多种因素。

（六）风俗习惯

不同的国家、不同的民族有不同的风俗习惯，它对消费者的消费喜好、消费模式、消费行为等具有重要的影响。

任务三　医药市场微观环境分析

【案例启发】

疫苗事件

2018 年 7 月 15 日，某药企违规生产狂犬疫苗，存在记录造假等行为，被责令停止狂犬疫苗的生产。问题疫苗事件自此爆发。

不过，随后更触目惊心的事实被曝光：企业 2017 年被发现 25 万支“吸附无细胞百白破联合疫苗”（简称“百白破”）检验不符合规定，而这 25 万支疫苗几乎已经全部销售到山东，库存中仅剩 186 支。吉林省相关监管部门早在 2016 年 10 月 27 日就对此立案调查，当时也曾引发舆论关注。但时至今日，相关监管部门均没有对有关调查结果进行通报，也未对注射疫苗者出台处置意见。

直到狂犬疫苗事件出来后，7 月 18 日，吉林省相关监管部门才对该药企进行了没收产品库存 186 支百白破疫苗、没收违法所得以及罚款 344.29 万元。处罚如此之轻，引发一片质疑声，也难以填平疫苗注射者的愤怒。

而销售到山东 25 万支问题疫苗，现在怎样了呢？7 月 22 日上午，山东省疾控部门一位负责人称，有关部门正在准备相关材料，很快会进行通报。

山东省食药监局另一相关处室主要负责人称，涉事疫苗还剩多少，召回了多少，这些疫苗分发到了山东省哪些县市，各接种点接种的人群的数量等，该局还在调查之中。

该负责人还称，“山东是受害者”。她曾接到过多位亲友的咨询电话，称在疫苗接种点核实后发现，孩子注射了涉事百白破疫苗，问该怎么办，是否应该补种，该补种几针。

营销部门的工作是通过满足顾客需求使其满意来吸引顾客的，并建立与顾客的联系，但是，营销部门仅靠自己的力量是不能完成这项任务的。它们的成功依赖于公司微观环境中的其他因素，如本企业的其他部门、供应商、营销中介、顾客、竞争对手和各种公众因素。这些因素共同构成了医药企业的价值传递系统。

一、企业内部

企业的营销活动并不仅仅只是由营销部门独立参与和完成的。在制订营销计划时，营销部门应兼顾企业的其他部门，如财务、人事、采购、生产、管理等部门，所有这些相互关联的部门构成了公司的内部环境。

在医药市场微观环境中，企业内部环境是完成营销工作的基础，对企业的生存和发展起着决定性作用。高层管理部门负责制定公司的使命、目标、总战略和政策，营销部门则依据高层管理部门的规划来做决策，而营销计划必须经最高管理部门的同意方可实施；财务部门负责寻找和使用实施营销计划所需的资金、核算收入与成本，以便管理部门了解是否实现了预期目标；研发部门负责研制安全而吸引人的产品；采购部门负责供给原材料；生产部门负责生产品质与数量都合格的产品。这些部门都对营销部门的计划和行动产生影响。用营销概念来说，就是所有这些部门都必须“想顾客所想”，并协调一致地提供上乘的顾客价值和满意。

二、供应商

供应商是整个顾客价值传递系统中的重要一环，指的是能够提供医药企业生产所需的各种资源的个人或企业。尤其作为药品生产企业，原材料的质量直接决定了药品的质量，供应商的变化对营销有重要影响。营销部门必须关注供应商的供应能力：供应短缺或延迟、工人罢工或其他因素。这些因素短期会影响销售，长期会影响顾客的满意程度，所以医药企业要与供应商保持良好的合作关系，但也不能过分依赖于某个或某几个供应商。

营销部门也必须关注企业主要原料的价格趋势，防止因供应成本上升而使企业产品价格上升，从而影响企业的销售额。

三、营销中介

营销中介是帮助医药企业将其产品促销、销售、分销给最终消费者的组织。常见的营销中介包括以下几种：中间商、储运商、营销服务机构、金融服务机构。

【知识链接】

中国药品分销渠道发展的历史沿革

制药商的药品销售渠道曾经笼罩着浓重的“计划经济色彩”。药品销售渠道所依靠的医药商业企业呈现如下特征：实行全国统一规划，省以下统一管理，药品计划调拨，经济统一核算，渠道销售实行“三级批发、一级零售”，层层调拨，通过医院最终到达消费者手中。20世纪90年代，最早一批民营医药商业公司开始出现，药品销售渠道开始被整合，医院、药店、诊所都有可能成为同一家医药公司的客户。伴随着中国药品零售市场开放，单体药店涌现，但对药品销售渠道并未构成威胁，通过药品零售市场销售的药品比例也比较小。而连锁药店一出现，则立即成长为一股不可忽视的力量，至1998年步入发展高峰，连锁药店数量达到7万家，2000年连锁药店获批可以跨省连锁，其渠道力量再度增强。随后，伴随着GSP认证的实施，至2004年年底连锁达到了18万家，出现了拥有2 667家门店的重庆桐君阁大药房这样的大型连锁药店。

（一）中间商

中间商是指协助医药企业寻找顾客或把产品卖给顾客的企业和个人。中间商一般分为批发商和零售商两类。医药批发商是专门从事医药产品采购然后再转售给零售商的经营企业，它们可以为生产企业储存医药产品，帮助企业开展促销活动，为企业提供反馈信息等，对组织发展具有重要作用。医药零售商是将医药产品直接销售给消费者以盈利的组织或个人。目前履行医药零售商职能的最重要的两种组织就是医院与药店：医院中所消耗的医药产品占整个医药零售额的 80%，是医药生产企业的主要用户，但是其消耗量受到医院管理层、相关药剂科室、医护人员乃至政府医院管理部门等多种因素的影响，比较复杂；药店一般是医药公司或药材公司或单位、个人设立的用于获得营业利润的组织，随着国家政府的逐渐开放，其数量急剧增长，网络已经基本覆盖所有消费地区，具有灵活、服务性等优势。

（二）储运商

储运商是协助厂商储存货物并把货物从产地运送到目的地的组织。因为它们也是营利性的组织，所以也会努力提高利润，这就会挤压医药企业的利润空间。因此，医药企业应当综合考虑成本、运输方式、速度、安全性等因素，选择成本效益最佳的储存、货运方式。

（三）营销服务机构

营销服务机构主要有营销调研公司、广告公司、传媒机构和营销咨询公司等，比较广泛。它们帮助医药企业正确地进行产品市场定位和促销，对医药企业营销具有重要影响。但是它们在可信度、质量、服务、价格等诸多方面变化较大，所以企业选择这些服务机构时，必须对其进行评估，谨慎选择，并定期考核其业绩，及时替换那些不具有预期服务水平和效果的机构。

（四）金融服务机构

金融服务机构包括银行、信贷公司、保险公司和其他协助融资或保障货物的购买与销售风险的公司。在现代经济生活中，医药企业与金融机构有着不可分割的联系，如医药企业间的财务往来要通过银行结算，银行结算会直接影响医药企业的日常运转。

四、顾 客

医药企业应当仔细研究其顾客市场。根据购买目的和方式的不同进行划分，市场主要包括以下 5 种：① 消费者市场，由个人和家庭组成，仅为了自身消费而购买药品和服务；② 产业市场，购买产品和服务是为了进一步深加工，或在生产过程中使用，如药厂对中药材或中药饮片的购买，将其深加工成药品；③ 中间商市场，购买产品和服务是为了转卖，以获取利润；④ 政府市场，由政府机构组成，购买产品和服务用以服务公众，或作为救济发放；⑤ 国际市场，由其他国家的购买者组成，包括消费者、生产者、中间商和政府。

药品作为一种治病救人的产品，具有与普通产品不同的特点，其顾客也与普通产品不同，通常认为药品市场的顾客即为患者，指药品的购买者和使用者，患者的范围十分广泛，营销人员应该根据购买目的和需求，遵照“患者至上、按需供应”的原则，制定不同的营销策略，把满足患者的需求作为医药企业经营的准则，只有这样才能在激烈的市场竞争中获胜。

特别需要指出的是：药品市场和普通商品市场相比，具有“决策权与使用权分离”的特点。这一点也是与普通商品市场有着本质区别的地方，特别是处方药市场的终端销售，表现为消费者需要什么药、什么品牌、购买数量等问题的决策权不是在买方消费者手中，而是在卖方（医生）手中，消费者对药品品种的取舍，在多数情况下，只能依照医生的意愿进行选择，无法决定自己的消费行为。这也就要求医药企业在药品销售过程中关注医生这一特殊群体，充分考虑他们在销售渠道中的作用，制定合理的营销策略，提高营销效率。

五、竞争者

竞争是商品经济的基本特性，只要存在着商品生产和商品交换，就必然存在着竞争。在竞争性的市场上，除来自本行业的竞争外，还有来自替代品、潜在加入者、供应商和购买者等多种力量的竞争。企业要成功，必须在满足顾客需求方面比竞争对手做得更好。另外，由于医药产品的开发新技术难度越来越大，所需费用越来越高，单个企业难以应对，过去“你死我活”的竞争逐渐变成了既合作又竞争。所以，未来医药市场的竞争既有企业与企业的竞争，又有战略联盟之间的竞争。战略联盟是两个以上的企业为了实现优势互补、提高竞争力以实现共同目标而制定的双边或多边合作协议。战略联盟是一种既合作又竞争的新竞争战略，它使企业实现优势互补，共担风险，产生竞争优势。因此，医药必须加强对竞争者的研究，知己知彼，建立战略联盟，开展竞合，以获取竞争优势。

六、公　众

医药企业的微观营销环境还包括各种公众因素。公众是指对一个企业实现其目标的能力有兴趣或有影响的任何团体，主要包括：① 金融公众，影响一个企业获得资金的能力，主要包括银行、投资公司和股东；② 媒体公众，由发表新闻、特写和社论的机构组成，主要包括报纸、杂志、电台和电视台等；③ 政府公众，管理层必须考虑政府动态，关注政府部门，尤其是对企业经营起直接指导作用的如工商、税务、药品监管等部门；④“市民行动”公众，一个企业的营销战略可能会受到消费者组织、环境组织、少数民族组织等的质询，企业的公关部门要负责搞好企业与消费者和市民组织的关系；⑤ 当地公众，每个企业都有如附近居民和社区组织这样的当地公众，大型企业通常都会指定一个专门的社区关系负责人来与社区打交道，如参加会议、回答质询和给公益事业捐赠等；⑥ 一般公众，企业需要关心一般公众对其产品和活动的态度，企业的公众形象影响其产品的销售；⑦ 内部公众，一个企业的内部公众包括它的员工、经理和董事会等。大型企业往往采用内部通信和其他手段给内部公众传递信息，鼓舞士气。当雇员对自己的企业感觉良好时，他们的积极态度也会影响外部公众。

企业在制订针对顾客的营销计划时，也应制订针对其主要公众的营销计划。若企业希望从每个特定公众那里得到特别的回应，如信任、赞扬、时间或金钱的帮助，就要针对这个公众因素制订一个具有吸引力的营销计划，以实现其目标。

任务四　SWOT 分析法的应用

【案例启发】

哈药集团有限公司是国有控股的中外合资企业，拥有2家在上海证券交易所上市的公众公司（即哈药集团股份有限公司和哈药集团三精制药股份有限公司）和27家全资、控股及参股公司，员工2万余人，注册资本共计37亿元，资产总额119亿元。哈药集团融医药制造、贸易、科研于一体，主营业务涵盖抗生素、化学药物制剂、非处方药品及保健食品、中药、生物工程药品、动物疫苗及兽药、医药流通七大产业领域。

S（strength）：

（1）规模优势突出（与国内其他药企相比）：集团共生产西药及中药制剂、西药原料、中药粉针、生物工程药品、滋补保健品等6大系列、20多种剂型、1 000多个品种，其中主导产品头孢噻肟钠、头孢唑啉钠、双黄连粉针等产销量均居全国第一位，青霉素钠原粉及粉针产销量居全国第二位。2000年实现工业总产值68亿元、工业增加值12.4亿元、营业收入66.5亿元、利税10亿元，分别比上年同期增长56%、13%、44%和84%，连续3年实现快速跨越式发展。与全国同行业相比，集团的工业总产值和营业收入两项经济指标均居第一位。

（2）科研力量强大（与国内其他药企相比）：哈药集团拥有两个国家级企业技术中心、一个博士后科研工作站、一个省级药物制剂工程技术研究中心、一个省级抗生素工程技术研究中心，有正高职称、高级工程师及享受政府津贴人员共计566人。哈药集团创建了“一个中心五个分中心”的科研开发体系：哈药集团技术中心（生物工程研究中心）、抗感染药物研究中心、现代中药研究中心、药物制剂研究中心、OTC药品及保健食品研究中心、动物疫苗及兽药研究中心。哈药集团先后共有25个项目与清华大学、中国科学院、中国药科大学、沈阳药科大学等23个大专院校科研单位开展多方位的合作。目前哈药集团攻读博士及硕士学位的科技人员有100多人，为哈药集团今后的发展提供了强有力的人才储备。

（3）人才培养得力（与国内其他药企相比）：集团公司强化学科带头人制度，各科研开发平台在企业核心研发领域至少配备一名博士或硕士学位学科带头人（其中生物工程、现代中药领域已配备博士学科带头人）。学科带头人要在科研中起模范带头作用，以自己的学术思想和权威影响企业科研发展方向，促使整体的科研能力不断提高，推动研发中心的研究水平快速发展，利用几年时间培养出一批省内国内知名的本专业学科带头人。

（4）知名度高（与国内其他药企相比）：积极实施品牌创新战略，赢得了社会各界的普遍赞誉。经国内品牌价值权威评估机构——北京名牌价值资产评估有限公司的评估，哈药集团以136.81亿元的品牌价值成为国内最具价值的医药品牌之一。哈药集团目前拥有“哈药”“三精”“世一堂”“钙中钙”等中国驰名商标，创全行业及东北三省之最。在树立强大品牌的同时，哈药集团充分利用品牌为公司积累起的丰富资源和条件，以更大的气魄投入自主创新工作。

（5）生产成本较低（与国外药企相比）：与外资企业相比，成本和价格较低，且从事仿制药生产，在研究和开发方面的投入较少，而外资企业大多为世界著名制药公司在中国的分支机构，在人员费用方面通常比国内企业高。此外，国内企业的药品定价大多比外资企业的同类药品低。

（6）适应本国市场（与国外药企相比）：因为是土长土生的国内医药企业，其营销组织结构更本土化，更加适应国内市场的竞争。其本土化主要表现为营销组织设计的本土化、营销网络建设的本土化、营销人员管理的本土化、产品设计的本土化和营销手段的本土化等。相对外来医药企业来说，不仅仅省下了外资企业投入本土化建设的大笔资金，更重要的是轻车熟路，熟悉中国医药行业规则。

W（weakness）：

（1）专业人才缺乏（与国外药企相比）：在我国医药商业发展必需的执业药师队伍建设还较欠缺，基本的药店人员素质也令人担忧。我国药店人员要真正担负起科学、合理地为广大群众做好用药服务还有较大差距。

（2）研发技术薄弱（与国外药企相比）：生产的老产品较多、新产品不足，主要生产非专利药和仿制药，与原研药相比利润相对较少，且很难在国际上提升知名度。

（3）知识产权欠缺保护（与国外药企相比）：近年来，我国在医药知识产权立法保护方面已经取得了长足的发展，如《专利法》《药品注册管理办法》的修订以及《药品行政保护条例》的实施。但与国际先进水平比较，我国在知识产权保护方面仍存在较大的差距，表现为专利保护意识差、不尊重他人的知识产权等。

（4）自动化水平低（与国外药企相比）：从生产到包装，手工成分偏多，以致质量不能得到强有力的保障。

（5）国际市场开发不足（与国外药企相比）：在出口方面规模还不够大，企业的国际市场开发能力有待于加强。

O（opportunity）：

（1）战略合作日趋频繁：战略联盟是指中小型公司在开发出新产品后，与资金、技术、生产设备和销售能力大的公司以联盟的形式进行合作，以达到大规模生产并成功销售的目的。由于全球化趋势的增长，越来越多的药企也走向战略合作的道路，这将给许多药企带来发展与提升的机会。

（2）消费水平增长：由于我国经济水平的不断提高，医药消费空间正在不断扩大。目前我国人均年药品消费不到10美元，而美国等发达国家人均年药品消费达300美元，中等发达国家的该消费额达40～50美元。人口净增长、老龄化和农村合作医疗体制的建立以及健康意识的不断增强是推动医药需求增长的主要原因。

（3）医改的实施：医疗卫生体制改革为国内医药企业提供了大量的机会。其中，基本药物目录和公费药品报销目录都倾向选择质优价廉的药物，药品招标采购制度也对国内企业相对有利。有专家预计，在未来5年左右的时间内，国家将扶持建立5～10个年销售额达50亿元的特大型医药流通企业，建立40个左右年销售额达20亿元的大型企业，这些企业的销售额要达到全国销售额的70%以上。

（4）中药的开发：根据 WTO 自由贸易协定，各成员间的关税壁垒和人力限制将被取消，我国中药可以凭借资源优势、劳动力优势、价格优势进入各国市场参与公平竞争，这为我国中药产业带来了难得的发展机遇。而且，近年来，世界各国对中草药产品法律法规的限制均有所松动，许多国家表现出对中药不同程度的接受趋势。中药作为治疗药物已引起全世界医药界的重视和关注，并逐步为国际社会所接受，因而正面临着开拓国际市场的重要契机。

（5）政策的引导：现行政策引导集约化、集团化。医药企业通过各种形式的联合重组、股份制改造等，加快了产业归并进程，进一步淘汰小型落后企业。

（6）网上售药的出现：随着电子商务的发展，网上出售非处方药成为可能，给药企带来巨大的机会。

T（threat）：

（1）市场占有相对饱和：在各药企长期的发展中已经使市场占有相对饱和，使销售难度越来越大。

（2）竞争激烈：目前国内和国际医药企业竞争激烈。医药产品价格持续下降导致制药企业利润空间越来越小，而且随着我们 WTO 全面化速度加快，药品生产行业的国际化程度也会越来越快，药品生产行业的调整会越来越频繁，没有强大竞争力的企业将会被淘汰。而且国家也加快了药品行业的规范化进程，GMP 的推行将更加广泛化与高标准化。哈药集团虽然在国内企业首屈一指，但如今还要面对国外药企的竞争。

（3）跨国医药公司的进入：跨国公司在许多方面存在优势，竞争力相对较强，而这些企业的进入给国内药企产生很大冲击。

（4）行业内的无序竞争：随着竞争的加强，许多企业不顾行业道德售卖假药、劣质药，并且目前医药监督和管理还不到位，以致市场上许多药品鱼龙混杂，良莠不齐，这种无序竞争也势必影响哈药的发展。

（5）药品的知识产权保护：随着中国加入 WTO 与药品相关的知识产权保护日趋完善，国内企业进行仿制药生产将受到越来越多的限制。医药产业对新产品、新技术的依赖性很高，国内企业在研究和开发方面的投入与国外企业之间差距较大，知识产权制度的完善必将使国内企业改进技术、开发新产品的难度加大。

（6）疾病谱的变化：随着经济和社会的发展，我国的疾病谱已经发生改变，感染性疾病发病率降低，而心血管疾病、肿瘤和神经性疾病的发病率上升，国内医药企业在这些治疗领域处于劣势，哈药也不例外。

SWOT 分析法又称为态势分析法，它是由旧金山大学的管理学教授于 20 世纪 80 年代初提出来的，是一种能够较客观而准确地分析和研究一个企业现实情况的方法。SWOT 的 4 个英文字母分别代表：优势（strengths）、劣势（weaknesses）、机会（opportunities）、威胁（threats）。SWOT 分析法常常被用于制定集团发展战略和分析竞争对手情况，在战略分析中，它是最常用的方法之一。

进行 SWOT 分析时，主要有以下几个方面的内容。

一、SWOT分析的内容

（一）分析环境因素

运用各种调查研究方法，分析出企业所处的各种环境因素，即外部环境因素和内部能力因素。从整体上看，SWOT可以分为两部分：第一部分为SW，主要用来分析内部条件；第二部分为OT，主要用来分析外部环境。利用这种方法可以从中找出对自己有利的、值得发扬的因素，以及对自己不利的、要避开的因素，发现存在的问题，找出解决办法，并明确以后的发展方向。外部环境因素包括机会因素和威胁因素，它们是外部环境对企业发展直接有影响的、有利的和不利的因素，属于客观因素；内部环境因素包括优势因素和劣势因素，它们是企业在其发展中自身存在的积极和消极因素，属主观因素，在调查分析这些因素时，不仅要考虑历史与现状，而且要考虑未来发展的问题。

（二）构造SWOT矩阵

将调查得出的各种因素根据轻重缓急或影响程度等排序方式，构造SWOT矩阵。在此过程中，将那些对企业发展有直接的、重要的、大量的、迫切的、久远的影响因素优先排列出来，而将那些间接的、次要的、少许的、不急的、短暂的影响因素排列在后面，如图3-3所示。

	优势(strengths)	劣势(weaknesses)
机会(opportunities)	SO战略（增长型战略）	WO战略（扭转型战略）
威胁(threats)	ST战略（多种经营型战略）	WT战略（防御型战略）

图3-3　SWOT分析矩阵

（三）制订行动计划

在完成环境因素分析和SWOT矩阵的构造后，便可以制订出相应的行动计划。制订计划的基本思路：发挥优势因素，克服弱势因素，利用机会因素，化解威胁因素，考虑过去，立足当前，着眼未来。运用系统分析的综合分析方法，将排列与考虑的各种环境因素相互匹配起来加以组合，得出一系列企业未来发展的可选择策略。

二、环境威胁分析与营销策略

所谓环境威胁，是指医药市场营销环境中对企业营销不利的各种因素的总和。医药企业面对环境威胁，如果不果断地采取营销措施避免威胁，其不利的环境趋势必影响企业的市场地位，甚至使企业陷于困境。因此，营销者要善于分析环境发展趋势，识别环境威胁并正确评估威胁的可能性和严重性，以采取相应的策略。

医药企业营销者对环境威胁的分析主要从两方面考虑：一是分析环境威胁对企业的影响

程度；二是分析环境威胁出现的概率。医药企业面临环境威胁时，一般可采取以下 3 种策略。

（1）反抗策略：医药企业为了限制或扭转不利因素的发展，通过各种不同手段来改变环境对医药企业的威胁，或者促使不利环境向有利方面转化。

（2）减轻策略：医药企业通过调整营销策略来减轻环境威胁。如随着中药使用量的不断增加，野生资源越来越贫乏。针对这种自然资源减少带来的威胁，制药企业在生产中可采用人工栽培的中药材或使用替代品来减轻威胁。

（3）转移策略：医药企业通过对抗策略和减轻策略仍无法解除环境威胁时，可以改变经营范围或实行多元化经营来躲避环境威胁。

三、市场机会分析与营销略策

所谓市场机会，是指营销环境中对医药企业市场营销有利的各项因素的总和。有效地捕捉和利用市场机会，是医药企业成功和发展的前提。医药企业只有密切关注环境变化所带来的市场机会，适时结合企业自身资源和能力，及时将市场机会转化为企业机会，才能开拓市场，扩大销售，提高企业产品的市场占有率。分析评价市场机会主要应考虑两个方面：一是考虑机会给企业带来的潜在利益的大小；二是考虑机会出现的概率大小。医药企业利用市场机会的策略有以下 3 种。

（1）慎重选择：及时利用主要机会将市场机会转化为有利可图的企业机会，以保证企业长期稳定地发展。

（2）准备条件：适时利用次要机会，当医药企业面临某些在一定时期内不会发生重大变动的机会，但利用机会的各种条件又暂时缺乏时，可积蓄力量。一旦条件成熟，再加以利用。

（3）放弃机会：虽是良好时机，但与医药企业自身情况不太相符，应果断放弃。

【课后实训】

一、实训目的

（1）掌握医药市场营销的宏观环境因素和微观环境因素。

（2）熟悉医药市场营销环境的特征、环境机会和威胁分析的方法。

二、实训要求

（1）会用本章知识对案例进行分析，并回答问题；

（2）班级组织交流学习，每组由小组长代表阐述。

三、实训内容

1. 全球医药行业发展概况

随着世界经济的发展、人口总量的增加、社会老龄化程度的提高以及居民保健意识的增强，全球对药品需求强劲，尤其是新兴市场的快速增长带动了全球医药市场的持续增长。2016 年，全球药品支出总体规模超过 1.1 万亿美元，至 2021 年全球医药市场总体规模达到约 1.5 万亿美元，相比 2016 年增长了约 3 700 亿美元，2017—2021 年的复合年均增长率为 4%～7%。

2. 我国医药工业行业发展概况

随着国家政策的大力扶持与医药行业改革的大力推进，医药行业已经成为国民经济中发展最快的行业之一。2016 年中国医药工业（含七大子行业，包括化学原料药、化学药品制剂、生物制剂、医疗器械、卫生材料、中成药、中药饮片）的销售收入为29 463亿元，同比增长10.3%，增速较2015年提高1.3个百分点，增速高于中国工业整体增速5.4个百分点，终止了连续5年增速下滑的态势，触底回升。

3. 行业利润的变动趋势和变动原因

从整个医药工业利润总额来看，2010—2016年，我国医药工业销售利润率整体比较稳定，均处于10%～12%。近年来，由于我国经济整体以及医药工业收入增长放缓，医药制造行业的利润总额增长亦有所放缓。在原材料、人力等成本上升，以及下游终端价格下降等因素的影响下，医药制造业的工业销售利润率虽然略有下降趋势，但仍然保持10%左右的较高水平。未来，随着国家扶持政策和医改政策的深入施行，医药制造业仍有较大的盈利空间，将保持良好的发展势头。

四、思考

（1）从以上资料中，找出2018年中国医药行业面临的宏观环境和微观环境因素有哪些？

（2）假如你是某医药营销企业的管理者，分析这些环境因素中哪些是机会，哪些是威胁？为什么？

项目四
医药市场行为

学习目标

1. **知识目标**

（1）掌握消费者购买行为的类型和特点；
（2）掌握医院采购行为的类型、程序和特点；
（3）掌握连锁药店采购行为的类型、程序和特点；
（4）掌握社区医院、单体诊所、单体药店购买行为的特点；
（5）理解影响消费者、医院、连锁药店采购行为的主要因素；
（6）了解社区医院、单体诊所、单体药店购买行为的影响因素。

2. **能力目标**

能够根据医院采购和连锁药店的不同类型、特点及采购程序，分析医院和连锁药店采购行为的影响因素，深刻理解医院和连锁药店采购的派生需求，掌握医院和连锁药店的采购规律。

能够鉴别社区医院、单体诊所、单体药店购买行为的不同特点，从国家政策、营利性角度分析其采购行为的影响因素，并找出关键性的影响因素，为制定相应的营销策略提供基础。

3. **素质目标**

学会根据不同医药组织的类型和特点，对不同医药组织市场的购买行为进行分析，找出影响其购买决策的决定性因素。

任务一　消费者购买行为分析

【案例启发】

一位顾客正在挑选一种补钙产品，销售员介绍说：这种产品不容易导致便秘，补钙效果好，价格也比其他同类产品便宜，比较划算。

顾客回答说：我以前吃过这种药，效果确实还不错。我听说最近这个厂家的钙片在做活动，买两瓶赠送一小瓶，这个活动还有吗？

销售员扭头大声问收银台的同事：现在××钙片还有没有赠品，这里有位顾客想要。

销售员这么一叫，店内所有的顾客都把目光投向了这位顾客，她不好意思地低下了头，还没等店员的答复，就逃跑似的离开了药店。

思考：

（1）上述场景中，销售员在把握消费者的购买心理中出现了什么样的问题？

（2）针对上述场景中的销售员，在接待消费者的行为方面，你有什么意见和建议？

（3）结合案例，谈一些日常你进行医药消费的行为与心理。

一、医药消费者市场购买决策分析

医药消费者市场购买决策是指医药消费者为了满足某种需求，在一定的购买动机的支配下，在可供选择的两个或者两个以上的购买方案中，经过分析、评价、选择并且实施最佳购买方案，以及购买后进行评价的所有环节和过程。消费者市场购买决策是一个系统的决策活动过程，包括需求的确定、购买动机的形成、购买方案的抉择、购买决策的实施、购后评价等环节（见图 4-1）。

图 4-1　消费者市场购买决策过程

医药消费者市场购买决策的内容，因消费者和医药市场营销环境的不同而存在着明显的差异，这使医药消费者市场呈现多变性。但所有医药消费者的购买决策都离不开以下 6 个方面（即 5W1H）：购买动机（why）、购买对象（what）、购买地点（where）、购买时间（when）、购买主体（who）和购买方式（how）。

这 6 项内容涵盖市场营销人员在进行消费者市场分析时所需掌握的全部情况，也是做好医药企业市场营销的前提和基础。例如，一家医药企业要生产一种新药，它事先必须经过分析研究，回答以下几个问题：目前市场上最需要什么药品？顾客为什么要购买这种药品？哪一类顾客会选用这种药品？他们在什么情况下（何时、何地、如何）进行购买？如果对这几个问题分析正确，那么对这种药品的市场需求就明确了，对消费者的消费心理和购买行为也就了解清楚了。

（一）医药消费者市场的购买模式

医药消费者市场是指个人或家庭为了满足其防病、治病、强身健体等生活需要而购买医药产品和接受服务所形成的市场。消费者购买行为的一般模式为刺激-反应模式，如图 4-2 所示。

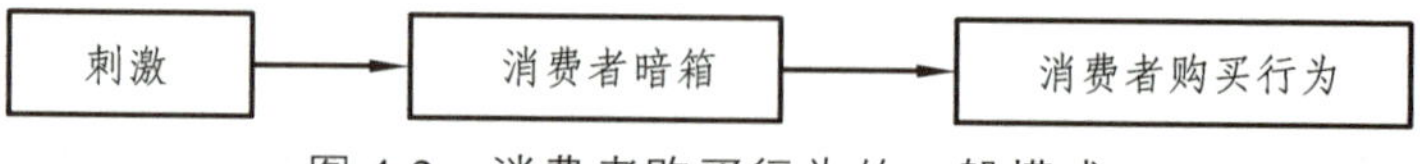

图 4-2　消费者购买行为的一般模式

由于购买动机、消费方式与习惯的差异，各个消费者的消费行为表现得各不相同。尽管如此，在千差万别的消费者行为中，仍然有着某种共同的带有规律性的行为。心理学家在深入研究的基础上，揭示了消费者行为中的共性或规律性，并以模式的方式加以总结描述，这就是消费者行为的一般模式。

【知识链接】

刺激－反应模式

如果说漂亮的商店外观、精美的橱窗可以产生吸引顾客走进商店的心理效应，那么，能否激发店内顾客的购买欲望并促成现场购买行为的产生则在很大程度上受商店内部环境的影响。店内气氛对顾客起着推动或促进购买的主导作用。在当今激烈的商战中，降价打折、有奖销售等手段对一些消费者不再具有强大吸引力，利用不同商店的微观环境来营造其特有的商店气氛，促使顾客产生某种心理效应提高店内顾客的购买率，是目前商家要充分利用的一种促销手段。

店内营销刺激的设计应以消费者行为为中心。商店的基础设施、平面及空间布置、商品陈列方式、商品价格等因素都将给顾客明显的影响，也是构成商店气氛和对店内顾客产生重要心理影响的主要因素。

该模式表明，消费者的购买行为是由刺激引起的，这种刺激可能来自消费者身体内部的生理、心理因素，也可能来自外部环境。消费者在内外部各种因素的刺激下，就产生了购买动机，继而在动机的驱使下，做出购买商品的决策，并实施购买行为。在实施购买行为后，还会对购买的产品及其服务或品牌做出评价，这样就完成了一次完整的购买决策过程。这个过程中，刺激和反应是外显的，但中间过程（消费心理）是复杂而且无法看到的，所以消费者心理被称作消费者购买行为的“暗箱”或“黑箱”。

消费者购买行为的刺激－反应模式揭示了消费者购买行为的规律，对解释消费者的购买行为具有普遍意义，同时也为企业的产品营销和服务提供依据。这一模式表明，消费者最终的购买行为取决于内、外部刺激及消费者本身的心理过程。也就是说，营销刺激以及其他刺激被消费者认知后，购买者的特征和决策过程影响购买决策。因此，向消费者提供适当的、符合消费者内在心理活动产生、发展规律的刺激，才能比较顺利地促使消费者形成购买决策，最终完成购买过程。

资料来源：https://www.jianshu.com/p/0aef9e573abf.

（二）几种典型的购买模式

1. 马歇尔模式

马歇尔认为，消费者的购买行为都是由本人的偏好、商品的价格和效用等因素决定的，是一种基于理性判断的经济行为。马歇尔模式主要从经济角度来研究消费者的购买行为，因此他提出了以下几种假设。

（1）产品价格越低，购买者越多；价格越高，购买者越少。

（2）消费者收入水平高，需求总量增加，价格作用相对减弱，偏好的作用增强。

（3）购买额越大，购买行为越慎重；收入越低，购买行为越慎重。

（4）替代产品降价，被替代产品的购买者减少；替代产品提价，被替代产品的购买者增加。

（5）某产品价格下跌，互补产品购买者增加；某产品价格上涨，互补产品购买者减少。

2. 科特勒模式

科特勒模式即科特勒购买行为模式，强调消费者购买行为的反应不仅受到营销的影响，还受到外部因素的影响，具体如图 4-3 所示。

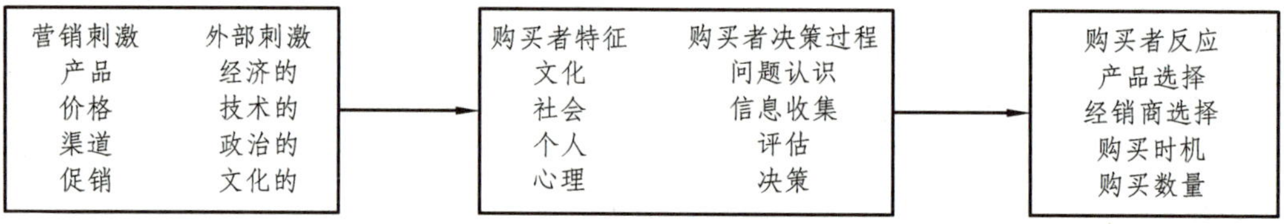

图 4-3　科特勒购买行为模式

3. 恩格尔模式

恩格尔-科拉特-布莱克威尔模式（简称“恩格尔模式”），是消费者行为模式理论中比较完整而且清晰的一个理论。它由美国俄亥俄州立大学的 3 位教授恩格尔（J.F.Engel）、布莱克威尔（R.D.Blackwell）和科拉特（D.T.Kollat）于 20 世纪 70 年代提出。该模式是以消费者制定购买决策过程为基础建立起来的模式，特别强调购买决策过程，可以说是一个购买决策模式。

恩格尔模式认为：外界信息在有形和无形因素的作用下，输入中枢控制系统，即对大脑引起、发现、注意、理解、记忆与大脑存储的个人经验、评价标准、态度、个性等进行过滤加工，构成了信息处理程序，并在内心进行研究评估选择，对外部进行探索及选择评估，从而形成决策方案。整个决策研究评估选择过程，同样要受到环境因素，如收入、文化、家庭、社会阶层等影响。最后产生购买过程，并对购买的商品进行消费体验，得出满意与否的结论。此结论通过反馈又进入了中枢控制系统，形成信息与经验，影响未来的购买行为。恩格尔模式认为，消费者的决策程序由 5 个步骤构成，如图 4-4 所示。

图 4-4　消费者决策程序

以上是消费者决策过程中的 5 个阶段，然而这个过程同样会受到其他因素的影响，如外在文化、参考群体、家庭的影响以及个人内在的动机、人格形态、人口统计变量等。其中，人口统计变量及人格形态是构成消费者之间购买行为差异的主要因素。

4. 尼科西亚模式

尼科西亚模式是尼科西亚于 20 世纪 60 年代在其著作《消费者决策过程》中提出来的。这种模式主要是将消费者购买过程划分成决策程序的流程图，以此对消费者的决策过程进行模拟，该模式由四大部分组成。

（1）信息流程：从信息源到消费者，包括企业和消费者两方面的态度。企业将有关产品的信息通过广告等媒介传至消费者，经过消费者的内部消化后，形成态度。

（2）信息寻求及方案评估：消费者对商品进行调查和评价，并且形成购买动机的输出。消费者态度形成后，对企业的产品产生兴趣，通过信息收集确定评估准则，因此产生购买动机。

（3）消费者采取有效的决策行为，将动机转变为实际的购买行动，这一过程受品牌的可用性、经销商因素的影响。

（4）信息反馈：消费者购买行动的结果被大脑记忆、贮存起来，给消费者以后的购买提供参考或反馈给企业。消费者购买产品后，对所购买产品产生实际的认知，由使用的满意程度，决定是否再次购买；同时企业也从消费者使用的满意程度和再次购买意向，获得信息的反馈，以作为产品、价格以及渠道和促销策略改进的参考依据。

尼科西亚模式推理严谨，简单明了，对市场营销理论做出了积极贡献。但该模式忽视了外界环境对消费行为的影响，且不易掌握。

5. 霍华德-谢思模式

该模式于 20 世纪 60 年代初由霍华德提出，后经修改与谢恩合作出版了《购买行为理论》，提出了霍华德-谢恩模式。该模式用四大因素描绘了消费者的购买行为：① 刺激或投入因素；② 外在因素；③ 内在因素；④ 反应或产出因素。

霍华德-谢恩模式主要解释一段期间内的品牌选择行为，通过消费者的学习过程来探讨消费行为。它将购买决策分为 3 种类型：① 广泛性问题解决；② 有限性问题解决；③ 例行性问题解决。霍华德 – 谢恩模式利用心理学、社会学和管理学的知识，从多方面解释了消费者的购买行为，可适用于各种不同产品和各种不同消费者的购买模式，其参考价值较大。但这种模式过于繁杂，不易掌握和运用。

二、医药消费者购买行为的类型

根据医药消费者的购买介入程度和产品品牌差异程度区分出 4 种复杂程度不同的购买类型（见表 4-1）。

表 4-1　购买行为的 4 种类型

购买行为	购买介入程度	品牌差异程度
复杂的购买行为	高	大
减少失调感的购买行为	高	小
习惯性的购买行为	低	小
多样化的购买行为	低	大

（一）复杂的购买行为

如果医药消费者属于高度介入，并且了解现有各医药产品的品牌、质量、品种和规格之间具有显著差异，则会产生复杂的购买行为。

复杂的购买行为指医药消费者购买过程完整，要经历大量的信息收集、全面的药品评估、慎重的购买决策和认真的购后评价等各个阶段。例如，感冒药，不同品牌之间差异大，某人想购买，对于不同品牌之间的功效、质量、价格等无法判断，如果贸然购买会有极大的风险。因此，他要广泛收集资料，弄清很多问题，解决很多难题，逐步建立对此药品的信念，然后转变成态度，最后才会做出谨慎的购买决定。

对于复杂的购买行为，营销者应制定策略，帮助购买者掌握医药产品知识，运用多种手段宣传本品牌的优点，发动药店营业员和购买者的亲友影响最终购买决定，简化购买过程。

（二）减少失调感的购买行为

如果医药消费者属于高度介入，但是并不认为各品牌之间有显著差异，则会产生减少失调感的购买行为。

减少失调感的购买行为指消费者并不广泛收集产品信息，也不会精心挑选品牌，因此，购买过程迅速而简单。但是在购买以后会认为自己所买药品具有某些缺陷或其他同类药品有更好的效果而产生失调感，怀疑原先购买决策的正确性。某些药品价格不高，不常购买，但是消费者看不出或不认为某一价格范围内的不同品牌有什么差别，不必在不同品牌之间精心比较和选择，购买过程迅速，可能会受到与药品质量和功能无关的其他因素的影响，如因价格便宜、销售地点近而决定购买，购买之后会因使用过程中发现产品的缺陷或听到其他同类药品的优点而产生失调感。

对于这类购买行为，营销者要提供完善的售后服务，通过各种途径经常提供有利于本企业和产品的信息，使顾客相信自己的购买决定是正确的。

（三）习惯性的购买行为

如果医药消费者属于低度介入并认为各品牌之间没有显著差异，就会产生习惯性购买行为。

惯性购买行为指医药消费者并未深入收集信息和评估品牌，没有经过“信念→态度→行为”的过程，只是习惯于购买自己熟悉的品牌。购买后可能评价，也可能不评价产品。对习惯性购买行为的主要营销策略如下：

（1）利用价格与促销，引导医生试用。

（2）开展大量重复性广告，加深医药消费者印象。

（3）增加购买介入程度和品牌差异。

在习惯性购买行为中，医药消费者只购买自己熟悉的品牌而较少考虑品牌转换，如果竞争者通过技术进步和产品更新，将低度介入的产品转换为高度介入并扩大与同类药品的差距，将促使消费者改变原有的习惯性购买行为，寻求新品牌。

（四）多样化的购买行为

如果医药消费者属于低度介入，并了解现有各医药产品品牌和品种之间具有显著差异，则会产生多样性的购买行为。当一个消费者购买的商品品牌间差异大，但可供选择的品牌很多时，他们并不会花太多的时间选择品牌，也不会专注于某一产品，而是会经常变换品种。比如购买抗感冒药，消费者一般不会特别忠诚于某个品牌。这种品种的更换并非对上次购买不满意，而是希望有所变化。

三、医药消费者市场的购买过程

在复杂购买中，消费者购买决策过程由认知需求、收集信息、评价方案、购买决策和购后评价 5 个阶段构成（见图 4-5）。

图 4-5　医药消费者购买决策过程

（一）认知需求

当消费者认识到自己有某种需求时，就是其决策过程的开始。这种需求可由内在的生理活动引起，也可由外界的某种刺激引起。例如，当发现自己感冒时，就产生购买感冒药的需求，形成认知需求阶段。因此，营销者应注意不失时机地采取适当措施，唤起和强化消费者的需求。

（二）收集信息

（1）个人信息来源，如家庭、亲友、邻居、同事等。

（2）商业信息来源，如医生处方、药店店员的建议、广告、促销员、分销商等。

（3）公共信息来源，如大众传播媒体、消费者组织等。

（4）经验信息来源，如操作、实验和使用产品的经验等。

（三）评价方案

消费者得到的各种相关信息可能是重复的，甚至是互相矛盾的，因此还要进行分析、评估和选择，这是决策过程中的决定性环节。在消费者的评估选择过程中，营销者需要注意如下内容。

（1）产品性能是购买者所考虑的首要问题。

（2）不同消费者对产品的各种性能给予的重视程度不同，或评估标准不同。

（3）多数消费者的评选过程是将实际产品同自己理想中的产品相比较。

（四）购买决策

消费者对商品信息进行比较和评选后，已形成购买意愿，然而从购买意图到决定购买之间，还要受到两个因素的影响。

（1）他人的态度：反对态度越强烈，或持反对态度者与购买者关系越密切，修改购买意图的可能性就越大。

（2）意外的情况：如果发生了意外的情况，如失业、意外急需、涨价等，则很可能改变购买意图。

（五）购后评价

购后评价包括购后的满意程度和购后的活动。消费者购后的满意程度取决于消费者对产品的预期性能与产品使用中的实际性能之间的对比，购买后的满意程度决定了消费者的购后活动、是否重复购买该产品、对该品牌的态度，会影响其他消费者，形成连锁效应。

四、消费者购买决策的影响因素

在医药营销实践中，除了要研究患者的消费类型，还要研究影响患者购买行为的因素。借鉴消费者行为学理论，并根据购买行为的具体情况可知，影响医药消费者购买行为的要素包括文化因素、社会因素、个人因素和心理因素。

（一）文化因素

研究社会文化对生活方式的影响，目的在于了解不同文化群体的消费者购买行为，从而确定和制定相应的营销策略。影响消费者购买行为的文化因素包括文化、亚文化和社会阶层。

1. 文　化

文化是社会精神财富的结晶，其内容包括价值观念、伦理道德、风俗习惯、宗教信仰、语言文字等，它是决定人们需求和行为的基本因素之一。低级动物的需求受本能的支配，原始人的需求也十分简单。而现代人由于文化发展的程度和特点不同，需求呈现纷繁复杂。任何人在一定的社会文化环境中生活，其认识事物的方式、行为准则和价值观念都会区别于其他不同社会文化环境中的人。如我国北方人与南方人、沿海人与内地人，他们的审美观、爱好、产品需求都有很大的差别。

2. 亚文化

从市场营销学的角度来看，每个社会的文化又可分为若干亚文化群：① 民族亚文化群。不同的民族，如汉族、回族、维吾尔族等，有其独特的风俗习惯和文化传统。② 宗教亚文化群。不同的宗教信仰，如佛教、基督教、伊斯兰教等，有着不同的文化倾向和戒规。③ 种族亚文化群。不同种族，如黄种人、白种人、黑种人等，具有不同的文化特点和生活习惯。④ 地理亚文化群。各地因自然地理环境、地形气候等不同，其地方特色和生活方式有很大不同。

3. 社会阶层

从市场营销学的观点来看，社会阶层是影响消费者购买行为的重要因素之一，特别是一些代表性的产品。企业营销的关键是要找准自己的目标市场，确定合理的市场定位，有针对性地提供适销对路的产品，制定合适的产品档次和价格。通过合适的分销和促销方式，使企业的产品真正被目标市场的消费者所接受。企业研究社会阶层的购买行为，对于细分市场具有特别重要的意义。企业的营销活动应从各方面去适应不同社会阶层的需求和爱好，才能获得好的销售效果。

（二）社会因素

人类的需求、欲望与行为，取决于他所处的社会地位、文化素养和相关群体的影响。社会因素的影响主要反映在以下几个方面。

1. 相关群体

相关群体指的是消费者在日常的学习、工作、生活、社交中建立起来的相对稳定的各种社会关系，如同学、老乡、同事、邻居等。人们在生活中的各种行为，无时无刻不受到相关群体的影响。不过，由于社会关系的差异，其影响程度也不同。研究相关群体对消费行为的影响，对于企业的营销活动十分重要。因为人们在需求上有很强的模仿性和可诱导性，在购买上经常体现为从众行为。某些名人的消费行为常常成为普通消费者竞相模仿的对象。

研究分析药品消费行为中的群体关系，最主要的是医患关系，这种关系在一定程度上也可算作是影响消费者行为的一种群体关系，其影响力是众所周知的。一些慢病患者自发组成的类似“哮喘之家”“糖尿病”“慢阻肺俱乐部”“肾友会”等患者组织更是影响他们行为的群体因素。这些组织会定期举行活动，让那些既受病症折磨，又受世俗偏见困扰的人们有机会在一起，互相鼓励以提高战胜病魔的勇气，互相交流用药体会，购买特殊药品或器械。这种组织对成员之间行为的影响绝对是不容小觑的。一些精明的药品经营者已经在利用这样的组织进行促销活动。他们出资组织、举办活动，宣传有关医学、药学的最新动态，同时进行相关药品、器械的销售。这种更具人性化的营销方式非常受这些患者的欢迎，促销效果非常明显。另外，随着传媒科技的飞速发展，人们之间的距离被拉近，因而间接相关群体的作用会越来越大。

医药企业在市场营销过程中必须充分重视消费者相关群体对其购买行为的影响力。在制定生产和营销策略时，要选择同目标市场（顾客）关系最密切、传递信息最迅速、影响力最大的相关群体，了解其消费心理与爱好，做好产品促销工作，以便提高企业和产品的知名度，扩大产品销售。应注意避免由于相关群体定位不当（如用消费者普遍反感的人物类型做广告、用“义诊”方式强力推销药品等），而产生负面效果。

2. 家　庭

家庭是以婚姻为基础、以血缘为纽带的社会组织的基本细胞，也是消费行为中最基本的群体。家庭是每一个消费者接受影响最早、最多的外部环境，消费者一些基本的价值观念、消费爱好、风俗习惯都直接来自家庭。人的一生一般要经历两个家庭：一是父母的家庭；二是自己组建的家庭。消费者购买决策受父母家庭影响比较间接，受自己组建家庭影响比较直接。依据家庭权威中心的不同，家庭购买决策类型可以分为 4 种：① 独裁型，指家庭购买决策权掌握在丈夫、妻子或子女手中，如购买家庭日常用品往往由妻子决定；② 协商型，指家庭购买决策由家庭成员协商决定，如购买住房、汽车等昂贵消费品往往是全家协商后共同决定；③ 民主集中制型，指在参考全家人意见的基础上，由某个家庭成员做出最后的购买决策，如购买家用电器；④ 自治型，即家庭成员各自对自己所需产品做出购买决策，如服装等。

家庭购买决策权主要掌握在夫妻手中，夫妻决策权的大小取决于购买商品的种类、双方工资收入、生活习惯、家庭内部劳动分工等各种因素。由于我国独生子女家庭多，子女在家庭购买决策中所起的作用也不容忽视。

3. 社会角色与地位

社会角色是与人的社会地位相联系并按规范执行的行为模式。社会角色是人的各种社会属性和社会关系的反映，是社会地位的外在表现。社会生活中的任何一个人都要扮演不同的社会角色，如一个人在家庭中是妻子、母亲，在社会上是公司职员等。社会角色的不同在某种程度上影响消费者购买行为，如女儿在母亲节购买康乃馨送给母亲。

社会地位是人们在各种社会关系网中所处的位置，是对决定人们身份和地位的各种要素综合考察的结果。这些要素包括个人的政治倾向、经济状况、家庭背景、文化程度、生活方式、价值取向、审美观及其所担任的角色和所拥有的权利等。消费者的购买行为会随着社会地位的变化而发生显著的变化。

（三）个人因素

1. 年龄与生命周期阶段

消费者对产品的需求会随着年龄的增长而变化，在生命周期的不同阶段，相应需要各种不同的商品。如在幼年期，需要婴儿食品、玩具等；而在老年期，则更多地需要保健和延年益寿产品。营销学研究家庭的影响时会根据家庭生命周期（不同状态），来分析其购买力的高低和需求商品的差异，因为一个家庭的收入变化和需要商品的重点会随家庭生命周期的变化而变化。西方营销学者一般将家庭生命周期划分成 7 个不同阶段。

第一阶段：单身阶段。

第二阶段：新婚阶段。

第三阶段：满巢期，年轻夫妻且有 6 岁以下孩子。

第四阶段：满巢期二，年轻夫妻且有 6 岁或 6 岁以上孩子。

第五阶段：满巢期三，年纪较大夫妻且有已能自立的孩子。

第六阶段：空巢阶段，年纪较大的夫妻，没有孩子与他们住在一起。

第七阶段：寡居阶段，单身老人。

结合医药市场的特点，可以将家庭简单地划分为以下几个对市场营销有意义的阶段。

新婚阶段：此阶段包括从刚结婚开始一直到生育后代之前，基本属于青年型家庭。由于没有其他经济负担，加上双方父母会给予一定的经济资助，购买力旺盛。因为是成立一个全新家庭，所以需要的商品基本是家庭生活中的必需品。根据我国的传统习惯，逢年过节和一些有特殊意义的日子结婚的人特别多，这是商家销售的黄金时间。此阶段对药品企业而言不存在太多的特殊商机，因此只能按常规的营销过程开展企业活动。

哺养子女阶段：此阶段包括从生育、哺育后代开始到子女工作、结婚独立为止，属于中青型家庭。自从有了小孩，家庭生活的重心转移到了后代身上，望子成龙心态使孩子的成长、教育成为家庭的最大支出项目。整体购买力相对下降，而且需要的商品比较集中在小孩的用品上，从刚开始的衣、食、玩到后来的文化、教育，无一不是父母们乐意购买的商品。在这一阶段，父母的精力透支到了极限、经济压力最大，在消费行为上基本无暇顾及自己太多的需求。这一阶段中，对医药企业有利的是儿童药品市场，总体上说每年出生的新生儿越多，其药品市场规模就越大。而且出于年轻父母对独生子女的爱护，加上经济条件普遍改善，因此只要药品效果好、作用快、副作用小、易于小孩服用，销路绝对好，价格不是主要问题。此时，生产经营儿童药品的企业的营销战略可以走品牌、高档次、精包装、高价格的方向。

子女独立阶段：此阶段包括所有子女结婚另立门户开始，一直到原来家庭消失的过程，国外称为空巢期和寡居期。这一阶段的特征是：夫妇经济负担减轻，收入达到一生的顶峰，住房条件达到最好，也有时间来满足自己的消费需要（如外出旅游等）。但随着年龄的增大，各种疾病也随之产生，看病吃药成为常事，与年轻家庭相比，整体消费趋于保守并有很强的针对性。这一阶段对于医药企业来说是最具吸引力的时期：各种形式疾病的存在，为其提供了许多商机；经济收入的提高、经济条件的改善，消费者能够承受较多的医疗开支；追求生活质量和保健意识的增强，使消费者愿意朝这方面投资（虽然大部分人或大部分情况下是无奈的）。这种不得不买、买得起、愿意买的市场特征，往往使相应的营销工作要容易得多。当然具体到企业和产品，还是要深入研究中老年消费者的心理、爱好、观念等，制定有效的营销策略，才谈得上占领这个市场。

2. 职业与经济状况

不同职业的消费者，对于商品的需求与爱好往往不一致。一个教师职业的消费者，一般会较多地购买书报杂志等文化商品；而对于时装模特儿，更需要漂亮的服饰和高档的化妆品。消费者的经济状况也会影响消费者的消费水平和消费范围，并决定消费者的需求层次和购买能力。消费者经济状况较好，就可能产生较高层次的需求，购买较高档次的商品，享受较高级的消费；相反，消费者经济状况较差，通常只能优先满足衣、食、住、行等基本生活需求。

3. 个性与自我概念

个性是一个人的整体精神面貌，即一个人在一定社会条件下形成的、具有一定倾向的、比较稳定的心理特征的总和，也可以说是相对持久的个人素质，这种素质使我们能对周围世界有所应付和反应。每个人都有多方面的精神面貌，心理学家称之为“自我概念”。他们选购商品时，如果认为某种商品与自己的形象一致就会购买；与自己的“形象”不相称就会拒绝购买。消费者的“自我形象”越来越成为企业市场营销重要的因素，了解消费者的自我形象类型，将有助于医药企业正确地确定药品市场定位策略。

4. 生活方式

生活方式指人们如何花费自己的时间，在他们的生活环境中他们认为什么比较重要以及他们对自己和周围世界的看法。生活方式就是我们如何生活，是自我概念的表现。生活方式很大程度上受个性的影响，生活方式影响消费者的需求、态度和行为。一个保守、性格拘谨的消费者，其生活方式不大可能太多地包容如登山、跳伞、丛林探险之类的活动。

（四）心理因素

1. 马斯洛需求层次论

心理学家认为，消费者的购买行为和任何其他行为一样，都产生于某种尚未得到满足的需求，但是需求要被强烈地诱导与刺激才能形成动机。心理学家虽然不同意把人的需求机械地归纳为若干层次，但是美国心理学家马斯洛在 1954 年发表的《动机与人》一书中提出的“人类需求层次论”，在西方还是被公认为是有用的理论，在市场营销学中占有重要的地位。他的理论是基于两种前提：第一，人类是有欲望的动物，需求什么，要看自己已经有了什么。只有尚未满足的需求才影响人的行为，已得到满足的需求不是一种动力。第二，人类的需求按重要性被划分成几个层次，当某种低层次的需求获得满足时，另一种较高层次的需求才会出现并获得满足。

生理需求：人们延续生命的基本需求，是最低层次的需求，如满足其解饥、御寒和睡眠等所需的食、衣、住等方面的需求。

安全需求：保障人身安全，以免遭受危险和威胁，如保险、保健、药品等需求。

社交需求：人的一种归属感。人类在社会中生活，往往很重视人与人之间的交往，希望成为某一团体或组织有形或无形的成员，得到人们的重视和友谊等。

尊重需求：人类具有自尊心和荣誉感，希望得到别人的尊重，希望在才能、品德及成就等方面得到他人的好评，受到公众的承认。

自我实现需求：人本身的潜力、才智与能力能得到充分发挥的需求，这是最高层次的需求。马斯洛对这一需求是这样解释的：“一个健康的人总是被要充分发挥自己的才能的需求所鼓舞，别人能干什么，他就要干什么。”

2. 学习能力

学习能力是指人们从实践经验中得到知识的能力。心理学家认为，人类除了本能驱使力（如饥、渴等）支配的行为，其他所有的行为皆属学习行为。与市场营销密切相关的概念有保留、强化和选择等。

保留：人们在实践中会把与自己爱好、兴趣相关的内容记忆在大脑中。

强化：如果上述感受反应带来的结果令人满意，下次再遇到类似的刺激的物或事时，他就可能再次做出相似的反应，这就是反应的进一步“强化”。相反，如果反应结果令人失望，下次做出类似反应的可能性就减小，甚至不存在。

选择：好的并经过若干次“强化”的感受反应会支配人们以后的消费者行为，当类似的需要再次产生时，消费者就会在相同的药品中挑选那些自己感觉好的产品。例如，一个人不小心将手划破了，初次使用“邦迪”牌创可贴后，感到伤口痊愈效果令其十分满意（会自动保留感受），几次使用后，良好的效果会进一步“强化”其对创可贴的良好印象。当以后再次遇到类似情况时，他就会不假思索地去购买使用（选择功能）。

3. 消费者态度

态度是人们对某一事物的喜爱或厌恶的情绪表现，态度的形成是经验累积的结果，而且具有持久性和行动性特点。态度的持久性是指人们一旦对某产品形成态度后，很长时间内不会改变，要想使其转变具有相当大的难度。

态度的行动性是指态度对消费者行为的指挥作用：喜爱的就会合作，厌恶的就会排斥。因而医药企业营销工作的重点就是通过各种方式影响、促使消费者建立对本产品的固定喜爱态度以及对本企业的信任，争取消费者的好感。在产品日益丰富、市场竞争日趋激烈的今天，这是医药企业销售工作取得成功的先决条件。

消费者对于一种商品的态度，常由 3 个相互联系的要素组成，即信念、感性和意向。人们对商品的信念可以建立在不同的基础上。有的信念是建立在“知识”的基础上，如对于缓释剂可以减少服药次数的信念；有的信念是建立在“见解”的基础上，如认为长期服用滋补保健品可以延年益寿；有的信念是建立在“信任”的基础上，如对某种品牌药品的信赖。大多数消费者往往并非根据“知识”，而是根据自己的“见解”和“信任”决定购买。

消费者态度的来源：① 实际使用药品后的亲身体验，如感冒患者服用几种感冒药后，哪些有效、哪些作用不明显就一清二楚了；② 相关群体的介绍与推荐，除了医生的作用，日常生活中关系密切的普通人也会对当事人产生影响；③ 媒体、广告的宣传作用，对药品消费者的影响也越来越大。

医药企业如何使购买者的态度倾向其产品，做法有两种：一种是保持或改变消费者对其他产品的原有态度，使其转向对企业有利的方面；另一种是先摸清消费者对某些产品的倾向性后再生产出投其所好的产品。前者是非常困难的，企业应倾向后一种做法，改变产品款式、包装，改进剂型，使其符合消费者的需求。

任务二　医院购买行为分析

【案例启发】

某县级医院因了解到某厂家的荧光造影机技术世界领先，计划招标购置一台，应用于临床检查。这台仪器采购进来之后，却因为医护人员难以快速掌握技术，而没有较好的应用；加之由于前期论证不科学，实际需要做造影检查的病人却远没有计划的多。久而久之，该设备长期少用，处于“半休眠状态”之中。

一、医疗机构市场的类型

与连锁药店市场相比较，医疗机构市场更关注医药商品的质量、疗效和不良反应。医疗机构市场可以分为以下几类：

（一）按发起人划分

根据医疗机构的发起人不同，医疗机构可以分为国营医疗机构、合资医疗机构、私营医疗机构、股份制医疗机构、个体诊所。不同性质的医疗机构的经营目标有所不同。有的是营利性的，有的是非营利性的。

（二）按规模划分

根据医疗机构的规模不同，分为大型医疗机构、中型医疗机构、小型医疗机构。规模不同的医疗机构，购买的程序繁简程度有所不同。

（三）按治疗内容划分

根据医疗机构的治疗范围分，可以分为综合型医疗机构和专科医疗机构。综合型医疗机构比专科医疗机构的采购范围要广一些。

（四）按医疗技术水平划分

按医疗技术水平划分，可分为三级医院（主要指全国、省、市直属的市级大医院及医学院校的附属医院）；二级医院（主要指一般市、县医院及省辖市的区级医院，以及相当规模的工矿、企事业单位的职工医院）；一级医院（主要指农村、乡、镇卫生和城市街道医院）。

鉴于医疗机构的多样性，医药企业和营销人员，在开拓医疗机构市场前，必须要调查清楚目标市场的医疗机构的情况，弄清医疗机构的性质、医疗机构购买的参与者以及医疗机构的购买决策程序等。

二、医疗机构购买的类型

（一）按医疗机构购买活动的稳定性来划分

（1）直接重购：采购部门按照过去的订货记录和交易条件继续采购医药商品，如对基本目录药品的采购。

（2）调整购买：调整购买的内容包括调整药品目录、调整供货商和交易条件等。

（3）新购买：对新特药品的采购大多属于此种类型。医院新特药品，是指不属于《医院基本药品目录》品种范围内的，虽然国家已有生产或进口，但医院临床使用很少或国内上市不久，临床使用经验不多，或医院尚无使用先例或虽有使用先例但使用经验不足以推广于临床的药品及制剂。

（二）按医疗机构参与购买活动的权限划分

（1）自主购买：医疗机构的采购活动完全由医疗机构单独完成，医疗机构拥有自己的一套采购程序与制度，并且自己组织实施购买。

（2）集中招标购买：我国从 2000 年开始进行药品集中招标采购试点工作。经过多年发展，药品集中招标的范围不断扩大。2009 年 1 月 17 日国家卫生和计划生育委员会等 6 部委联合下发了《进一步规范医疗机构药品集中采购工作的意见》，对药品采购的组织、目录、方式等做出了明确的要求。

（3）医药分开：医院不再承担供药责任，只承担提供医疗服务的责任，而提供药品的责任则由医药商业企业承担，给予患者更大的购药选择权。医药分家有利于打破医院对药品的垄断权，从而促进药品价格的市场化，使患者能够买到低价的药品；同时有利于打破医院“以药养医”的格局，促使医院把更多功夫用在为患者治病上，而不是用在开大处方和“卖药”上，可望有效缓解患者“看病贵”之苦。这是继集中招标购买方式后，又一种新的购买方式，目前仍在试验和探索阶段。

三、医疗机构购买的参与者

按照医疗机构参与者在购买活动中所承担的任务不同，医疗机构购买的参与者主要包括以下 5 类：

（一）医药商品的使用者

医药商品的使用者是指医疗机构使用这种药品的人。多数情况下，使用者往往首先提出购买建议，并协助确定产品的具体要求。例如，对医疗机构而言，很多药品的最终使用者是患者，但有决定权的一般是临床医生。

（二）医药商品购买的影响者

医药商品购买的影响者是指医疗机构内部或外部能够直接或间接地影响采购决策的人。他们协助确定药品规格和购买条件，提供药品评价的情报信息，影响采购决策。比如医生的用药偏好和部分患者的用药意愿都会影响医院药品采购的品种或数量。在药品推广中，医药生产企业的营销设计有时候会对医生的用药产生较大的影响，进而影响医院药品的采购。

（三）医药商品购买的决策者

医药商品购买的决策者是指有权决定买与不买及药品规格、数量和供货商的人员。有些购买活动的决策者很明显，有些却不明显，供应商应该设法辨别谁是决策者。在有些医疗机构中承担这个角色的主要有药剂科主任、诊疗科主任、药事委员会以及医院管理层。

（四）医药商品购买的批准者

医药商品购买的批准者是指有权批准决策者或购买者所提供购买方案的人员，如医院的分管副院长或院长。

（五）医药商品购买的执行者

医药商品购买的执行者是指被赋予权力按照采购方案选择供应商并商谈采购条款的人员，主要指医院采购部或招标采购的执行部门。如果是大宗或重要的采购，采购执行者中会包括医疗机构的主要管理人员。

四、医疗机构购买的影响因素

影响医疗机构购买的因素可以分为宏观环境因素、微观环境因素和医疗机构内部因素 3 类。

（一）宏观环境因素

宏观环境因素包括政治法律、经济、医药科技、人口、社会文化等。宏观环境因素对医疗机构是一种硬约束，医疗机构无法改变它，只能顺应宏观环境。但医疗机构可以通过调整自身的发展，从而对宏观环境因素产生一些反作用。

（二）微观环境因素

相对于宏观环境因素来说，微观环境因素是影响医疗机构购买的具体因素。在相同的宏观环境下，医疗机构购买只考虑微观环境因素。微观环境因素包括供应商因素、患者需求、竞争医院因素、公众因素等几个方面。

（三）医疗机构内部因素

医药机构内部因素包括组织因素、人际因素和人员因素。医疗机构组织因素包括医疗机构的组织结构、采购程序、采购目标、采购制度等。不同的组织结构下，部门的作用有所不同，采购决策的相关部门的作用也有所不同。供应商必须明确目标医疗机构的具体情况，才能有的放矢。医疗机构人际关系因素指参与采购决策的各部门人员之间的人际关系情况，直接影响采购决策的最后结果。医疗机构人员因素包括医疗机构内部参与购买过程的有关人员年龄、教育、个性、偏好、风险意识等共同对购买行为产生的影响。

五、医疗机构购买的决策程序

医疗机构的购买因其规模、所有权性质、运营定位等不同而存在差异。总体而言，医疗机构的购买分为两种类型：自主采购和招标采购。

（一）医疗机构自主采购程序

拥有自主采购权的医疗机构主要包括个体小诊所、民营医院、县级以下医院、乡镇卫生院、村诊所等形式。医疗机构自主采购流程如图 4-6 所示。

（1）提出采购：临床医生根据患者用药的需要，或因医疗、教学和科研需要，结合对药品临床疗效的判断，提出用药要求，送达医院药剂科。

（2）拟订采购计划：医院药剂科一般下设采购机构、药库、门诊药房和住院药房等。有的医院也会将这几个部门分开。药剂科的采购部门根据临床医生的申请，结合药品的库存情况，确定拟采购药品的品种、规格和数量等，填写药品购买申请单（药品计划申购单或新特药品计划申购单）；然后药剂科主任对拟采购的药品进行梳理，决定能否进药、进哪种药，对药品的质量进行把关。决定后，采购部门再根据确定的采购计划，联系供货商。

如果是基本目录的药品采购，采购部门便可直接执行采购工作。如果是新特药品的采购，或是新采购药品，药剂科还必须将采购信息再送达给主管进药的院长或副院长进行审批。

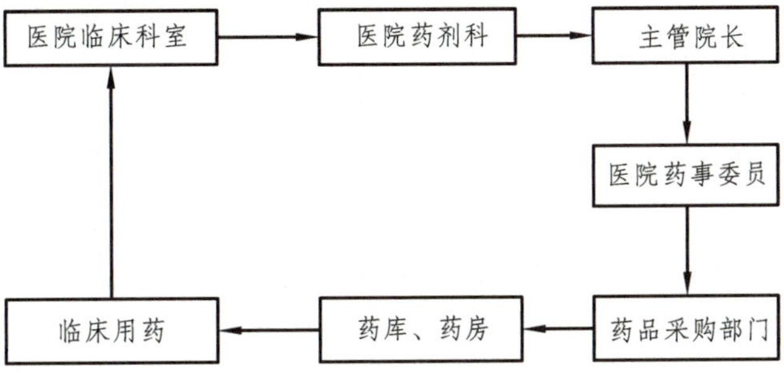

图 4-6　医院自主采购流程图

（3）采购计划的批准：采购计划拟订后，由主管进药的院长和副院长对申请进行审核。如果医院未设立药事委员会，经院长或副院长审核后，药剂科的采购部门便可进行采购。如果医院成立有药事委员会，则还必须经医院药事委员会共同决议。一般而言，药事委员会由临床科医院临床科室主任、药剂科主任、主管进药的院长和副院长、知名专家和教授组成。

（4）采购论证：医院采购新品牌、新品种、新剂型时，都必须经药事委员会论证通过。

（5）采购执行：经医院药委员会论证通过后，医院药剂科的采购部门便可进行采购，并且跟踪药品运输情况，直到办理药品入库。

（6）医药商品入库：入库后，由药库负责对药品进行管理，并根据用药要求将医药商品分发到门诊药房和住院部药房。

（7）发放：门诊药房和住院部药房根据医生处方要求，将医药商品配发至患者用于临床。

（8）评价：基于患者的用药反馈，如果临床用药效果好，得到临床医生的认可，临床医生会建议重复采购。如果临床效果评价不好，临床医生可能会降低用量，或转向其他用药。

（二）医疗机构参加集中招标采购程序

需要通过集中招标采购药品的医疗机构类型包括：① 县及县级以上公立医疗机构，包括县及县级以上人民政府、国有企业（含国有控股企业）等所属的非营利性医疗机构；② 政府办基层医疗卫生机构（包括乡镇卫生院、社区卫生服务机构）和村卫生室；③ 纳入基本药物制度管理的非政府办基层医疗卫生机构。政府鼓励民营医疗机构也参加药品集中招标采购。

医疗机构参加集中招标采购一般要经过以下程序：

（1）确定需要参加集中招标采购的药品品种：上述需要通过集中招标采购药品的医疗机构使用的所有药品（不含中药饮片）均应通过省级药品集中采购平台采购。省级药品采购机构依据国家基本药物目录、医疗保险药品报销目录、基本药物临床应用指南和处方集等，编制本行政区域内医院药品采购目录。

（2）确定招标采购方式：省级药品采购机构编制的本行政区域医院药品采购目录，一般会明确分类列明招标采购药品、谈判采购药品、直接挂网采购药品、定点生产药品等。①招标采购药品：一般根据上一年度药品采购总金额中各类药品的品规采购金额百分比排序，将占比排序累计不低于 80%且有 3 家及以上企业生产的基本药物和非专利药品纳入招标采购范围，列入该范围的药品具有临床用量大、采购金额高、多家企业生产的特点；②谈判采购药品：一般将专利药品、独家生产药品设置为谈判采购药品范围；③直接挂网采购药品：妇儿专科非专利药品、急（抢）救药品、基础输液、常用低价药品以及暂不列入招标采购的药品一般列入直接挂网采购药品范围；④国家定点生产药品：按照全国统一采购价格直接网上采购，不再议价；⑤备案采购：对于招标采购中标药品无替代品种和临床必需且在中标药品中无相同规格的药品以及临床紧缺、抢救危重患者用药、特殊患者用药或因医学科研项目确需使用的药品可纳入备案采购药品范围。遇战争、自然灾害、重大疫情、重大事故和因抢救危重患者而临床急需的药品，医疗机构可先采购使用，但需在一定的时间内补办备案采购手续。

对麻醉药品、精神药品、防治传染病和寄生虫的免费用药、国家免疫规划疫苗、计划生育药品及中药饮片按国家现行规定采购。

（3）向省级药品采购机构报告采购计划：医疗机构要按照不低于上年度药品实际使用量的 80%制订采购计划，具体到通用名、剂型和规格，每种药品采购的剂型原则上不超过 3 种，每种剂型对应的规格原则上不超过 2 种。药品采购预算一般不高于医院业务支出的 25%～30%。

（4）招标完成后签订采购合同：医院签订药品采购合同时应当明确采购品种、剂型、规格、价格、数量、配送批量和时限、结算方式和结算时间等内容。合同约定的采购数量应是采购计划申报的一个采购周期的全部采购量。

（5）支付货款：医院应将药品收支纳入预算管理，严格按照合同约定的时间支付货款，从交货验收合格到付款不得超过 30 天。

【知识链接】

我国医院的等级划分

按照《医院分级管理标准》，我国医院经过评审，确定为三级，每级再划分为甲、乙、丙三等，其中三级医院增设特等，因此我国的医院共分三级十等。

一级医院（住院床位 20～99 张），是直接为社区提供医疗、预防、康复、保健综合服务的基层医院，是初级卫生保健机构。其主要功能是直接对人群提供一级预防，在社区管理多发病、常见病现症患者并对疑难重症做好正确转诊，协助高层次医院搞好中间或院后服务，合理分流患者。

二级医院（住院床位 100～499 张），是跨几个社区提供医疗卫生服务的地区性医院，是地区性医疗预防的技术中心。其主要功能是参与指导对高危人群的监测，接受一级转诊，对一级医院进行业务技术指导，并能进行一定程度的教学和科研。

三级医院（住院床位 500 张以上），是跨地区、市、省以及向全国范围提供医疗卫生服务的医院，是具有全面医疗、教学、科研能力的医疗预防技术中心。其主要功能是提供专科（包括特殊专科）的医疗服务，解决危重疑难病症，接受二级转诊，对下级医院进行业务技术指导和人才培训：完成培养各种高级医疗专业人才的教学和承担省级以上科研项目的任务；参与和指导一、二级预防工作。

一、二、三级医院的划定、布局与设置，要由区域（即市县的行政区划）卫生主管部门根据人群的医疗卫生服务需求统一规划决定。医院的级别应相对稳定，以保持三级医疗预防体系的完整和合理运行。

我国现行医院分等的标准和指标，主要有5个方面：① 医院的规模，包括床位设置、建筑、人员配备、科室设置等4个方面的要求和指标；② 医院的技术水平，即与医院级别相应的技术水平，在标准中按科室提出要求与指标；③ 医疗设备；④ 医院的管理水平，包括院长的素质、人事管理、信息管理、现代管理技术、医院感染控制、资源利用、经济效益等7个方面的要求与指标；⑤ 医院质量，包括诊断质量、治疗质量、护理质量、工作质量、综合质量等5个方面的要求与指标。

任务三　连锁药店购买行为分析

【案例启发】

2020年新冠疫情暴发以来，武汉一直是全国的焦点。事实上，在湖北其他地市及其他省市同样处在“一罩难求”的紧急情况下，连锁药店发挥了集团采购、整合资源的巨大优势。1月28日，据贵州省应对新型冠状病毒感染的肺炎疫情防控领导小组医药物资保障组报道，在医药物资保障组的大力协调下，省医药集团、一树药业、康心药业、一品药业等贵州省内重点医药流通企业积极组织采购，近期将有一批紧缺物资陆续投放市场。

一、连锁药店购买行为模式

（一）连锁药店采购的类型

（1）根据采购渠道进行划分，可分为生产企业直接采购和批发企业采购。生产企业直接采购的特点是可购药品的种类较少，但价格较低，由于地理位置的原因，运输成本可能会高一些；批发企业采购的特点是可购药品的种类较多，但药品的价格会高一些，由于运输药品种类和数量较多，可能会享受低的运输费率。

（2）根据采购规模、时机、供货商数量等因素进行划分，可分为分散采购、集中采购、现卖现买、投机采购、预算采购、多货源采购和单货源采购等方式。

① 分散采购是依据采购计划和库存情况，在不同的供货商中购买所需药品。

② 集中采购是依据采购计划和库存情况，在一家供应商中购买所需的药品。

③ 现卖现买是药店依据药品销售情况的多少，随时补充药品的库存。

④ 投机采购是根据预测市场需求的波动，在需求高峰到来之前，提前大量囤积药品或依据市场价格的波动特征，在低价时大量买入某种药品的采购方式。

⑤ 预算采购是根据连锁药店当期流通资金状况,考查可用资金数额的多少来计划采购药品的种类和数量。

⑥ 多货源采购和单货源采购是指一种药品可以从多个供货商处采购或单个供货商处采购。如果有多个供应商，采购不到某药品的风险较小，供货可靠性高，讨价还价和选择不同药品规格的余地较大，但由于与各个供应商打交道，工作量较大，与供应商的关系较松散，供应商对长期合作的信心不足，责任心不强。

（二）连锁药店采购的程序

连锁药店要根据药品经营质量管理规范（GSP）的要求制定进货质量管理程序，其目的是保证供货企业合法、购进的药品合法、购进企业的销售人员合法以及购进行为能保证药品质量。基本内容：① 药品采购计划的编写；② 确定供货企业的法定资格和质量信誉；③ 审核购入药品的合法性和可靠性；④ 对与本企业进行业务联系的供货单位销售人员，进行合法资格的验证；⑤ 对首营品种，填写“首营药品审批表”，并经企业质量管理机构和企业主管领导的审核批准；⑥ 签订有明确质量条款的购货合同；⑦ 按购货合同中的质量条款执行。

（三）连锁药店采购的特点

药品零售连锁企业由于其购买主体的企业性质以及购买目的不同，在购买行为上也表现出同其他医药组织不同的特点。

（1）注重供货单位法定资格和质量信誉的审核。供货企业的法定资格和质量信誉的确定是通过审核供货单位的生产或经营许可证和营业执照；索取全部供货企业的最新的药品生产许可证或药品经营许可证以及营业执照复印件，并在复印件上加盖企业的红色公章；同时要注意确认其证照的有效期和经营范围。另外，还要签订质量保证协议，订货按程序签订有质量条款的正式合同；如通过 GMP 或 GSP 认证的企业还应索取加盖了该企业红色印章的认证证书复印件，还应收取税证复印件，进口药品还应收取其合法证书。

（2）集中统一采购，体现成本优势。连锁药店一般实行总部集中统一采购，剔除中间代理环节，直接和上游厂家合作，以较大的订单数量来换取厂家或者供货商价格上的让利，将采购成本降到最低，实现最大的成本优势；同时连锁药店还可争取到更多优势品种的独家经销权，仅限所属门店销售，以保证各门店的品种竞争优势。

（3）对药品价格敏感，重视高毛利品种。连锁药店是市场经济中自负盈亏的独立企业法人，因此在有效满足顾客防病治病需求的情况下，实现更多盈利是其最根本的目的。由于医药零售市场竞争非常激烈,连锁药店不仅要面对同类连锁药店的竞争还要受到单体零售药店、社区卫生医疗机构的市场竞争威胁,因此连锁药店在采购药品时,在保证药品质量的前提下,对药品的价格非常敏感，一旦发现有超低价格的药品或是高毛利品种，连锁药店马上会调整采购策略，重点布局高毛利品种，尽量保证进货药品的低价，运用高毛利品种创造更多利润，以实现企业利润的最大化。

二、连锁药店采购行为的影响因素

影响连锁药店采购行为的因素包括宏观环境和微观环境因素，而连锁药店作为医药生产企业的下游市场，更多的是考虑消费者市场的变化。具体因素有以下 4 种。

（一）医药供货商因素

医药供货商因素主要包括供货企业基本情况、医药产品情况以及企业的市场运作情况 3 个因素。供货企业基本情况是指医药生产企业或医药批发企业的合法性、规模、信誉以及能否提供合格的产品报验资料、药检报告、授权委托书等基本情况；医药产品情况是指该医药产品的质量、价格、品牌、中间利润等是否为医保产品、是否为独家品种等信息；企业的市场运作情况是指供货企业能否提供优质的市场运行计划，包括广告力度、促销支持和服务水平等，有无严格的市场保护措施以及杜绝窜货和不正当竞争等。以上因素都将影响连锁药店的采购行为。

（二）组织因素

组织因素指连锁药店内部的采购程序、组织机构、采购目标、营销策略以及内部采购人员的调整和变动等组织内部因素。

（三）消费者因素

消费者因素指连锁药店的目标客户需求水平、消费特点、覆盖范围、顾客满意度、对拟购产品的接受程度等因素。

（四）竞争者因素

同行采购同种医药商品的竞争、供货方的竞争、单体零售药店的竞争、社区医疗服务机构的竞争等因素都是连锁药店采购所需考虑的。

【课堂讨论】

如果你是一家药品生产厂家的销售人员，负责某 OTC 产品的销售，你想让该药品品种进入一家大型连锁药店，请根据连锁药店购买行为的特点和影响因素，谈谈你该如何开展业务？

任务四　社区医院、单体诊所、单体药店购买行为分析

【案例启发】

“上百盒布洛芬被扔垃圾桶”事件令人唏嘘。这一现象的背后是，“狂欢”结束，零售药店的库存问题凸显。

2022 年年底“四类药”销售放开后，年前和年后群众购药需求呈“断崖式下跌”。某单体药店老板表示，“年前一天能卖一万块左右，年后一天四五百就不错了，百姓该囤的都囤了，每个家庭一次性购买一小箱”。

也正是年前的一波“疯抢囤药潮”让一些药店赚回了过去一年甚至三年的损失。

然而，年后需求的“急刹车”，大多零售药店都面临库存管理“失灵”。

一、社区医院的购买行为特点及影响因素

社区医院又称社区卫生服务机构，是指在城市范围内设置的、经区（市、县）级政府卫生行政部门登记注册并取得《医疗机构执业许可证》的社区服务中心和社区卫生服务站，以社区、家庭和居民为服务对象，以妇女、儿童、老年人、慢性病患者、残疾人、贫困居民等为服务重点，开展健康教育、预防、保健、康复、计划生育技术服务和一般常见病、多发病的诊疗服务，具有社会公益性质，属于非营利性医疗机构。2006 年国务院出台《国务院关于发展城市社区卫生服务的指导意见》，积极探索新的医疗模式，促进社区医疗机构与更高层次医院之间的制度化分工。到 2011 年年末，我国已建成社区卫生服务中心（站）32 860 个，国家倡导的“小病进社区，大病去医院，康复回社区”的新就医格局正逐步形成。

根据 2009 年 8 月国家九部门联合印发的《关于建立国家基本药物制度的实施意见》的通知规定：政府举办的基层医疗卫生机构全部配备和使用基本药物，其他各类医疗机构也都必须按规定使用基本药物。到目前为止，我国的社区医院正逐步实施基本药物制度，配备基本药物，并实行药品“零差价”，部分省市已经提前完成该任务。如浙江省已于 2011 年 3 月在全省 90 个县（市、区）全部实施了基本药物制度，提前实现基本药物制度全覆盖，全省社区医院由此告别“以药养医”，回归公益。在基本药物制度在社区医院彻底实施的背景下，社区医院的采购行为有以下特点。

（1）社区医院只能采购基本药物和增补目录（需经过各省卫生行政部门批准）的品种，而不能采购其他药物，新版基本药物目录将会在原来 307 种的基础上增补。

（2）社区医院对基本药物实行网上集中采购，贯彻招采合一、量价挂钩、双信封制、集中支付、全程监控等采购政策。

（3）坚持质量优先、价格合理的采购原则，进一步完善基本药物质量评价标准和评标办法，以在降低虚高药价的同时避免低价恶性竞争，确保基本药物安全有效、供应及时。对独家品种和经多次集中采购价格已基本稳定且市场供应充足的基本药物试行国家统一定价。

（4）对用量小、临床必需的基本药物通过招标采取定点生产等方式确保供应。对已达到国际水平的仿制药，在定价、招标采购方面给予支持，激励医药企业提高基本药物质量。

（5）社区医院是我国公立医疗机构不可缺少的一部分，其购买行为的影响因素主要体现在药事管理法规及国家出台的政策等方面，其他影响因素和前面所述的一、二、三级医院基本相同。

二、单体诊所的购买行为特点及影响因素

单体诊所又称私人诊所，是指由具有医师执业证书或医士（师）及以上职称等专业人员开设的从事医疗活动的场所，私人诊所是国家卫生事业的补充，其合法权益受法律保护，国家鼓励和支持医务人员到偏僻山区和缺医少药地区依法开办私人诊所，从事医疗活动。截至2011年年末，我国共有诊所和医务室175 069个。

单体诊所是由私人开设的营利性医疗机构，其采购行为特点如下：

（一）从合法渠道进货，渠道选择灵活

个体行医人员和诊所所用药品，一般就近从合法药品经营企业或延伸的经营网点采购；无药品经营企业或延伸网点的，可经县药品监督管理部门同意后，委托乡镇卫生院统一采购，严禁从其他非法渠道采购药品。

（二）受政策影响小，采购自主权大

目前我国多数单体诊所暂时还不要求参加药品集中招标采购，未执行“药品零差价”，因此相对于大型医院和社区医院受政策影响较小。诊所拥有采购自主权，在药品品种的选择、价格谈判、交易方式上比较灵活，其药品采购主要结合市场行情，在双方协商下进行。

（三）用药范围局限，采购批量小

私人诊所必须按核准的诊疗科目进行医疗活动，与综合性医院相比，能够进行的医疗科目比较少，因此在用药范围上比较局限。如口腔诊所、眼科诊所、骨伤科诊所等，它们的用药比较固定，用药范围比较小。而部分农村的私人诊所由于考虑到所承担的医疗风险，一般只接诊普通患者，因此用药也相对单一。另外，私人诊所的经营规模一般比较小，很多属于“夫妻店”，采购的批量比较小，在采购规模上无优势可言。

单体诊所购买行为的动机比较单纯，其最根本的目的是在治愈病患的同时获得可观的经济利益，因此经济因素是影响私人诊所采购行为的最根本因素。另外，私人诊所的负责人是购买行为的决策者，不同于其他医疗机构和连锁药店拥有其他众多的决策影响者，其购买行为比较灵活和自由，因此医药营销者必须集中精力和目标，与诊所负责人加强沟通和交流，建立长期的合作共赢关系。

三、单体药店的购买行为特点及影响因素

单体药店是指将购进的药品直接销售给消费者的非连锁药品经营企业。过去10年，单体药店经历了高速发展期，药店数量增长迅猛，质量管理体系进一步完善，硬件设施进一步强化。截至2010年年底，我国拥有零售单体药店261 996家，占全国药品经营企业的63%，是广大消费者自行购买非处方药的主要场所。单体药店由私人按照药品经营质量管理规范（GSP）的要求开设，经营方式灵活多变，其购买行为的特点如下。

（一）以需定购，勤进快销

单体药店以消费者的实际需求为出发点来组织货源，每次进货的批量比较小，但次数比较多，多销多进，少销少进，以保持合理的周转库存为限度。如对货源正常的药品少进，进销持平；对季节性的商品要根据季节变化和发病规律，季前多进，季中边销边进，季末逐步少进或不进，过季基本销光。

（二）货比三家，多渠道进货

药品零售市场的竞争异常激烈，单体药店为了最大限度地降低成本，在进货品种、规格、价格、厂家等方面会进行多家横向比较。由于当前医药批发企业众多，很多药店在供应商的选择上不单局限于本地区的医药批发公司，也同时选择跨区域的医药批发企业，实行多渠道比较进货，择优进货。

（三）规模小，但数量众多

单体药店的规模一般比较小，大部分药店的营业面积在 100 平方米以下，经营品种数量大多低于 1 000 种，因此其单店的采购规模比较小，无法形成规模优势。但是单体药店的数量众多，整体的采购量非常大。为了改变单体药店采购“势单力薄”的现状，我国部分区域成立了药店采购联盟，将多家药店的采购量整合在一起与上游供应商谈判，以获得更低的药品进价。但由于采购联盟组织松散并涉及药店成员间责、权、利的划分，各药店成员本身存在竞争以及各药店成员所处发展阶段和经营策略不同，因此，采购联盟往往“名存实亡”，难以为继。

单体药店是私人开设的提供药学服务的营利性组织，其目的在于提供专业药学服务的同时赚取更多的利润，因此其购买行为的影响因素同私人诊所相似，主要是经济因素和单药店负责人的个人因素。另外，供货商因素、消费者因素、竞争者因素也会对单体药店的购买行为产生影响。

【课后实训】

某医药组织购买行为分析实训

一、实训目的

（1）调研并确定该医药组织采购行为的类型和特点。

（2）调研并确定该医药组织采购行为的采购程序。

（3）分析该医药组织采购行为的各种影响因素。

（4）以上述三项为基础，分析并找出影响该医药组织采购行为的关键因素，提出相应的营销策略。

二、实训内容

确定一家医药组织为实训对象，分析该医药组织的购买行为，确定该医药组织行为的关键影响因素，以此提出相应的营销策略。

三、实训步骤

（1）将学生以 5~10 人为一个单位分成若干个小组，各小组推荐一位组长。

（2）小组成员集体讨论选定一家医药组织作为研究对象，经过指导教师审核。医药组织可以是药品生产企业、药品批发企业、药品零售连锁企业、单体药店、医院、社区医院、诊所中的任意一种组织形式。

（3）小组成员分工收集该医药组织采购行为的信息资料。

（4）分析资料，确定该医药组织采购行为的类型和特点。

（5）分析资料，确定该医药组织采购行为的采购程序，并画出示意图。

（6）从环境因素、经济因素、组织因素、人际因素、个人因素以及医药组织购买行为的参与者角度对该医药组织的采购行为进行分析。

（7）综合分析，找出影响该医药组织购买决策的关键性因素，提出相应的营销策略，上交分析报告和汇报 PPT。

四、实训要求

通过实训，学生应学会分析医药组织购买行为的影响因素，在权衡购买类型、购买特点、购买程序、购买行为参与者的基础上寻找影响购买决策的关键性因素，进一步制定相应的营销策略。

1. 实训作业

（1）以实训小组为单位上交书面的某医药组织购买行为分析报告，报告中包括该医药组织的类型、特点、程序、参与者、购买行为的影响因素和关键影响因素及营销策略建议等内容。

（2）以实训小组为单位，上交汇报的 PPT 文档。

2. 实训考核的内容和标准

（1）每个实训小组提交的分析报告：60 分。

（2）制作的 PPT：20 分。

（3）PPT 的现场演讲完成情况：20 分。

项目五

医药市场竞争战略

学习目标

1. 知识目标

（1）掌握不同市场竞争地位的医药企业的营销战略和竞争过程中不同企业所采取的方法及其特点；

（2）熟悉市场竞争者常采用的竞争手段、基本战略；

（3）了解医药市场营销过程中竞争战略的概念。

2. 能力目标

掌握运用市场细分标准开展有效市场细分的技能；学会有效选择目标市场，并为选定的目标市场选择合适的目标市场策略；学会为某医药产品进行市场定位并选择合适的市场定位策略。

3. 素质目标

培养学生主动学习、查找资料、总结归纳的能力。

"知己知彼，百战百胜"，要踏出胜利的第一步，必须先了解竞争对手的每一步，切忌抄袭或重复竞争对手的宣传方法。在了解竞争对手的活动情况后，拟定针对性策略，通过创新及有效的手段击败对手。

任务一　辨析药品市场竞争者

【案例启发】

2019 年 5 月，市场监督管理总局根据举报，依法对 KH 公司、HYH 公司、TYS 公司涉嫌实施垄断行为进行调查。市场监督管理总局认为本案的商品市场为葡萄糖酸钙原料药销售市场，相关地域市场为中国。三当事人通过包销协议、大量购买等方式控制了注射用葡萄糖酸钙原料药销售市场，下游制剂生产企业对当事人的依赖程度高，其他经营者难以进入相关市场。当事人除控制市场外，还实施了一不公平高价销售商品的垄断行为，使案涉原料药价格上涨了19~54.6倍，严重排除了该原料药的市场竞争，损害了生产企业的利益，也严重损害了患者权益。据此事实并依照《反垄断法》的相关规定，2020年4月5日，依法作出行政处罚决定，罚没金额3.255亿元。

一、竞争者的含义

竞争者一般是指那些与本企业提供的产品或服务相类似，并且所服务的目标顾客也相似的其他企业。竞争者的概念可以从狭义和广义两方面来理解。

狭义竞争者，一般指与本企业提供的产品、服务和价格相似，并且有相似目标顾客的企业。

广义竞争者，是指所有与本企业争夺同一目标顾客的企业，不仅包括现实竞争者，还包括潜在竞争者。通常可以从行业、市场竞争程度、满足市场需求方式、竞争者所处的地位等4个角度来识别竞争者。

二、识别竞争者的方法

（一）从行业角度进行识别

行业是一组提供一类或一种密切替代产品的相互竞争的公司，生产和经营同规格、同品种、同类产品和服务，并以同一区域为市场的商家。

（1）现有竞争者：医药行业内现有的与医药企业生产或销售同类产品或服务的其他医药企业，这是医药企业最容易找到的最直接的竞争者。一家生产和销售风寒感冒中成药的医药企业的现有竞争者，就包括所有从事此类产品生产和销售的医药企业。

（2）潜在竞争者：当医药行业盈利水平较高、发展前景乐观时，就会吸引更多的企业进入该行业，从而抢夺市场份额和主要资源。无论是进入该行业的全新企业，还是进行多元化经营后进入该行业的大型企业，都会使该行业整体供给能力短期内突然增加，从而导致医药产品或劳务价格的下降，并进而导致利润萎缩。

（3）替代品竞争者：具有高度需求交叉价格弹性的产品商家也属于医药企业应密切关注的竞争者。一种产品价格升高会导致另一种产品的需求增加，尤其是突破性技术创新产品，可能会取代以往的某种产品，导致行业的整体利润下降。

（二）从竞争者所处市场地位角度进行识别

（1）市场领导者：在医药行业的产品市场中占有最大市场份额的企业即为市场领导者。市场领导者通常在产品开发、价格变动、分销渠道等方面处于绝对优势地位。

（2）市场挑战者：在医药行业市场中居于次要地位（通常为第二或第三名），并且不安于次要地位的企业。市场挑战者往往采取主动竞争的方式，挑战市场领导者，从而扩大自己的市场份额。

（3）市场追随者：在医药行业市场中居于次要地位，并且安于次要地位的企业。这类企业通过观察、学习、借鉴、模仿市场领导者的行为，以较低的成本和几乎为零的风险提高企业能力。

（4）市场利基者：又称市场补缺者，是指行业中相对弱小的中小企业，专注于被大企业忽略的小市场，通过专业化经营获得最大收益的企业。这类企业往往通过提供某种具有特色的产品或服务，逐步成为小市场中的“领导者”。

三、判断竞争者的市场反应模式

竞争者的市场目标、优势决定了它对降价、推出新产品等市场竞争行为的反应，此外，竞争者有不同的经营哲学、内在文化、主导信念和心理状态，因此，当企业采取了某些措施之后，竞争者的反应会有以下 4 种模式：

（一）从容型

从容型指对某些特定的攻击行为没有迅速反应或强烈反应。原因可能有：认为顾客对自己产品的忠诚度高；重视不够，没有注意到竞争对手的新措施；受制于资金、技术或者经营规模，无法做出相应的反应。

（二）选择型

选择型指对某些竞争者特定的攻击行为做出反应，而对竞争者的其他竞争行为不加理会。这类竞争者只是针对触及其战略环节或核心领域的行动才会做出反应。例如，大多数医药企业对降价这样的价格竞争措施总是反应敏锐，倾向做出强烈的反应，力求在第一时间采取报复措施进行反击，而对改善服务、增加广告、改进产品、强化促销等非价格竞争措施则不太在意，认为不构成对自己的直接威胁。

（三）凶猛型

凶猛型指对所有的攻击行为都做出迅速而强烈的反应，进行激烈的报复和反击，势必将挑战自己的竞争者置之死地而后快，意在警告其他企业最好停止任何攻击。这种报复措施往往是全面的、致命的，甚至是不计后果的。这些强烈反应型竞争者通常都是市场领先者，具有某些竞争优势。一般医药企业轻易不敢或不愿挑战其在市场上的权威，尽量避免与其直接正面交锋。

（四）随机型

随机型指对竞争者攻击的反应具有随机性、选择性，是否有反应及反应强弱无法根据其以往的情况加以预测。例如，在某些时候可能会对市场竞争的变化做出反应，也可能不做出反应；他们既可能速做出反应，也可能反应迟缓；其反应既可能是剧烈的，也可能是温和的。许多小型医药企业属于此类竞争者。

四、市场领导者战略

市场领导者是指在相关产品的市场上占有率最高的企业。一般来说，大多数产品领域都有一家企业被认为是市场领导者，他在价格变动、新产品开发、分销渠道的宽度和促销力量等方面处于“主宰”地位，并被行业认可。例如，默沙东公司在 ARB 类降压药市场处于领导者地位；恒瑞医药是国内最大的抗肿瘤药物的研究和生产基地，公司抗肿瘤药销售在国内排名第一。值得注意的是，这种领导地位是在竞争中自然形成的，且并非固定不变的。

市场领导者时刻面临三大挑战，即扩大总市场、保护市场份额和扩展市场份额。为了维护其“领导者”的竞争优势，保住领先地位，市场领导者可采取 3 种战略：一是扩大市场需求总量；二是保护市场占有率；三是提高市场占有率。

当行业总的市场规模扩大时，占据最大份额的市场领导者往往受益最大。市场领导者可以通过寻找新用户、开辟新用途和增加使用量来达到目的。

（一）扩大市场需求的途径

1. 寻找新用户

市场领导者可以利用技术、品牌等优势，通过转变未使用者或进入新的细分市场、进行地理扩展等方式寻找到新的用户，从而扩大市场需求总量。例如，“健胃消食片”生产企业推出针对儿童的细分产品，“快克”感冒药推出“小快克”，均通过开辟儿童市场寻找新的消费者。

2. 开辟新用途

开辟新用途是指设法找出产品的新用法和新用途以增加销售量。医药领域有很多老药新用的实践，如呋喃唑酮原用于治疗肠炎、菌痢、尿路感染等病，近年的临床实践证实，该药也可用于治疗消化性溃疡病、慢性胃炎、口腔溃疡。

3. 增加使用量

市场领导者通过说服消费者在更多场合更多地使用该产品，从而在顾客规模不变的条件下增加产品销量。如增大单疗程药品使用量，降低含量以扩大使用量等。

（二）保护市场占有率的方法

市场领导者也是市场上最易受攻击的对象，要时刻注意保护自己的“阵地”，在努力扩张总市场的同时，必须时刻防备竞争者的挑战。为了保护现有市场份额，市场领导者可以采用多种防御方法。防御战略的目标是，减少受攻击的可能性，使攻击转移到危害较小的地方，并削弱其攻势。

1. 阵地防御

阵地防御就是在现有阵地周围建立防线。这是一种静态防御，是防御的基本形式。如果将所有力量都投入这种防御，最后可能导致失败。对企业来说，单纯采用消极的静态防御，只保卫自己目前的市场和产品，容易患上“市场营销近视症”。

2. 侧翼防御

侧翼防御是指市场领导者除保卫自己的阵地外，还应建立某些辅助性的基地作为防御阵地，或必要时作为反攻基地。特别是注意保卫自己较弱的侧翼，防止对手乘虚而入。

3. 以攻为守

这是一种“先发制人”式的防御，即在竞争者尚未进攻之前，先主动攻击对方。这种战略主张“预防胜于治疗”。当竞争者的市场占有率达到某一危险的高度时，就向对方发动攻击；或者是对市场上所有竞争者全面攻击，使人人自危。有时这种方法是利用心理攻势来阻止竞争者的进攻，而不发动实际攻击，但这种虚张声势的做法只能偶尔为之。

4. 反击防御

当市场领导者遭到对手发动降价或促销攻势，或改进产品、占领市场阵地等进攻时，不能被动应战，而是主动反攻入侵者的主要市场阵地，以切断进攻者的后路，以迫使其撤回部分力量守卫其本土，即“围魏救赵”。

5. 运动防御

这种战略是不仅防御目前的阵地，而且还要扩展到新的市场阵地，作为未来防御和进攻的中心。具体实现方式有两种：市场扩大化和多元化经营。

6. 收缩防御

市场领导者若在所有阵地上进行全面防御，有时会得不偿失，必要时可实行战略收缩。所谓收缩防御，即放弃某些疲软市场，把力量集中到主要市场，保证资源集中在优势业务。

总的来说，防御型竞争战略是在市场上具有领导地位或较强实力的企业所应选择的战略。战略成功的关键是要集中力量于影响企业经营成败的关键因素，并进行防守。

五、市场挑战者

市场挑战指那些相当于市场领先者来说在行业中处于第二及以后位次的，并有实力向领导者及其他竞争者发动全面攻击的企业。

市场挑战者战略首先必须确定自己的战略目标和挑战对象，然后再选择适当的进攻战略。

（一）确定战略目标和挑战对象

战略目标与进攻对象密切相关，一般来说，市场挑战者可在下列 3 种企业中选择攻击对象，并确定相应的战略目标。

1. 攻击市场领导者

这一战略风险大，潜在收益也大。当市场领导者在其目标市场的服务效果不佳，或者对某个较大的细分市场未给予足够关注的时候，市场挑战者采取该战略会获得显著利益。

2. 攻击与自己实力相当者

规模相仿、实力相当的医药企业是市场挑战者最主要的攻击对手。市场挑战者要选择那些相对本企业创新不足、财力拮据的同类企业，依靠产品创新及价格折扣等策略，迅速夺取对方的市场份额。

3. 攻击地区性小企业

市场挑战者还可以“大鱼吃小鱼”的方式，对一些地区性小企业展开攻击，蚕食对方市场，迅速壮大自己的经营规模。

（二）选择进攻战略

在确定了战略目标和进攻对象之后，市场挑战者就要考虑采取何种进攻战略。通常，市场挑战者采取的进攻战略有以下 5 种。

1. 正面进攻

正面进攻就是集中全力向对手的主要市场阵地发动进攻,即进攻对手的强项而不是弱点。在这种情况下，进攻者必须在产品、广告、价格等主要方面大大超过对手，才有可能成功，否则，不能采取这种进攻战略。正面进攻的胜负取决于双方力量的对比。正面进攻的另一种措施是投入大量研究与开发经费，降低产品成本，从而以降低价格的手段向对手发动进攻，这是持续开展正面进攻战略最可靠的基础之一。

2. 侧翼进攻

侧翼进攻是指集中优势力量攻击对手的弱点。有时可采取“声东击西”的战略，佯攻正面，实际攻击侧面或背面。侧翼进攻可分为两种情况：一种是地理性的侧翼进攻，即在全国或全世界寻找对手力量薄弱地区，在这些地区发动进攻；另一种是细分性侧翼进攻，即寻找领先企业尚未为之服务的细分市场，在这些小市场上迅速填空补缺。侧翼进攻符合现代市场营销观念，提倡发现需求并设法去满足。侧翼进攻也是一种最有效和经济的战略方式，比正面进攻有更多成功的机会。

3. 包围进攻

包围进攻是一种全方位、大规模的进攻战略。当挑战者拥有优于对手的资源，并确信完成包围计划足于打垮对手时，可采用这种战略。

4. 迂回进攻

迂回进攻是一种最间接的进攻方式，为完全避开对手的现有阵地而迂回进攻。具体办法有 3 种：一是发展无关的产品，实行产品多元化；二是以现有产品进入新地区市场，实行市场多元化；三是发展新技术、新产品，取代现有产品。

5. 游击进攻

游击进攻是适用于规模较小、力量较弱的企业的一种战略。游击进攻的目的在于以小型的、间断性的进攻干扰对手的士气，以占据长久性的立足点。但是，也不能认为游击战只适合于财力不足的小企业。持续不断地游击进攻，也需要大量投资。还应指出，如果要想打倒对手，光靠游击战不可能达到目的，还需要发动更强大的攻势。

上述市场挑战者的进攻战略是多样的，一个挑战者不可能同时运用所有战略，但也很难单靠某一种战略取得成功。通常是设计出一套战略组合即整体战略，借以改变自己的市场地位。

六、市场追随者

相对于市场领导者和市场挑战者来说，大多数市场追随者的竞争实力与挑战者不分上下，但是市场利基者的竞争实力则较弱，对整个医药行业的市场竞争格局，短期内也不会产生大的威胁。

（一）市场追随者战略

市场追随者是指那些在产品、技术、价格、渠道和促销等大多数营销战略上模仿或追随市场领导者的企业。在很多情况下，追随者可让市场领导者和挑战者承担新产品开发、信息收集和市场开发所需的大量经费，自己坐享其成，减少支出和风险，并避免向市场领导者挑战可能带来的重大损失。扮演市场追随者的企业实力与市场挑战者往往难分伯仲，他们的主要区别在于对待市场领导者的态度不同。市场挑战者采取积极进攻的姿态，而追随者则默认领导者地位，只求维持现有市场份额。市场追随者有以下 3 种战略选择：

1. 紧密追随

紧密追随是指追随者尽可能地在各细分市场及营销组合方面模仿领导者，完全不创新的企业。由于他们与市场领导者的产品、品牌与包装只在细微之处有稍微区别，顾客不易觉察，价格略低，利用市场领导者的投资和营销组合策略去开拓市场，自己跟在后面分一杯羹，故被视为“寄生者”。

2. 距离追随

距离追随是指追随者与领导者保持一定差异，而在主要市场的产品创新、价格调整、配销道路上追随领导者，因为这样做不会危及市场领导者的市场计划执行，所以较受领导市场者的欢迎。我国医药企业原研能力比较弱，一般走仿制和仿创结合的新药研发之路。

3. 选择追随

选择追随是指在某些方面紧跟领先者，而在另一些方面又自行其是。即他不是盲目追随，而是在择优追随的同时还要发挥自己的独创性，但不与其直接竞争。这类追随者有些可能发展成为挑战者。

（二）市场利基者战略

市场利基者又称市场补缺者，是指精心服务于市场的某些细小部分，即利基市场，而不与主要的企业竞争，只是通过专业化经营来占据有利的市场位置的企业。市场利基者一般是行业中一些相对较弱小的企业，在竞争中为了避免与大企业的正面冲突，选择那些未被满足和未实现需要的部分市场，提供专门的产品或服务，以在大企业的夹缝中谋求生存和发展。市场利基者竞争的关键是选择一个或几个安全并且有利可图的“利基”市场从而进行有效的“拾遗补缺”。一个理想的利基市场通常应满足以下条件：有足够的规模和成长潜力、不被大竞争者重视、企业本身具有为其提供产品和服务的能力、能建立起顾客信誉，从而能有力地抵御进攻者的进入、获取利润。

市场利基者的基本战略有缝隙型战略、侧翼型战略和多重利基战略。

1. 缝隙型战略

缝隙型战略是市场利基者的主要战略，要求企业嗅觉灵敏，积极寻找空白市场。采用此种战略的医药企业要做好以下 5 个方面的工作。

（1）关注市场中规模较小、对大企业来说生产价值不大的产品市场。

（2）集中力量，争取在某些小的领域形成相对优势。

（3）关注属于多品种、适合小批量生产方式的产品市场。

（4）实施市场细分战略，拓展专业市场。

（5）依据专业分工建立中小企业的集群组织形式。

2. 侧翼型战略

侧翼型战略通过用“奇”改变现有市场的竞争背景、方式，打破现状，建立新的竞争规则来赢得竞争的战略，目标在于利用外部变化，发现产业中改变了的新的经营关键因素和环节，这种战略成功的关键在于创新。一般企业可以尝试从消费观念、市场结构、人口结构变化中寻找创新。

从消费观念变化中寻找创新机会，如中国正在从数量型消费向质量型和个性化转变。

从市场结构变化中寻找创新机会，如中国的家用小汽车市场就是这样的新市场。

从人口结构变化中寻找创新机会，如中国老龄化的到来，老年保健品、医疗器材的消费就会多起来。

3. 多重利基战略

只有较少市场份额的企业可以通过市场利基战略获取高额利润。市场利基者可以深入了解目标顾客，从而更好地满足顾客需求，因而，能在成本之上收取更高的价格，相对于大市场的领先者通过高销售量获取高收益，市场利基者更多的是通过高利润获取高收益。但是市场利基者战略却蕴含着巨大的危机：市场资源枯竭，或遇到竞争对手的攻击，一旦市场萎缩，而利基者拥有的高度专业化资源，很难进入其他领域，则会带来经营危机。因而，相对于单一利基战略，市场利基者应注意采取多重利基战略，在两个或多个利基市场形成实力，提高企业存活的概率。

七、医药市场竞争者类型定位

在分析、预测竞争者优劣势以及反应模式的基础上，企业要在各类竞争者中明确集中优势进攻、加强防守或主动退让的对象。一般而言，竞争者类型有以下两种定位方式：

（一）按照竞争者的综合竞争能力进行定位

1. 强竞争者与弱竞争者

大多企业将目标瞄准弱竞争者，攻击弱竞争者对提高市场占有率所需耗费的资金和时间较少，但自身能力提高和利润增加也较少。而攻击强竞争者可以提高自己的生产、管理和促销能力，更大幅度地扩大市场占有率和利润水平。

2. 近竞争者与远竞争者

近竞争者是指市场已存在的行业竞争者，而远竞争者是指市场上潜在的竞争者。多数公司重视同近竞争者对抗并力图摧毁对方，但竞争胜利可能招来更难对付的竞争者；反之，攻击远竞争者则可能“坐收渔翁之利”。

3. “好”竞争者与“坏”竞争者

“好”竞争者的特点是：遵守行业规则；对行业增长潜力提出切合实际的设想；按照成本合理定价；把自己限制在行业的某一部分或某一细分市场中；推动他人降低成本，提高差异化；接受为他们的市场份额和利润规定的大致界限。“坏”竞争者的特点是：违反行业规则；企图靠花钱而不是靠努力去扩大市场份额；敢于冒大风险；生产能力过剩仍然继续投资。总之，他们打破了行业平衡。一般来说，公司应支持“好”竞争者，攻击“坏”竞争者。

（二）按照竞争者竞争地位进行定位

企业评估竞争的优势、劣势就是为了真正做到“知彼”，找到竞争者的劣势，然后以本企业的“强”来攻击竞争者的“弱”，在竞争中取得更大的胜算。阿瑟 D.利特尔咨询公司把企业在目标市场的竞争地位分为以下 6 种。

（1）主宰型。这类企业控制着其他竞争者的行为，有广泛的战略选择余地。

（2）强壮型。这类企业可以采取不会危及其长期地位的独立行动，竞争者的行为很难撼动其长期地位。

（3）优势型。这类企业在特定战略中有较多的力量可以利用，有较多机会改善其战略地位。

（4）防守型。这类企业的经营状况令人满意，但受主宰型企业的控制，其生存地位改善的机会很少。

（5）虚弱型。这类企业的经营状况不能令人满意，但仍然有改善的机会，不改变就会被迫退出市场。

（6）难以生存型。这类企业经营状况很差且没有改善的机会。

对医药企业而言，企业战略目标的有效实现取决于其资源与能力的构成。因此评估竞争对手需要收集并分析其在业务上的关键数据，如销售量、市场份额、品牌资产与商誉、销售毛利、投资报酬率、现金流量、投资与开发等。

任务二　制定药品市场竞争战略

【案例启发】

根据中国医药工业信息中心的测算，阿莫西林原料药全球市场需求量自2017年以来保持连年增长，2020年已达3.31万吨。未来几年阿莫西林原料药全球市场需求量还将继续扩大，预计2023年全球阿莫西林原料药市场需求量将达到3.75万吨。根据米内网数据，阿莫西林胶囊2017年公立医院终端销售规模9.8亿元，连锁药店终端销售规模10.8亿元，合计20.6亿元。阿莫西林竞争较为激烈，具有生产批件的企业超过100家。目前联邦制药、石药中诺的市场占有率较高。一致性评价申请方面，阿莫西林依然是竞争激烈，目前递交一致性评价最多的品种就是阿莫西林，共20家企业递交22种剂型的一致性评价。在同质化产品竞争中，差异化发展，“人无我有，人有我精的思路”或许可以让企业在竞争中更胜一筹。

竞争者营销战略是企业关于如何实现战略目标的基本设想。当今市场竞争日趋激烈，竞争战略的选择与实施是企业生存与发展的基础，而选择哪种竞争战略，取决于它具有的优势、特色和所处的市场地位。一个企业与竞争者相比可能有许多优势与特色，决定其进入市场的基本竞争优势为低成本优势或独具一格。美国著名战略学家迈克尔·波特从竞争优势的角度提出3种基本竞争战略：总成本领先战略、差异化战略、目标集聚战略。

一、总成本领先战略

总成本领先战略又称低成本战略。企业努力减少生产及分销成本，使价格低于竞争者的产品价格，以提高市场占有率。即企业努力发现和挖掘所有的资源优势，特别强调生产规模和出售一种标准化的产品，在行业内保持整体成本领先地位，从而以行业最低价格为其产品定价的竞争战略。

总成本领先战略有一定的适用范围：市场需求价格弹性大；产品生产标准化，工艺简单，便于制造；产品差异度小，主要依靠价格竞争。工业企业特别是产品创新不强、产品老化的企业和中小企业会选择总成本领先战略。从价值链分析，成本领先的来源主要是规模效应和资源禀赋优势，如企业生产规模大、要素成本低、物流成本低、环保成本低等。

二、差异化战略

差异化战略是企业在产品、服务和企业形象等方面与行业对手有较大差异，以获得行业内具有独特性的竞争优势的战略。该战略的重点是开创全行业和顾客都认为独具一格的产品、服务。医药企业运用这种战略主要是依靠产品和服务的特色，而不是产品和服务的成本。这样可以很好地防御行业中的竞争，获得超额利润，其主要目的是：一是形成进入壁垒。由于产品和服务的特色，顾客具有很高的忠诚度。潜在的进入者要参与其竞争，则需要克服这个壁垒。二是防止替代品的威胁。基于能够赢得顾客的信任，所以在与替代品的较量中，比同类企业处于更有利的地位。

差异化战略的实施一般需要通过客户细分找准市场定位，分析竞争对手，注重客户反馈，检验差异化效果，提升企业服务理念。医药企业实施差异化战略的途径有产品差异化、服务差异化、品牌差异化及渠道差异化等。

（一）产品差异化

产品差异化是生产企业差异化战略实施的核心，没有一流的产品就不会有一流的生产企业。产品差异化的切入点有功能差异化、外形差异化等，其核心在于从功能上满足消费者的差异化需求。因此，实施产品差异化战略的起点是分析消费者的差异化需求。

随着经济增长带来的生活水平提高，人们对生活质量的要求随之提高，对医药产品的使用消费也呈现多样化需求。如：在剂型和口味上更适合儿童服用的药物；成年人工作压力大、生活节奏快，需要方便携带和服用简单的药物等。根据对消费者的偏好和多样化需求，医药企业据此实施差异化战略，生产和销售满足不同需求的医药产品，通过实施差异化战略赢得市场，提高企业的市场竞争力。

（二）服务差异化

无论是医药生产型企业还是流通服务型企业，服务差异化战略始终是赢取竞争优势的最有力的竞争武器之一。当前医药流通行业间的竞争已发展成为“白热化”竞争，服务质量和特定服务提供者有紧密的联系，且差异化服务很难被竞争对手学习，因而为终端客户提供的差异化服务是企业获取核心竞争力的有效途径之一，从而使公司保持持久的竞争优势。为终端客户提供服务主要包括药品配送、客户培训、咨询、信息化服务，以及药品售前、售中和售后服务。

（三）品牌差异化

品牌差异化是指产品或服务在终端客户中寻找一种特殊、永久、优质的定位，便于开展品牌拓展、在激烈的竞争中给企业提供保护。企业通过强烈的品牌意识、成功的形象战略、借助媒体的宣传，使企业在消费者心目中树立优质的形象，从而培养顾客认可品牌及购买习惯，把企业的品牌和形象根植于顾客心中。

以中成药“六味地黄丸”为例，全国曾有500多家企业争夺六味地黄丸市场，其中“仲景”“同仁堂”“九芝堂”“汇仁”“兰州佛慈”等主导品牌占据很大的市场份额。同一剂型的六味地黄丸，具有较高的同质性，价格相差却高达几倍，且价格高的市场份额也高。其根源在于企业从顾客价值出发，更注重塑造企业品牌或产品品牌，如：宛西制药的“仲景牌”六味地黄丸让消费者感知其价值是“药材好，产地好”；同仁堂的六味地黄丸传递的价值是“精挑细选，精工细做”；九芝堂的六味地黄丸主打“不含糖”，更符合糖尿病患者。

（四）渠道差异化

医药生产企业可以通过设计分销渠道获得竞争优势，如提高渠道的覆盖率、专业性和效益。以印度医药企业为例，他们注重对国际市场分销渠道的开发，出口主要面向欧美市场的高附加值制剂及特色原料，市场容量大、利润高。

三、目标集聚战略

目标集聚战略又称集中战略，是指企业集中力量于少数几个细分市场，而不是将力量均匀地投入整个市场，可分为成本集聚和差异性集聚战略两种。即企业将目标集中在特定的顾客或某一特定的地理区域上，即在行业中很小的竞争范围内建立独特的竞争优势。

与成本领先战略和差异化战略不同的是，目标集聚战略不在于达到全行业内的目标，而是围绕一个特定的目标开展经营与服务。或者说，目标集聚战略的结果是，通过满足特定对象的需要实现差异化，或者在为这一对象服务时实现低成本，或者两者兼得。就医药产业而言，技术领先企业和中成药企业可选择目标集聚战略，通常企业以几个或几类中成药品种为主发展。

相比较而言，总成本领先和差异化战略一般是在广泛的产业部门范围内谋求竞争优势，而目标集聚战略则着眼于在狭窄的范围内取得优势。从企业长期经营目标出发，医药企业要发挥持久的竞争优势，必须在竞争性定位上进行选择，如果医药企业专一执行某种战略，其竞争优势的追求与发挥就越显著。

【课堂练习】

木桶理论的5种演变

在管理学中，有一个著名的木桶理论原理：一只木桶盛水的多少不取决于最长的那块板，而是取决于最短的那块板，所有的漏洞和缝隙都会导致水的流失。现在，木桶理论出现了 5 种不同的演变。

演变一：

一个木桶的储水量，还取决于木桶的直径大小。

每个企业都是一个不同的木桶，因此，木桶的大小也不可能完全一致。直径大的木桶，其储水量自然要大于其他木桶。也就是说，一个企业在进入市场之初，他的起步也不是完全一样的，有的基础扎实，有的基础局促，有的资源面广，有的资源面窄，这都对企业最初的发展起到关键的作用。

演变二：

在每块木板都相同的情况下，木桶的储水量还取决于木桶的形状。

学过物理的人都知道，在周长相同的条件下，圆形的面积大于方形的面积。因此圆形木桶是所有形状的木桶中储水量最大的，它强调组织结构的运作协调性和向心力，以一个圆心，形成一个最适合自己的圆。

因此，从做企业来说，企业的每一块资源都要围绕一个核心，每一个部门都要围绕这个核心目标而用力。企业负责人偏颇任何一个部门都会对木桶的最后储水量带来影响。结构决定力量，结构也决定木桶的储水量。

演变三：

木桶的最终储水量，还取决于木桶的使用状态和相互配合。

每个木桶总会有最短的一块板，最初的木桶理论告诉我们，木桶的储水量取决于最短板的高度。不过，在特定的使用状态下，通过相互配合，可增加一定的储水量，如有意识地把木桶向长板方向倾斜，其储水量就比正立时的木桶多得多；或为了暂时地提升储水，可以将长板截下补到短板处，从而提高储水量。

木桶的长久储水量，还取决于木桶各木板的配合紧密性，配合要有衔接，没有尘隙，每块木板都有其特定的位置和顺序，不能出错。如果每块木板间的配合不好，出现缝隙，最终会导致漏水。

一个团队，如果没有良好的配合意识，不能做好相互补位和衔接，最终储水量也不能提高。单个的木板再长也没用，这样的木板组合只能说是一堆木板，而不是一个完整的木桶，一个团队。

如果把木桶比作企业竞争力的支持元素，那么储多少水就是企业的真正竞争力，但是，所有的这一切，都是建立在静止的并且是以一种理想的假设为前提的：即所有木桶都是放在同等的取水状态，如在下雨天，所有木桶都在接收落下来的雨水，并且不管接住的雨水用于何处、如何使用等。

其实，储水本身是一个动态过程，做企业、做品牌，也并不仅仅是一个储水的过程，不是储水越多越好，最重要的还在于如何更有效率地储水和如何使用所储之水。

演变四：

木桶理论的动态演变：

首先，在储水前要清楚这样一个疑问，是先有水还是先有桶？先有大木桶还是先有小木桶？按照木桶理论，必然是先有木桶，再有水，然后不断调整，从小木桶到大木桶，从短木桶到长木桶，没有哪只木桶一开始就是非常大、非常深的。然而在实践中，也许是先有水再有木桶，或者是先有不成形的木桶，甚至只有几块木板，而不是桶，然后通过这几块紧缺的垄断的木板资源，赚到第一桶金，然后才做出第一个木桶。

其次，储水量的多少是动态的，目标设定储多少水，取决于做多长的木板，而不是越多越好。多了是浪费投资，少了是不求进取。储水量的多少，有时并不是企业竞争的全部，市场竞争并不是所有木板都超过对手，有时为了竞争需要还故意露出破绽给对手，而以自己的集中优势攻别人的相对弱势以取得胜利。就如田忌赛马，当敌众我寡时，就需要集中一点予以击破。这就是竞争优势。

演变五：

木桶理论中水的使用演变：

一个木桶至少要有两块木板比其他木板更长更牢固，才可以在上面装上借力的提柄。装在提柄位置的木块要特别经得起提拉，所谓提纲挈领就是此意。

企业必须要培养核心竞争优势，以核心优势统领整个公司的发展。否则只是作为一个光溜溜的木桶，实在很难将它提起。同样，一只太深的木桶，却装着太浅的水，这必将影响木桶的使用效率。这同样也不是一个企业追求的最终目标。

世界上没有所有木板都是一样长的完美木桶。这样的木桶只存在于理论当中，做企业，不仅仅是做一只木桶那么简单。同样，企业的盈利能力也不取决于企业管理某一方面的擅长，而是取决于企业的综合管理能力，任何管理模块的缺口和漏洞都会导致利润的流失。

资料来源：https://www.renrendoc.com/paper/123162311.html.

【思考题】

木桶理论带给我们什么启示？

【课后实训】

竞争方案的选择与实施方案设计

一、实训目的

选择合适的竞争战略，并制定战略实施方案。

二、实训内容

选择贵州某一制药企业，并进行实地调研，对该企业进行SWOT分析。依据分析结果，为该企业制订战略实施计划。

项目六
医药目标市场营销战略

学习目标

1. **知识目标**

（1）掌握医药企业选择目标市场的主要方法。
（2）熟悉医药市场营销组合的特点和作用。
（3）熟悉医药企业进行市场定位的步骤和战略。
（4）了解医药企业进行市场细分的依据、要求和意义。

2. **能力目标**

学会医药目标市场营销战略的核心理论和实操。

3. **素质目标**

具备运用医药目标市场营销战略开展市场营销活动的能力。

【案例启发】

咽喉用药是继胃药、感冒药后百姓消费最多的药品种类之一。在咽喉药市场上，广西“金嗓子”以6亿元的年销售收入和30%的市场份额稳居市场龙头老大的地位。紧随其后的是西瓜霜含片及喷剂，江中草珊瑚在市场上位居第三，各占13%和6%。其他产品如华素片、黄氏响声丸、健民咽喉片、咽利爽滴丸等产品的年销售收入不足1亿元，靠部分优势市场占得每年4 000万～8 000万元的份额。虽然它们无法与前三强中的任何一个抗衡，但却共同占据了过半的市场份额。笼统地讲，消费者购买利咽产品的目的都是解决咽喉不适，但在做进一步分析时可发现，咽喉不适的人群，其产品购买目的大致可分为两种：一种是非疾病式的，如烟酒过度和用嗓过度等，一般症状较轻，可选择药品，也可选择食品或保健食品。因此，他们倾向购买保健型的咽喉药。另一种是疾病式的，如因感冒、咽喉炎所引起的咽喉不适，这种情况一般症状较重，消费者多选用治疗型的药品。各大制药企业正是利用这种消费者需求的差异，纷纷推出咽喉药类产品。后起之秀在进入市场时多采用细分市场的方式，来瓜分“老三甲”没有渗透的领域。最典型的是亿利甘草良咽，它通过翔实的市场调查，准确地切入一个全新的“烟民”市场，并以其特有的营销策略：针对“吸烟引起的喉部不适”，曾一度进入同类产品的前五名；桂龙药业的慢咽舒宁则是从疗效方面切入，依靠大规模的广告投放带来了市场份额的不断攀升；华素片经过对产品内涵的进一步提炼和包装改进后，明确提出“可以消炎的口含片”，立即引起了消费者的共鸣，取得了不错的销售效果。

现阶段，药品、保健品等产品的诞生一般是来源市场，又走到市场去的，没哪一种产品适合任何人、任何市场。企业需要集中自己的优势资源，更有效率地获得更大的经济成果。为此，企业必须对目标市场进行行之有效的分析与选择，市场细分即是市场分析，资源投放的必要的研究过程；市场细分、目标市场选择及市场定位是企业营销机会选择和确定过程中的 3 个互相联系、不可分割的环节，其中市场细分是企业目标市场选择、市场定位的基础和前提。

资料来源：https://wenku.baidu.com/view/12986518e75c3b3567ec102de2bd960591c6d91b.html?_wkts_=1676356123638.

任务一 医药市场细分的原则与方法

一、药品市场细分的含义

在市场经济条件下，任何一个企业都不可能满足所有消费者的所有需求，而只能满足部分消费者的部分需求。在现代市场中，用户对同类产品的要求，由于品种、规格、质量、价格、式样等的不同，他们的要求也各不相同。有的偏重质量，有的偏重价格，有的偏重式样，也有的对质量、价格、式样都有要求。在这种情况下，企业必须通过市场细分化，明确企业应为哪一类用户服务，满足他们的哪一类需要，从而选择出对自己最有利的目标市场。

市场细分的概念是美国市场学家温德尔·史密斯（Wendell R. Smith）于 20 世纪 50 年代中期提出来的。在此之前，企业往往把消费者看成具有同样需求的整体市场，就单一产品为所有的购买者进行大量生产、大量分配和大量促销，即进行大众化营销。大众化营销可以以最低的成本，进而以较低的价格获取较高的毛利。早期的福特公司是奉行这一策略的典型代表，它只提供单一的黑色丁型汽车给所有的用户；早期的可口可乐公司也只生产一种 6.5 盎司的瓶装可乐。然而，随着生产力水平的发展，生产规模的扩大，企业之间的竞争日益激烈，同时人们的收入水平不断提高，消费者的需求日益多样化，这些都给大众化营销造成了很大的困难，从而促使市场细分概念的提出。

综上，所谓药品市场细分就是指按照消费者对药品的需求、购买行为、习惯等的差异性，把一个总体市场划分成若干个具有共同特征的子市场的过程。分属于同一药品细分市场的消费者，他们的需要和欲望极为相似；分属于不同细分市场的消费者对同一产品的需要和欲望存在明显的差别。

二、药品市场细分的作用

（一）有利于药品生产和药品经营企业发现市场机会，开拓新市场

通过药品市场细分，企业可以对每一个药品细分市场的购买潜力、满足程度、竞争力等进行分析对比，可以了解不同消费群体的需求情况，发现尚未满足或没有被充分满足的消费需求，并根据竞争者的市场占有情况来分析市场未被充分满足的程度，探索出有利于本企业的市场机会，使企业及时根据本企业的条件编制新产品开发计划，掌握产品更新换代主动权，开拓新市场，夺取优势市场的地位。通过市场细分，他们可以发现那些被企业所忽视且尚未满足或没有被充分满足的消费需求，拾遗补阙，以便在激烈的市场竞争中占有一席之地。

（二）有利于企业扬长避短，增强企业竞争力

任何一个企业在激烈的市场竞争中都不可能占据全部优势，竞争力不足的企业也总有自己的长处。对大企业来说，可以凭借自己的经济实力，抓住有利市场，独占鳌头；对于中小企业来说，技术力量、资金和资源有限，但只要认真地研究市场细分化策略，完全有可能在复杂的市场竞争中，发现某些特定的市场，满足这一部分用户的特定需要。

（三）有利于企业分析市场情况，调整营销目标，提高企业的应变能力

企业通过细分市场，可以深入了解每一个细分市场的需求情况和购买潜力，以及同行的情况。这样企业可以把各个细分市场的外部环境与自己的生产技术条件结合起来，进行反复的权衡比较，选出自己最有利的市场，以便集中力量，取得最好的经济效益。

（四）有利于企业掌握市场变化趋势，更好地满足消费需要

市场细分可以增强企业对市场调查的迫切性，准确地预测各类消费者需求的变化情况，挖掘潜在需要。这样企业不仅可以针对消费者现实的需要以需定产，而且还可以根据潜在需要发展新药品，开拓新市场，满足消费者不断变化的新需要。

【典型案例】

2004年云南白药牙膏上市之初，通过对现有产品的分析，发现传统牙膏解决的大多是牙齿的问题，即注重防蛀、清洁和美白的作用，很少关注口腔健康问题。然而，中国90%的成年人都有不同程度的口腔问题。大量研究表明，随着饮食习惯的改变（麻、辣、烫）和工作压力的增大，口腔溃疡，牙龈肿痛、出血、萎缩等口腔问题正快速蔓延。这些口腔“小问题”虽然不足以去医院，但困扰了人们的情绪，影响了人们的日常生活和工作。赞伯营销咨询的调查显示，高露洁、佳洁士、中华品牌占据63%的市场份额，达到垄断态势。在一线城市，中心城市，为国内名牌和外资品牌占据，大众消费价格在4元以上，以佳洁士、高露洁、中华等占据市场份额超 80%；在二线城市，60%份额为国产品牌占据，30%份额为外资分割，还有一小部分杂牌，大众消费价格区间在3~4元；在三线县级市，牙膏大众消费区间在2~

3 元，国产品牌占 80%，杂牌市场份额已逐步攀升；在四线城市，农村城市，牙膏大众消费在 1 元左右，全国的牙膏农村市场被各地杂牌占据半壁江山，正规品牌很少露面。通过对营销环境分析总结发现，国内牙膏产业外部整体环境趋好，各生产厂商有着较为广阔的市场发展空间。特别是国内大中城市有着强劲的消费能力，超前的消费观念，高质素的消费群体，使其成为牙膏市场最具吸引力的市场，市场成功率极大，回报率极高。综合以上因素，云南白药牙膏上市之初进行市场细分时，就把目标人群年龄定在 25～60 岁，且目标人群具有以下特征：高知识、高收入、存在不同程度的口腔问题、注重口腔护理和健康。宣传时，与普通日化牙膏相比，云南白药牙膏“非传统”方面对健康的“更专业”：以医药科技做支撑，拥有更专业的理念、更专业的人员、更专业的经验和态度；与一些草本汉方牙膏相比，云南白药牙膏“非传统”方面则显得“不一般”：配方非传统（云南白药，国家中成药 3 大绝密配方），功效非传统（一修二养三提高），成分非传统（独含云南白药六大活性因子，功效更强）。正是由于其对市场和宣传的精准定位，其产品的知名度有了更进一步的保障，得到了广大消费者的普遍认可。

三、药品市场细分的要求

为了使市场细分符合实际情况，更好地为选择目标市场提供有价值的依据，对市场的细分提出以下基本要求。

（一）使用要求

市场细分要注意两种倾向：一是市场细分化标准不宜过细，过细的标准会使市场容量有限，导致营销成本过大；二是市场细分范围不宜过大，范围过大的细分市场仍然不具体、不准确，不利于企业选择目标市场。选择细分标准，要因地、因时、因市场、因企业而制定，做到“针对需求，切实可行”。

（二）动态要求

不同时间、不同企业、不同市场、不同药品，市场细分化的标准是不同的。随着时间的推移或市场的变化，消费者购买药品所追求的利益会发生变化。因此，细分市场时应经常加以研究和调整，使市场细分建立在动态观念上，注意灵活性，使细分标准有新意。只有这样，才能使细分后的市场符合客观实际，为企业选择目标市场提供可行的依据。

（三）组合要求

对企业来说，一个理想的目标市场是根据一系列的组合因素来确定的，因为消费者的需求往往不是由一个因素所决定的，而是多因素综合影响的结果。这就需要把各种标准、各种因素组合起来统筹考虑，考虑的因素越多，市场划分就越细，也就越容易找到本企业的目标市场。但这绝不是说，采用的标准越多越好，采用的标准应该既能找到目标市场，又能使目标市场具有相当潜力的恰当组合。

（四）盈利要求

企业选定的细分市场的规模要足以使企业有利可图，而且要有相当大的发展潜力。企业所选定的细分市场就是一个适合设计一套独立的市场营销组合的最小单位。但是，如果这个细分市场的规模过小，潜在消费者的人数和购买力都很小，企业要在这样的细分市场上开展营销活动就会收不抵支，这样的细分市场对企业而言是没有意义的。

细分市场并不是越细越好。如果太细，企业会陷入疲于应付众多细分市场的困境之中。如何寻找合适的细分标准，对市场进行有效细分，在营销实践中并非易事。

四、药品市场细分的依据

【典型案例】

北京中医药大学2018年对不同人群阿胶产品消费行为的调查研究显示，不同性别、年龄、经济水平的消费者在消费选择上存在显著差异。性别因素在被调查的消费者中的体现还是比较明显的，在被调查的男性消费者中，曾经购买过和使用过阿胶产品的有一半，而被调查的女性消费者中，曾经购买过和使用过阿胶产品的占比是57.7%；而在对购买过、使用过阿胶产品的消费者进行调查时，男性消费者中，曾经使用过阿胶产品的占比是69.8%；女性消费者中，曾经使用过阿胶产品的占比是80.2%。在对曾经购买过阿胶产品的消费者进行调查时，发现女性因为考虑到个人保健需求而购买阿胶产品的比例是70.55%，男性中因为该项因素购买阿胶产品的比例是58.33%；男性因为考虑到阿胶的滋补保健作用而进行购买并将其作为礼物的比例是30%，女性因为该项因素购买阿胶产品的占比是14.11%。年龄因素在被调查的消费者中的体现也比较明显，调查中包括各个年龄段的群体，发现阿胶的整体消费能力和比例都随着年龄的增长而提高。购买主力是年龄为30～50岁的人群。这一群体的特点是具有一定的保健意识和保健需求，且经济条件较为稳定。在调查各个年龄段消费者为什么要购买阿胶产品这一问题时发现，75%以上的中老年人（31岁及以上）的消费动机来自自身的营养保健需求，大约20%的低年龄组（30岁以下）的动机是他们认为阿胶产品有一定的营养价值，属于比较有特色的保健产品，可以买来作为礼物送给他人。不同经济水平的受访者的消费选择不同；不同经济收入水平的受访者对阿胶产品的购买力也有差异。调查时将消费者的经济能力分为5个档次，即月收入低于1 000元，在1 000元至3 000元之间，在3 000元至5 000元之间，在5 000元至7 000元之间，超过7 000元。调查结果显示，月收入超过3 000元的人群，对于阿胶产品的购买能力比较强。不过大部分老年人的消费理念较为保守，对于阿胶产品的购买力有所下降。而且不同收入水平的群体，在购买阿胶产品时的动机也有差异，中端经济收入群体购买阿胶产品主要是因为考虑到其营养保健价值，而低端和高端收入群体，购买阿胶产品主要用于送礼。

基于以上调查研究，东阿阿胶进行产品结构优化。主推三款主力产品：阿胶、复方阿胶浆、桃花姬阿胶糕，针对目标人群做出不同市场定位。阿胶面向高端市场，强调千年传承工艺，滋补国宝地位；复方阿胶浆面向中高端市场，强调补气养血功效，增强免疫功能，呵护气血健康；桃花姬阿胶糕面向中低端市场，以“都市时尚女性的新形式养颜餐”为突破口，强调时尚养颜概念。其中桃花姬阿胶糕在市场上的表现尤为成功，使作为传统滋补保健产品的阿胶开始具有更多的现代食品和时尚特点，对企业产品的成功转型意义重大。

药品市场细分的前提是消费者需求的差异性，产生这些差异的因素就是进行药品市场细分的依据，又称药品市场细分的标准或药品市场细分的变量。消费者市场与产业市场的购买动机与目的不同，进行市场细分的依据差异较大，因此市场细分也包含许多变量，不同的行业，不同的产品，不同的企业都各有不同，没有严格统一的标准。药品市场细分的依据一般有以下几种。

（一）地理因素细分

地理因素细分是根据消费者工作或居住位置进行细分的方法。俗话说“一方水土养育一方人”，由于地域环境、自然气候、文化传统、风俗习惯和经济发展水平等因素的影响，处在同一地理环境下的消费者的需求与偏好往往具有相似性，购买行为、习惯、对企业采取的营销策略与措施的反应也有相似性。主要包括以下方面：

（1）地区：根据地理位置将市场细分为东北、华北、华东、中南、西北、西南等。

（2）城市与农村：城市与农村市场在用药习惯、用药常识、购买能力等方面都存在明显的差异。

（3）气候：由于气候的差异，疾病的发生情况有很大的不同。如鼻炎为寒冷气候条件下的多发病。

（4）人口密度：人口密度与市场规模直接相关，这一变量对一般常用的 OTC 药品经营企业的市场细分较有意义。

（5）人口的地区间流动：这一因素既影响了药品需求的总量，又改变了需求结构。对于人口流入较多的地区，如北京、上海，流动人口已经超过 400 万，这些流动人口本身就构成了一个很大的市场，不但会引起用药需求总量的增长，同时外来人口通常没有医疗保险，因而直接在药店中购药的较多。

（二）人口与社会经济因素细分

人是市场营销活动的最终对象，也是造成市场需求差异的本质性动因。人口统计变量比较容易衡量，有关数据相对容易获取，因此，企业经常以它作为市场细分的依据。

（1）年龄：由于生理、审美、生活方式、价值观、社会角色、社会活动等方面存在差异，不同年龄的消费者必然会有不同的需求特点。一方面，不同年龄段的疾病发生情况有很大差异，如高血压病、骨质疏松症为中老年人的多发病，而在青年人中较少见；另一方面，不同年龄的消费者的社会经历、价值观等都不同，其对药品的选择也有很大差异，如老年人购买药品时常以经济、方便为首选条件，他们有充裕的时间反复挑选，而年轻人具有时尚、不在意价格、易受广告影响、易产生购买冲动的消费特点。

（2）性别：由于生理上的差异，男性与女性在产品需求与偏好上有很大不同，如美容、减肥产品通常都是针对女性消费者的需求设计的。

（3）购买者的收入：收入是引起需求差异的一个直接而重要的因素，既有购买欲望又有购买力的人才能构成一种药品的市场，而购买力在很大程度上是由收入所决定的。消费者收入水平直接影响市场的大小和消费者的支出模式，如高收入者对保健品的需求会高于低收入者。

（4）购买者的支付方式：随着我国医疗体制改革，公费医疗已被取消，更多的人采用医保支付方式。因为医保支付既会受到医疗保险用药范围的限制，又会受到渠道限制，其购买行为与现金支付者会有所不同。

（5）购买者的受教育程度：购买者受教育程度不同，其价值观、文化素养、知识水平不同，会影响他们对药品种类的选择和购买行为。受教育程度较高的人获取药品知识相对较多，保健意识也强，其购买行为相对较为理性；受教育程度较低的人的购买行为一般受他人和广告的影响较大。

人口和社会经济因素还包括职业、民族、宗教风俗等，如藏医、藏药、苗医、苗药在民族地区具有较大的影响力。

【典型案例】

近年来，随着生活方式的改变和健康理念的普及，营养保健食品消费人群年龄阶层不断扩大，中青年人群对于营养保健食品的消费需求亦在快速上升，市场需求旺盛。钙片已经成为保健品中不可或缺的一类产品，在骨骼营养细分品类市场中，钙片牢牢占据榜首位置。朗迪制药是具有自主品牌的维生素矿物质钙补充剂类药物生产企业，主要产品是朗迪牌碳酸钙D3片和碳酸钙D3颗粒。虽然钙片类保健品更适用于中老年，但该企业在进行市场细分时，对产品的定位涵盖了应用于儿童、妊娠和哺乳期妇女、更年期妇女、老年人等的钙补充剂，帮助防治骨质疏松症。公开资料显示，朗迪钙2020年的市场占有率为16.90%，排名第一。同时，朗迪钙目前覆盖全国40万家药店和6 181家医院。2021年上半年，朗迪钙系列产品保持48.39%的稳定增长，市场占有率继续超越竞品，成为钙制剂领域全国第一，继续占据“中国钙王”的龙头地位。

（三）心理因素细分

很多消费者在收入水平以及所处地理环境相同的条件下，却有着截然不同的消费习惯与特点，这就是消费者心理因素在起作用。心理因素包括消费者购买类型、购买习惯、生活方式、个人性格等。

（四）市场行为因素细分

按行为因素细分市场，即把消费者购买或使用某种药品的动机、购买频率、购买状态、营销敏感性等作为细分市场的依据。购买频率是指消费者对某种药品购买和使用的次数；购买状态是指消费者对药品的购买现状和态度；营销敏感性是指对药品的价格、厂牌、广告和服务等的信赖和敏感程度。能否用这些因素细分市场是企业能否选准目标市场的关键。

【典型案例】

华素片是北京四环制药厂生产的一种治疗口腔咽喉疾病的西药，其主要特点是：具有独特的碘分子杀菌作用，能迅速治愈；口含；西药；能长久滞留在口腔内发挥药力。在华素片推出之前，市场上已经有了新的、老的一系列同类产品。华素片走向市场的机会在哪呢?先看咽喉类药品市场。市场上常见的咽喉类药品有六神丸、四季润喉片、草珊瑚含片、桂林西瓜霜、武汉健民咽喉片、牛黄益金片、双料喉风散、咽喉冲剂、含碘片等，它们或凭借传统的知名度（如六神丸）、广告知名度（如草珊瑚含片），或以便宜的价格（如含碘片）、较好的疗效（如双料喉风散）赢得部分市场。可以说，咽喉类药品市场品牌众多、竞争激烈。再看口腔药品市场，市场上治疗口腔疾病的药有牙周清、洗必泰口胶、桂林西瓜霜、双料喉风散，产品不算多，且基本上没有知名度高、疗效好的品牌；一些药物牙膏和口洁露等日化品也占据了一部分市场，但这些都未形成“气候”。华素片从适应症上讲，是既治口腔病又治咽喉病的。由于咽喉类药品市场上草珊瑚和健民咽喉片等药品上市时间长，广告投入大，在消费者中的认知度和指名购买率相当高，如果华素片进入咽喉类市场，面对的竞争对手强，有可能位居其后，而且企业需要较多投入才有可能改变其竞争中的不利处境。然而，口腔类药品市场还没有形成有影响力的品牌，很多口腔病患者有时尚需要靠一些药物牙膏来辅助。显然，在咽喉类药品市场竞争激烈、口腔类药品市场松散空白的状况下，华素片的市场机会点就是：定位于口腔药，主打口腔药品市场。

在了解了华素片面对的市场状况后，还要了解华素片的消费者及其购买行为。首先的是：华素片的患者群并不是固定的一群人，男女老幼都有可能成为患者，其中成人比例高，季节性变化大。他们的选药标准是疗效第一位。一份对患者的抽样调查显示：患者重视疗效的为93.4%；讲究服用方便心态是的为67.6%；注重口感好的为40.3%。其次患者对口腔药的购买行为，口腔病患者多为高关心度的感性购买。顾客关心自生病的同时又不认为是很严重的事，所以购买上对品牌的忠诚度并不高，他们很可能因为广告的影响或别人的介绍更换品牌。再次看患者的心态。口腔病不是什么疼痛难忍、至关生死的大病，大多数患者不到无法忍受的程度不会自觉用药，且患者一般状态下不会有大的病痛反应，只在想说、想吃、想唱时才会有强烈的病痛感。因此，患者普遍认为它是很烦人的小病，希望尽快治好。

在分析了华素片的市场状况及患者的购买行为之后，企业可以充分了解到：华素片不仅能满足患者希望尽快治好病的心理，同时还有能尽快治好的功能，它所卖的是其快速治愈的功效。于是，华素片的广告定位就清晰可见了：迅速治愈口腔疾病的口腔含片。最终，华素片以“快治人口”的承诺和“病口不治，笑从何来”的呼唤走进了患者心里。市场患者认识它了，销售也就增长了。

五、药品市场细分的方法

（一）单一变量细分法

单一变量细分法就是根据影响消费者需求的某一个重要因素进行市场细分。如根据年龄这一变量可以将感冒药市场分为成人与儿童两个，优卡丹就是专门针对儿童感冒药市场的。

（二）多个变量综合细分法

多个变量综合细分法就是根据影响消费者需求的两种或两种以上的因素进行市场细分的。比如，针对高血压药物市场，可按年龄及病情程度将市场细分为青年患者的轻、中、重度高血压，中年患者的轻、中、重度高血压，老年患者的轻、中、重度高血压 9 个细分市场。

（三）系列变量细分法

系列变量细分法就是根据企业经营的特点并按照影响消费者需求的诸因素，由粗到细地进行市场细分的。这种方法可使目标市场更加明确而具体，有利于企业更好地制定相应的市场营销策略。

【典型案例】

我们以红牛功能饮料市场细分为例，来看系列变量的具体细分。

（1）地理变量：主要分布在东部沿海经济比较发达，人口相对密集，水路交通发达的城市。

（2）人口变量：① 年龄主体主要分布在 15～34 岁的年龄段中，34 岁以后，年龄越大，在总体中所占比例越小。② 职业与受教育程度：尤其是 25～34 岁的消费者，文化程度越高给予的关注度越高。市场营销的重点是职业人士和学生，职业人士是最有价值的消费群。

（3）心理变量：① 购买动机：认为红牛很方便就可以买到，口碑好，促销做得好，物有所值。② 个性：喜欢尝新。

（4）行为变量：① 寻求利益：提神（有做不完的工作），缓解压力（工作和学习压力较大），增强体力，补充人体所需营养，无副作用。② 忠诚程度：体育明星，脑力劳动者，企业家/成功的商务人士，体力劳动者（忠诚度由高到低）。

任务二　医药目标市场的选择

【案例启发】

“三精葡萄糖酸钙”“三精葡萄糖酸锌”已经成为我国补钙、补锌市场的领导性品牌，该公司所投放的大量高空广告，为其品牌的树立功不可没。

稍加注意，我们不难发现，我国著名演员陈小艺携其子为三精产品做广告代言已经好多年了，从该产品上市不久一直至今，三精的主体广告人选与格调基本没有改变。该广告的主体画面是母子俩共同演绎了以下广告词：“不喝，笨！”“笨熊，喝！”“蓝瓶的，好喝的！”

思考：你认为该公司的广告合理吗？

一、药品目标市场概述

目标市场选择与市场细分有着密切的联系。市场细分是按不同的购买欲望和需求划分消费者群体的过程。目标市场选择，则是根据自身条件和特点将某一个或几个细分市场作为营销对象的过程。

由此可见，市场细分是目标市场选择的前提和条件，而目标市场选择则是市场细分的基本目的。

药品目标市场是医药企业为满足现实或潜在的消费需求而开拓的特定市场。目标市场是在市场细分和确定企业机会的基础上形成的。企业通过市场细分，可以发现不同需求的消费者群、发现未得到满足的需求市场。这种“未满足的需求”就是市场机会。

二、选择目标市场的条件

目标市场的选择是否恰当直接关系到企业的营销成果。经过细分后的市场，可供企业选择的子市场较多，但并不是每一个子市场都能成为企业的目标市场，企业选择目标市场必须具备以下条件。

（1）企业必须在目标市场上有足够的销售量。

（2）企业必须有能力满足目标市场的需求。

（3）企业必须在确定的目标市场上有竞争优势。

（4）目标市场必须在一定时期内相对稳定。

三、进入目标市场的策略

目标市场选定后，就要决定进入目标市场的策略。一般来说，可供企业选用的目标市场策略有以下几种。

（一）无差异性市场策略

无差异性市场策略指企业基于整个市场上的消费者对某种药品的需求没有差异或者差异性不大，运用一套市场营销组合策略，试图为整个市场服务的策略。

采用这种策略有两种情况：一种是某种药品的需求本来就不存在差异，无须采取差异性营销策略；二是消费需求存在差异，但企业舍弃这些差异，只抓住各个细分市场中的共同需求开展市场营销。

采用这种策略的优点：在每一个细分市场中所占的份额可能较小，但各个细分市场的份额总和可能较大；品种线单一，生产批量大，可以不断提高工人的生产熟练程度，并易于采用机械化、自动化生产，便于生产过程的管理和控制，可降低成本；由于分销渠道简单、固定，可以简化企业药品的销售过程，降低流通费用，可以相应地减少设计、调研、促销等费用支出。

采用这种策略的缺点：企业忽视消费需求的差异，可能会失去一些很好的市场机会和企业机会；在无差别市场需求尚未得到满足的情况下，会引来众多的竞争者，以致竞争过度，不同程度地损害所有同类企业的利益；企业过分依赖一种策略，会降低企业对市场的应变能力，有一定的市场风险性。经市场细分后，有若干子市场，企业采用无差异性市场策略，舍弃各个子市场的差异性需求，选其共性需求，以形成本企业完整的目标市场。

【典型案例】

可口可乐公司是最有代表性的例子。1886 年，一名叫班伯顿的药剂师发明了可口可乐配方，并开始投入生产。可可乐发展的这一百多年来，无论是在北美还是在世界各地，都是开展无差异化营销策略。人们发现，在任何地方喝到的可口可乐，都是同样的品质和口感，在任何地方看到的可口可乐都是同样的瓶子，甚至连广告都是统一的。也正因为始终如一的口味，征服了世界 156 个国家和地区的顾客，让人们深深记住了那种口味，可口可乐也因此成为世界著名品牌。

因为百事可乐等饮料的竞争，可口可乐曾花费大量资金用于研发新的配方，结果，新配方一经推出，便遭到了顾客的谴责。很多顾客去超市里抢购老配方的可口可乐。可口可乐也没有意识到，原来顾客已经深深习惯了这种口味。结果可想而知，销售情况每况愈下。最后，可口可乐不得不重新使用老配方。

这就是无差异营销策略的结果，同样的产品频繁地被顾客接受。如果产品如可口可乐那样过硬，那么产品在更多的子市场中被人们所发现，人们就会越来越熟悉该品牌，就更容易记住该品牌，自然就有了稳定的顾客群。

（二）差异性市场策略

差异性市场策略指企业以两个或两个以上的细分市场为目标市场，并根据各目标市场的需求差异分别生产经营不同的品种和采用不同的营销组合，以满足不同目标市场需求的策略。

差异性市场策略按覆盖市场的方式不同，又分为以下 3 种：一是品种覆盖策略，指企业以品种的系列化覆盖目标市场需求的多样化；二是流通覆盖策略，指企业对流通各环节分别采取不同的营销手段，以适应流通环节的各种消费需要；三是消费覆盖策略，指企业对各个目标消费者群提供尽可能详尽周到的营销服务，以满足各消费者群的个性需要。

差异性市场策略的优点：由于注意各细分市场消费者各种不同类型的需求，可以更好地满足消费需要，抓住本企业可以取得的市场机会，扩大销售；由于选择的市场面比较多，批量比较小，可以具有很强的适应性，避免过分集中于某一细分市场而引起激烈竞争，给企业带来风险；可以提高企业声誉，争取长期稳定的顾客，从多方面获得利润，增加利润总量。

采用差异性市场策略的缺点：企业成本增加以及营销费用上升；由于生产经营过程的多样化，增加了管理控制的难度；因强调品种特色，销售对广告的依赖性较大。

企业采用差异性市场策略，运用A、B、C不同的市场营销组合，以形成企业的目标市场。

【典型案例】

Z药业建厂已经50多年，以生产、销售OTC中成药为主，处方药销售依靠招商代理模式，市场基本上限于省内。由于各种原因，企业在品牌建设、研发与技术、市场网络、队伍建设等方面一直没有大的突破，企业规模长期徘徊在三五千万元。经过仔细筛选，Z药业发现治疗结石的产品T生产厂家较少，有一定的产品卖点：纯中药制剂，效果较好。同时具有一定的区域优势：虽然开发的医院较少，但有几家的科室主任对其认同度较高。此外，当地结石病发病率较高，但还没有出现突出的强势品牌。因此，企业决定加大学术推广力度，优先做大产品T。企业依托区域性专业学会的专家，与代理商密切配合，通过积极参加省级学术会议、医院推广会、科室会、临床观察、论文发表、专业杂志刊登广告等形式，使原有医院的销量有了较大提升，并开发出一批较高质量的医院。目前产品T的销量在省内同类品种中名列前茅，由原来的2 000多万元上升到近5 000万元。

（三）集中性市场策略

集中性市场策略指企业以一个或少数几个细分市场为目标市场，针对一部分特定消费者群的需求，实行专业化生产和经营的策略。

集中性市场策略的优点：企业集中全部力量对一个或少数几个细分市场目标进行开发，可以对目标消费者及目标市场中的其他情况有深入的了解，集中优势资源建立某一领域或地域品牌。

采用这种策略的缺点：有较大的风险性，因为企业将其全部力量都投放在范围较小的一个或几个细分市场上，一旦这个市场情况突变，企业很可能承受不住这种压力而陷入困境。因此，采用这种策略的企业必须密切关注目标市场情况的细微变化，并预先做好应对各种突发事件的准备。

【典型案例】

唐山太阳石药业是采用集中性市场策略营销的优秀案例，其在儿童用药市场上树立了专业的儿童药企业品牌与形象，在儿童感冒、咳嗽、发热的治疗，微量元素的补充等方面开发出了“好娃娃”系列产品，在儿童用药方面树立了自己的专业形象与优势，取得了良好的市场业绩。采用集中性市场策略不见得市场效益也受局限，关键是要看企业的集中性市场策略优势有多大。

任务三　医药市场定位

【案例启发】

感冒药每年约 150 亿元～200 亿元的市场份额中，儿童感冒药正快速发展，近几年已孕育出仁和“优卡丹”，太阳石“好娃娃”，哈药集团“护彤”等明星品牌。任何一家企业如果能在市场细分中找到胜人一筹的营销策略，无疑都会使自己在激烈的竞争中拔得头筹。2011 年中国互联网总用户数达到 6 亿。包括中央电视台、各大卫视甚至于移动电视等强势平台的广告价格成本开始水涨船高。与此同时，药品降价正一波未平，一波又起，企业迫切需要从节约成本中获得生机。而网络新媒体较之前者恰好拥有这一优势，且影响力已越来越大。另外，网络的互动性也远优于传统电视的说教。

自 2003 年上市以来，“小快克”在原有快克超人的基础上打造小熊形象，成为知名度和品牌认可度颇高的小儿感冒用药，尤其受众多年轻母亲的青睐。遗憾的是，它还没有找到机会依托一个焦点事件形成聚合效应，更没有找到适合此操作的平台。2010 年岁末，亚洲制药把握营销契机，联手酷 6 网策划实施节日温暖营销——小快克送祝福温暖过大年。基于春节这个全体中国人聚焦的特殊时段，借助春晚对小快克品牌进行集中展示，通过挑选适合家庭用户口味的内容和广告形式，定制家与温暖的主题，让名人和普通民众共同表达自己的新年祝福，传播温情与关怀，对目标受众实施精准化营销，并通过网络留言和评论等形式与网友直接进行沟通互动，以达到刺激其消费的目的。同时，小快克适用于 1～12 岁儿童，包装采用半袋分隔技术，方便不同年龄层儿童准确把握用量，草莓口味也化解了父母对孩子抵制用药的担心。于是，小快克将受众人群定位于全国的年轻父母乃至准父母，这部分人在网络上花费的时间更多，也更容易接受新事物，同时又不失对传统节日和春晚的关注。在提出创意、找准定位、明确方向之后，亚洲制药携手酷 6 网络视频，针对小快克产品本身及其口碑和品牌 3 项内容，用了 3 种手段，整合多种形式来进行营销，最终成为儿童感冒药的明星品牌。

企业一旦选定了自己的目标市场，并确定了目标市场策略，也就明确了自己所服务的对象及所要面对的竞争对手。如何在众多的竞争对手中突出自己的个性和特色，使自己在竞争中处于有利的位置，是每一个企业都要面临的问题。市场定位就是用来解决这一问题的。

一、药品市场定位的含义

定位是由艾里斯和杰克·特劳特于 1972 年在《广告时代》发表的一系列名为“定位时代”的文章中提出来的。他们认为：“定位始于一件产品，一次服务，一家公司，一个机构，或者甚至一个人……然而，定位并不是你对一件产品本身做些什么，而是你在有可能成为顾客的人的心目中做些什么。也就是说，你得给产品在有可能成为顾客的人的心目中确定一个适当的位置。”它专注于使产品在顾客心中留下某种印象，而与产品本身几乎没有什么关系。科特勒给了定位更简单的定义，他认为：“定位是为了适应消费者心目中的某一特定地位而设计公司产品和营销组合的行为。”

药品市场定位是指根据竞争者现有的药品在市场上所处的位置和购买者、用药指导者对药品的特征属性的重视程度，塑造本企业药品与众不同的个性，并把某种个性传达给购买者和用药指导者，以确定本企业药品在市场上的位置。

药品市场定位的核心就是要塑造本企业药品与竞争者相区别的个性，也就是要使本企业的药品“差别化”。这种“差别化”可以是多方面的，而不仅是药品本身的差异，它可以是药品实体的差异化，如药品的成分、剂量、剂型、疗效等方面，可以是质量、价格、渠道、服务、形象上的差异化。如某些药品经营企业提供免费煎药就是服务差异化，有些 OTC 药品经营企业采用网上销售就是渠道差异化。

然而有些企业还会遇到这样的情况：即使企业已经对其产品进行了市场定位，但客户对其产品所形成的印象与企业的定位并不一致，这就失去了定位的意义。因此，企业还必须将所塑造出来的差异化的特色正确地传达给客户，并被其目标客户所认同。

二、药品市场定位的过程

我们将一个完整的药品市场定位过程总结为以下几个环节。

（1）了解竞争者现有的药品在市场中的状况。

（2）研究医生和患者对这类药品的属性和特征的过程及他们的评价标准。对于药品，大部分医生和患者最关注的首先是药品的疗效。而由于药品的专业性较强，患者通常会从症状的缓解程度来判断疗效，医生则更关注其药理作用。

（3）确定本企业药品的特点与市场差异化特征。

（4）通过制定和实施一系列的市场营销组合，将这种特色传递给患者和用药指导者。

三、药品市场定位的方向

药品市场定位的宗旨是要寻求使患者和医生认同的特色，要想准确、合适地定位，就要找到可以定位的方向，即树立自身特色的角度。

（一）使用者定位

通过使用者定位，客户群体会有这样的印象：这种药品是专门为他们定制的，因而最能满足他们的需求。

（二）利益定位

任何消费者购买产品都不是购买产品本身，而是购买产品能为其带来的利益。购买药品所追求的核心利益是健康，但同时也有附加利益，如服用方便等。市场上的一些儿童降温脐贴采用的就是利益定位，它除了宣传其功能，突出强调可以不打针，不吃药，还方便儿童使用，为患者带来了方便。

（三）质量和价格定位

质量和价格一般是消费者最关注的两个因素，因此宣传高质低价是很多企业采用的方式。

（四）药品的类别定位

药品的类别定位是指根据药品的性能功效划归的类别，以突出自己鲜明的特征。如为突出治疗效果，一些药品突出宣传自己是“药品”，而不是“保健品”。也有某些药品，更加侧重日常保健药品定位，如逍遥丸，在很多女性心目中是必备的身体调理用药，而且具有一定的美容效果。

（五）药品的用途定位

药品的用途定位是指根据药品的适应症来突出自身的特色。以往我国的许多制药企业在宣传自己的产品时，总是以“包治百病”的形象出现，过度宣传会让患者有“包治百病并不能真正治病”的感觉。新康泰克的定位宣传为缓解流泪、流鼻涕、打喷嚏三大感冒症状。

（六）竞争定位

竞争定位将药品定位于与竞争者直接有关的属性或利益，暗示自己与竞争者的不同。患者和医生所关注的属性往往不是单一的，因此很多企业将以上多种因素结合起来，使患者觉得本企业的药品具有多重特性和多种功能。如新盖中盖的定位宣传：含钙量高（质量）；一天一片，方便（附加利益）；效果不错（核心利益）；实惠（价格）。

四、药品市场定位策略

定位除了要树立自己的特色，还要考虑竞争对手的影响，确定自己在竞争中的地位。从这种意义上说，定位策略也是一种竞争策略。市场中的现有产品在顾客心中都有一个位置。竞争者一般会采用以下策略。

（一）避强定位

避开强有力的竞争对手，将自己的产品定位于另一个市场，避开了强大的竞争对手，风险较小。如一些强势产品占据了同类产品中的首要位置，其他竞争者很难与其并列竞争，类似产品一般选择不同渠道或寻找不同的产品卖点。

（二）迎头定位

迎头定位指与市场上最强的竞争对手正面竞争，进入与其相同的市场，如脑白金与黄金搭档的定位。

（三）重新定位

重新定位指企业调整原有的市场定位，进行二次定位。市场是不断变化的，产品定位的适时调整也是合理的，很多市场主导品牌都是在不断调整中取得市场份额的。

（四）共享定位

共享定位又称“高级俱乐部”战略，指企业把自己划分到某“高级俱乐部”，其含义是，俱乐部的成员都是最佳的，我也是最佳的，如宣称自己是三大公司之一。

五、药品市场定位的有效性原则

为了保证药品市场定位的有效性，企业在进行定位时应遵循以下原则。

（1）重要性：企业所突出的特色应是客户所关注的。

（2）独特性：区别于竞争对手的，与众不同的。

（3）难以替代性：竞争对手难以模仿的。

（4）可传达性：易于传递给客户并被客户正确理解。

（5）可接近性：客户有购买这种产品的能力。

（6）可营利性：企业通过这种定位能获取预期的利润。

【课堂练习】

请阅读以下材料，描述整肠生的目标消费群体，并思考如何对整肠生进行市场定位？

整肠生是东药集团沈阳第一制药厂旗下的肠道用药品牌。经过 13 年的市场验证，其疗效有口皆碑，成为肠道用药知名品牌之一。

整肠生属国家一类新药，1992 年上市，1993 年开始作为主打品种，1998 年开始有少量的市场投入，2000 年销量达到 4 000 万粒；2001 年沈阳一药在中央电视台、多家卫星电视台和数十家地方电视台，投入大量广告，当年实际完成销量 8 000 万粒，创历史新高。此后几年，广告一直维持在相当高的水平，销量年年稳步上升。随着东药集团加快 OTC 营销高速路建设的战略部署，沈阳一药加大了对整肠生市场的拓展，品牌推广，连续几年的大力运作，整肠生单品销售回款已突破亿元大关。

整肠生为地衣芽孢杆菌活菌制剂，主要作用机理是以菌治菌。服用本品后，地衣芽孢杆菌在肠道内迅速生长繁殖，形成肠道低氧环境，对肠道内的双歧杆菌、乳酸杆菌、拟杆菌、消化链球菌等有益健康的厌氧菌的生长繁殖有促进作用，对葡萄球菌、白色念珠菌、酵母样菌等致病菌则有拮抗作用。这样的双重作用可以调整肠道菌群失调，维持人体肠道微生态平衡，从而对肠道疾病达到治疗和预防的目的。

近年来，国内肠道疾病的治疗方式与肠道药市场格局均发生了巨大变化。目前市面上的肠道药种类繁多，有中成药、抗生素、微生态制剂、蒙脱石等，品种超过一百多个。群雄纷争，市场竞争无序，缺少全国性绝对领导品牌。以中成药为主的第一代肠道药主导市场多年，但由于其疗效相对较慢，已步入缓慢增长期，少数品牌仍在积极努力，广告大力宣传；以抗生素为主的第二代肠道药，目前仍占有较大的市场份额，但由于抗生素的毒副作用大，这类肠道药正面临着极大的市场危机；其他如蒙脱石类肠道药品，近年来广告势头迅猛，但前景还不明朗；微生态制剂作为国际公认的肠道疾病治疗趋势，当前市场上也涌现了众多品牌。

据预测：在下一个 10 年中，肠道药市场销售额将增长 50%，微生态制剂类肠道药潜力不可限量，预计市场规模可以达到 200 亿元，是未来肠道药市场的希望和突破重点。

作为较早的微生态制剂类肠道药，整肠生因是大品牌，市场基础好，13 年来所积累起来的知名度和信誉度，是后上市的众多肠道药品牌无法相比的。随着肠药市场群雄品牌纷争时代的到来，也让追求创新的整肠生营销人冥思苦想，积极寻求更大的突破。

企业通过委托咨询公司从品种、品牌、广告、促销、渠道终端、消费者等方面进行了长达半年的深入调查，发现纷乱的肠道药市场有如下特点：

（1）医院仍是销售的主渠道，但 OTC 所占比重逐年上升，而且势头迅猛；

（2）中成药没形成规模，相对西药而言档次较低，只有黄连素片进入前五强；

（3）西药占据绝对优势，其中以抗生素类、普药类为主，其中普药因价格低颇受市场青睐；

（4）微生态制剂类品种，广告投入均有较强力度，且几大品种势均力敌；

（5）也有肠道药通常和胃药产品捆绑在一起，通过胃病的治疗达到防治肠道疾病的目的；

（6）肠道药市场品种繁多，竞争激烈，群雄纷争，但无全国性领导品牌；

（7）肠道药市场潜力巨大，微生态制剂份额不断上升。

沈阳一药过去以原料药为主导，作为旗下唯一的肠药品牌，整肠生可谓是“名门之后”。早在 1999 年，整肠生凭借高科技高品质，便开始出口韩国、日本等东南亚国家，实现了我国微生态出口零的突破。

药品最关键的是科技与疗效。对于肠道疾病，选择快速、安全、治疗彻底的药品非常重要，13 年的临床实践和患者口碑，最有力地证明了整肠生是治疗肠道疾病的理想用药。

因为科技含量高、效果独特，整肠生已被列入国家医保目录和 OTC 药品目录，并被中华医学会列入重点推广工程，荣获国家发明奖、全军科技进步一等奖、印尼国际医药卫生科技成果博览会金奖、泰国曼谷实用技术展金奖等 27 项大奖，2000 年获国家专利技术终身保护，多年来在亚洲市场享有盛誉。但是，很少有人能将它和东药集团沈阳一药联系起来。一些业内人士往往由整肠生想到沈阳一药，却很少有人从东药集团沈阳一药想到整肠生。可见，产品品牌与企业品牌急需对接，实现更优化的资源整合。2006 年，沈阳一药大力推广整肠生，在东药集团的整体品牌规划带动下，整肠生成为 OTC 战略先锋，希望将其打造成明星品牌，并借此打响东药集团沈阳一药的企业品牌，最终拉动东药集团旗下的系列品种品牌。为此，沈阳一药以整肠生为核心品种，制定了未来战略发展规划：整合资源优势，优化完善分销体系，探索新市场新营销模式，然后迅速复制推广，实现单品销量翻几番、其他品种销量顺势大幅度提升的目的；期望在 3～5 年内，将东药集团沈阳一药打造成全国知名企业品牌，成为医药行业不可忽视的生力军。

资料来源：http://www.100md.com/html/DirDu/2006/08/04/19/30/72.htm.

【课后实训】

“斯达舒”市场营销战略梳理

一、实训目的

梳理“斯达舒”市场营销战略，总结成功原因。

二、实训内容

通过搜索、查阅网页、书籍等资料，对“斯达舒”市场营销战略进行比对、统计等深入分析，总结其市场营销战略。

三、实训要求

具备主动学习、搜索相关信息、总结和归纳的能力。

3

模块三
制定医药市场营销策略

项目七
医药市场调研

学习目标

1. 知识目标

（1）掌握医药市场调研方案的制定；医药市场调研方法；医药市场调研问卷的设计；医药市场调研报告的撰写。

（2）熟悉药品市场调研的程序，药品市场调研内容。

（3）了解药品市场调研的类型、作用。

2. 能力目标

运用所学知识为具体项目制定调研方案，掌握问卷设计技巧，学会设计市场调研问卷，会撰写市场调研报告。

3. 素质目标

培养学生分析问题、解决问题的能力以及团队合作精神。

任务一　认知医药市场调研

【案例启发】

宝洁是大家耳熟能详的品牌，但是大家知道吗？即使是深谙营销之道的高手，居然也曾经“失手”过。宝洁公司曾出产过一款叫“安卡普林”的止痛剂。“安卡普林”是一款不伤胃的止痛剂，运用定时释放的新技术，可以在药剂融化前通过胃部。只要每四小时服用一次，这对需要频繁依赖药物止痛的患者来说是非常棒的产品。可事实上，大部分患者只有在疼痛时才会服用止痛药，而且希望立竿见影。宝洁公司因为过分陶醉于产品的独到技术，以致忽视了消费者的真实想法。宝洁的这款止痛剂跳过了正常的市场测试就直接面向全国销售，结果销量很是惨淡。

宝洁公司该药品失效的故事告诉我们，企业经营不仅要懂产品，更要懂客户。体验经济时代，无论是产品售前、售中还是售后，客户在每一个环节的感受与体验都和企业品牌营销与成长息息相关。市场调研是市场营销活动的起点，不仅应当在市场营销活动前进行，还应当贯穿于整个营销活动的全过程。

一、医药市场调研的含义及作用

对于医药企业而言，身处不断变化的市场环境中，市场调研对于营销管理来说尤为重要。不做系统客观的市场调研与预测，仅凭经验做出营销决策是非常危险的，也是十分落后的行为。因此，不断收集最新市场信息，时刻关注市场的变化才能满足医药企业长远发展的需求，才能在竞争中立于不败之地。

（一）医药市场调研的含义

医药市场调研是指医药企业根据市场预测、决策的需要，运用科学的方法和手段，有目的、有计划、有系统地搜集、记录、整理、分析有关医药产品市场信息的过程。

（二）医药市场调研的作用

市场调研有助于医药企业了解市场动态，掌握市场供求变化关系，更好地满足消费者的需求，也为企业管理者正确决策提供有力的支持。

二、医药市场调研分类

（一）按调研的功能和目的分类

按调研的功能和目的，医药市场营销调研可分为探索性调研、描述性调研、因果性调研和预测性调研。

1. 探索性调研

探索性调研是为了界定市场营销问题的性质和更全面、更深刻地理解这一问题而进行的营销调研活动。调研者在确定研究问题之初对问题的性质或范围的界定还不是很清楚，不能确定到底要研究些什么问题，这时就需要应用探索性调研去发现问题以及帮助调研者确定相关的行动路线或获取更多的有关资料，形成科学的假设。探索性调研一般通过文案调研或专家咨询完成，主要以定性研究为主。

2. 描述性调研

描述性调研是对市场营销问题所涉及的各种变量的特征或功能等做尽可能全面、准确的描述，并不涉及问题的本质及影响市场发展变化趋势的内在原因。主要回答的是“谁”“什么”“何时”“如何”等问题，并不回答“为什么”的问题，它是一种最基本的结论性市场营销调研，其可以利用各种调研方法收集市场信息资料。

3. 因果性调研

因果性调研也是一种结论性市场营销调研。其目的在于探索市场有关现象或变量之间的因果关系，即探索市场有关现象或变量之间的相互关系——何为自变量，何为因变量，以及自变量和因变量之间相互联系的特征，探求市场营销问题的本质。与描述性调研不一样，因果性调研则回答“为什么”的问题。因果性调研的主要研究方法是市场实验法。

4. 预测性调研

预测性调研是为了推断和测量医药产品市场的未来变化趋势而进行的研究。它以描述性调研和因果性调研获取的市场信息为基础，运用科学的预测技术和方法，对医药产品市场未来的变化趋势进行估计和判断。预测性调研的结果对医药企业制订有效的市场营销计划，具有重要的指导意义。

（二）按调研的时间分类

按调研的时间分类分为定期性调研和不定期调研。定期调研是每隔一段时间进行一次调研，以获得关于事物全部发展变化过程及结果的信息资料；不定期调研是为了解决某种市场问题而专门组织的一次性调研。

（三）按调研的范围分类

按调研区域范围的不同，可分为普查、重点调查、典型调查、抽样调查。

1. 普　查

这是一种全面调研，是以整个医药市场为调研对象，对医药市场上某些产品的生产供应与销售、储存和运输情况在一定时期的专门调研。医药市场普查通常采用两种方式：一种是组织专门的机构和人员，对调研对象直接调研；另一种是在具有比较完整的统计资料的情况下，利用有关单位内部收集的统计资料进行汇总。

普查的优点是所获得的资料完整、全面，但普查所耗费的人力、财力和时间较多，不是所有的医药企业力所能及的事，一般不常使用，除非被研究总体中单位较少，项目比较简单。

2. 重点调查

重点调查是指在调研对象总体中，选择一部分重点因素进行的调研。所谓重点因素是指某些或某个对经营活动有较大影响的因素，尽管这些因素在总体中只是一部分，但它们在整个经营活动中起着较大的作用。例如疫情调研就是一种重点调查，为了有效地控制某种疫情，应该对影响疫情的有关因素进行分析，同时对控制疫情的有关药物也进行调查，以指导该类医药在一定时间内的生产和销售，从而达到适量生产又能控制疫情的双重效果。

重点调查的特点是较少的费用开支和时间，比全面调研更加及时地掌握基本情况，以利于调研人员抓住主要矛盾，采取措施。重点调查主要在紧急情况下使用。

3. 典型调查

典型调查是一种专门调查、非全面调查。医药市场的典型调查是对医药市场的某些典型现象、典型内容、典型单位进行的调研。它是在对调研总体进行初步分析的基础上，从中有意识地选取具有代表性的典型进行深入调研，掌握有关资料，由此了解现象总体的一般市场状况。

典型调查适用于调研总体庞大、复杂，调研人员对情况比较熟悉，能准确地选择有代表性的典型作为调研对象，而不需要抽样调查的市场调研。典型调查在医药市场调研中经常采用。

4. 抽样调查

抽样调查即根据随机原则，从调研对象总体中按一定规则抽取部分而进行的调研。在医药抽样调查中，样本可以是某个品种的一部分，也可以是某些品种的一个或多个。例如某企业从外地购进某种医药，需要进行质量和等级检验，这种情况不必将医药全部打开进行全面验收，而可采用随机取样，从中抽取一部分进行检验，计算出等级品率以及抽样误差，从而推算出这种医药的质量和等级情况，并用概率表示推算的可靠程度。这种方法既能排除人们的主观选择，又简便易行，是广泛使用的重要方法。

抽样方法大体上可分为两大类：一是随机抽样；二是非随机抽样。

（1）随机抽样。

随机抽样是指按照随机原则抽取样本。即完全排除人们主观意识的选择，在总体中每一个体被抽取的机会都是均等的。随机抽样的具体方法有以下 3 种：简单随机抽样、等距抽样、分层随机抽样、分群随机抽样。

① 简单随机抽样：也称纯随机抽样，是指在调研总体中不进行任何有目的的选择，按随机化原则直接从调研总体中抽取样本的抽样方法。对调研总体中的每一个个体来说，被抽取的机会完全是偶然和均等的。它是随机抽样中最单纯、最简单的抽样方式。

简单随机抽样适用于总体分布比较均匀、个体变异程度比较小的调研总体。如果总体中个体之间的变异程度较大，则要结合其他随机抽样技术进行。

简单随机抽样有放回简单随机抽样和不放回简单随机抽样两种方式。放回简单随机抽样是指从调研总体中随机抽取一个样本单位，记录样本信息后，将其放回到总体中去，再抽取第二个，以此类推，一直到抽满 n 个样本单位为止。这种抽样方法容易造成样本信息重复，进而影响其样本统计量对总体参数的估计精度。不放回简单随机抽样是指抽取一个样本单位后，再从总体剩余个体中抽取第二个，以此类推，一直到抽满 n 个样本单位为止。这种抽样方法不会出现样本信息重复，其样本统计量对总体参数的估计精度更好。

② 等距抽样：也称系统抽样或机械抽样，是指先将调研总体中的个体按一定标志排序，并根据总体容量和样本容量计算抽样距离（总体容量除以样本容量），然后按固定的顺序和间隔来抽选样本的抽样方法。

系统抽样一般应用于大规模营销调研，适用于个体变异程度比较大、变化率比较均匀的调研总体。系统抽样的优点是，能使样本均匀地分布在总体中，增加样本的代表性。系统抽样调查的样本统计量对总体参数的估计精度与总体单位排列顺序有关。如果排列顺序与调研内容无关，称为按无关标识排列，这种抽样方法与简单随机抽样的估计精度基本相同；如果排列顺序与调研内容有关，称为按有关标识排列，这种抽样方法比简单随机抽样的估计精度要高。

③ 分层随机抽样：在抽样前依据某一种或者几种特征对调研总体进行分类或分组，每一组或一类称为一层，各层之间具有显著不同的特性，然后按随机化的原则从各组中抽取样本的抽样方法。它把总体中具有某些特征或者特征比较接近的个体归为一组，然后采用简单随机抽样或系统抽样的方法在每一组中抽取样本，各组抽取样本构成总体样本。一般来说，当总体中的调研单位特性有明显差异时，可分层随机抽样。

④ 分群随机抽样：先将调研总体按一定的标准（如地区、单位）分为若干群体，再从中按随机原则抽取部分群体，由被选中的群体中的所有单位组成样本的抽样调查方法。分群随机抽样法所划分的各群体，其特性大致相近，而各群体内则要包括各种不同特性的个体。

（2）非随机抽样。

非随机抽样是指按照调研目的和要求，根据一定的主观设定的标准来选择抽取样本。非随机抽样的具体方法有以下 3 种：任意抽样、判断抽样、配额抽样。

① 任意抽样：样本的选择完全根据调研人员的方便来决定，通常没有严格的标准。这种抽样方法适用于个体变异程度小的调研总体。比如，在街头向过路行人随意做访问调研；在柜台销售医药过程中向购买者做询问调研等。

任意抽样操作简便，能够节省时间和调研经费，效率较高，能及时取得所需要的信息。任意抽样调查得到的市场信息资料的可信度较低，样本信息对总体的代表性较差，因而适合于描述性调研和因果性调研，比较适合于探索性调研。

② 判断抽样：按照市场调研者对实际情况的了解和主观经验选定调研样本单位的一种非随机抽样方法。使用这种方法，样本的选定者必须对总体的特征有相当多的了解，一是选样本时应该选择“多数型”样本，即在调研总体中选择能够反映大多数单位情况的个体为样本；二是选择“平均型”样本，即选择在调研总体中能代表平均水平的样本。

③ 配额抽样：将调研对象按规定的控制特征分层，按一定控制特征规定样本配额，由调研人员随意抽取样本的抽样方法。配额抽样是按调研人员的主观判断直接抽取样本，相关的控制特征可以包括性别、年龄等。这种方法的优点是简便易行，成本低，没有总体名单也可以进行。但是控制特性多时，计算较复杂，且缺乏统计理论依据，无法准确估计误差。

（四）按资料的来源分类

按市场调研的资料来源，可分为一手资料与二手资料调研。

一手资料：又称原始资料，是指调研人员通过现场实地调研所搜集的资料。其特点是：针对性强，适用性好，但成本较高。

二手资料：又称为间接资料，是指他人为某种目的已经加工整理好的资料。其特点是：获取成本低，时间短，适用性较差。

1. 一手资料的调研方法

（1）询问法：以询问的方式作为收集资料的手段。主要包括 4 种形式：① 个人访问；② 小组访问；③电话调研；④ 邮寄调研。

（2）观察法：调研人员直接到调研现场进行观察的一种调研收集资料的方法。优点：可以比较客观地收集资料，直接记录调研事实和被调研者在现场的行为，调研结果更接近实际。

缺点：观察不到内在因素，调研时间长。该方法主要包括3种形式：① 直接观察；② 店铺销售情况观察；③ 实际痕迹测量。

（3）实验法：从影响调研问题的许多因素中选出一个或两个因素，将它们置于一定条件下进行小规模的实验，然后对实验结果做出分析，研究是否值得大规模推广。优点：可获得较正确的原始资料。缺点：实验市场不易选择，干扰因素多，时间长，成本较高。该方法主要包括两种形式：① 产品包装实验；② 新产品销售实验察。

2. 二手资料主要调研方法

① 企业内部资料（包括内部各有关部门的记录、统计表、报告、财务决算、用户来函等）；② 政府机关、金融机构公布的统计资料；③ 公开出版的期刊、文献杂志、书籍、研究报告等；④ 市场研究机构、咨询机构、广告公司所公布的资料；⑤ 行业协会公布的行业资料、竞争企业的产品目录、样本、产品说明书及公开的宣传资料；⑥ 政府公开发布的有关政策、法规、条例规定以及规划、计划等；⑦ 推销员提供的情报资料；⑧ 供应商、分销商以及企业情报网提供的信息情报；⑨ 展览会、展销会公开发送的资料。

此外，对医药市场营销调研还可以从其他角度进行分类。比如，按照商品消费目的不同，可分为消费者市场调研和生产者市场调研；按产品形态的不同，可分为实体医药产品市场调研和医疗服务市场调研；按照调研要解决问题的目的不同，可分为消费者购买行为调研、促销调研、产品调研、价格调研、分销渠道调研；按市场调研主题范围的不同，可分为专题调研、综合性市场调研。

三、医药市场调研的内容

医药市场营销调研的内容覆盖医药市场营销的全过程。医药市场及其影响因素有很多，因此营销调研的内容广泛。概括起来说，主要包括以下几个方面：

（一）宏观营销环境调研

宏观营销环境是企业生存和发展的社会基础。宏观营销环境主要包括政治、法律、经济、社会文化、技术、自然、人口等因素，它们从不同的方面制约和影响着医药企业的市场营销活动，企业通过宏观市场环境调研，分析市场环境对企业发展所形成的机会和威胁，并以此为基础调整企业内部资源方面的可控因素，提高企业对外部市场环境的适应能力和应变能力。

（二）市场需求调研

市场需求调研是营销调研的核心内容，调研市场商品需求量、需求结构与需求时间，主要内容包括：市场需求量和市场潜在销量的测定、消费者的消费心理与动机调研、消费者购买行为与决策方式调研、市场消费需求发展变化趋势调研等。

就医药市场来说，药品市场具有特殊性，由于处方药和非处方药消费者的消费行为不同，进行药品市场需求调研方案设计时，必须注意药品市场的这一特性。

（三）消费者购买行为调研

消费者购买行为是指人们为了满足个人家庭的生活需要或者企业为了满足生产的需要，购买产品或服务时所表现出来的各种行为，而发生的购买商品的决策过程。消费者的购买行为是由一系列环节、要素构成的完整过程。在这一过程中，购买决策居于核心地位；决策的正确与否直接决定购买行为的发生方式、指向及效用大小。为了准确把握消费者的需求情况，通常需要对消费者的人口构成、家庭、职业与教育、收入、消费观念、消费心理、购买力、购买周期、购买动机等购买行为进行调研。

（四）市场营销组合要素调研

1. 产品调研

产品调研是营销组合要素调研的首要工作，是其他营销调研的基础。产品策略包括产品发展、产品计划、产品设计、交货期等决策的内容。其影响因素包括产品的特性、质量、外观、附件、品牌、商标、包装、担保、服务等。产品调研的主要内容包括：① 产品一般情况调研（如产品设计、产品包装、产品品牌等）；② 产品组合调研；③ 产品生命周期调研；④ 产品销售服务调研；⑤ 新产品开发调研。

2. 价格调研

价格调研的目的在于为医药企业确定产品定价目标、定价方法和制定定价策略提供参考依据。价格策略包括确定定价目标、制定产品价格原则与技巧等内容。其影响因素包括付款方式、信用条件、基本价格、折扣、批发价、零售价等。价格调研的主要内容包括：① 同类产品的定价原则和方法；② 同类产品的价格策略；③ 主要替代品的价格水平；④ 消费者对产品价格变化的反应；⑤ 产品价格的影响因素；⑥ 消费者对本企业认知程度等。

3. 分销渠道调研

分销策略主要研究使商品顺利到达消费者手中的途径和方式等方面的策略。其影响因素包括分销渠道结构、区域分布、中间商类型及实力，如代理商、经销商、批发商和零售商的仓储能力、物流配送水平、服务水平、工作人员素质等。

4. 促销调研

促销策略是指主要研究如何促进顾客购买商品以实现扩大销售的策略。其影响因素包括广告、人员推销、宣传、营业推广、公共关系等。广告调研主要包括广告诉求、媒体选择和广告效果调研等；人员推销调研主要包括营销人员素质、人员推销形式、人员推销成本调研等；销售促进调研主要包括销售促进方式、效果、工具成本调研等；公共关系调研主要包括开展公共关系的形式、促销效果调研等。

（五）竞争环境调研

竞争环境调研包括市场结构分析和竞争对手调研。

1. 市场结构分析

市场结构的类型与特点直接影响的是市场竞争规则的制定和企业市场营销策略的制定。市场结构包括完全垄断市场、寡头垄断市场、垄断竞争市场和完全竞争市场，企业通过市场结构分析，了解市场构成类型和市场竞争的特点，进而确定本企业的市场地位，有针对性地制定市场营销策略。

2. 竞争对手调研

竞争对手包括直接竞争对手和潜在竞争对手。前者是指目标顾客和产品定位与本企业基本相同的企业，后者是指可能进入本企业所在产业领域并成为本企业产品竞争者的企业。

直接竞争对手调研的主要内容包括：① 竞争对手的一般情况（竞争对手的数量、经营规模、业务领域、市场营销战略、市场角色定位、政府资源、公共关系等）；② 竞争对手的产品情况（品种、产品的性能、成本、价格策略、营利能力、品牌、供货渠道、促销方式、分销渠道及控制程度、市场占有率、市场覆盖率等）。

潜在竞争对手调研的主要内容包括：潜在竞争者的技术优势、资金优势、市场营销资源优势、产品开发的可能方向，以及其可能的市场角色定位等。

四、药品市场调研程序

（一）确定调研目标

调研目标的确定通常需要进行调研准备，这一过程主要是确定调研目的、要求及范围并据此制定调研方案的基础。这一阶段主要包括两个步骤。

1. 调研问题的提出

营销调研人员根据决策者的要求或由市场营销调研活动中所发现的新情况和新问题，提出需要调研的课题。

2. 初步情况分析

根据调研课题，收集有关资料做初步分析研究。许多情况下，营销调研人员对所需调研的问题尚不清楚或者对调研问题的关键和范围不能抓住要点而无法确定调研的内容，这就需要先收集一些有关资料进行分析，找出症结，为进一步调研打下基础，通常称这种调研方式为探测性调研。探测性调研所收集的资料来源有：现有的资料，向专家或有关人员做调研所取得的资料。

（二）制定调研方案

营销调研方案是调研者对企业面临的市场营销问题以及调研各个阶段的主要工作做出的系统、程序化的工作计划。它是指导整个营销调研活动的指导性文件。主要内容有：① 调研主题的陈述（调研背景、调研主题和调研任务及目的说明）；② 拟定调研提纲；③ 具体的调研对象；④ 调研方式与方法；⑤ 调研单位的选择方法；⑥ 调研资料搜集、整理与分析方法；⑦ 调研预算；⑧ 调研人员及进度部署等。

（三）实施调研

这一阶段的主要任务是根据调研方案，组织调研人员深入实际收集资料，具体包括两个工作步骤：

1. 组织并培训调研人员

企业往往缺乏有经验的调研人员，要开展营销调研首先必须对调研人员进行一定的培训，目的是使他们对调研方案、调研技术、调研目标及与此项调研有关的经济、法律等知识有明确的了解。

2. 收集资料

首先收集的是第二手资料，也称次级资料。其来源通常为国家机关、金融服务部门、行业机构、市场调研与信息咨询机构等发表的统计数据，也有些发表于科研机构的研究报告或著作、论文上。对这些资料的收集方法比较容易，而且花费也较少，我们一般将利用第二手资料进行的调研称为文案调研。其次是通过实地调研来收集第一手资料，即原始资料，这时就应根据调研方案中已确定的调研方式方法，确定好选择调研单位的方法，再利用设计好的调研方法与方式来取得所需的资料。我们将取得第一手资料并利用第一手资料开展的调研工作称为实地调研，这类调研活动与前一种调研活动相比，花费虽然较大，但这是调研所需资料的主要来源。

（四）整理分析与总结

营销调研的作用能否充分发挥，它与做好调研总结的两项具体工作密切相关。

1. 资料的整理和分析

通过营销调研取得的资料往往非常凌乱，有些只是反映问题的某个侧面，带有很大的片面性或虚假性，所以对这些资料必须做审核、分类、制表工作。审核即去伪存真，不仅要审核资料是否正确，还要审核资料的全面性和可比性。分类是便于资料的进一步利用。制表的目的是使各种具有相关联系或因果关系更为清晰地显示出来，便于做深入的分析研究。

（1）接收问卷。

首先，设计问卷登记表。表格中的项目一般包括调查员的姓名、调查地区、调查时间、交表日期、实发问卷数、实收问卷数、合格问卷数、未答或拒答问卷数、丢失问卷数、其他问卷数，然后对问卷进行编号或标注，对于不同的调查员和不同地区（单位）收来的问卷还要及时在问卷表面编号或注明调查员、调查地区，以便于问卷汇总、分析和查考。

（2）资料的审核。

调研资料的审核是对资料的准确性、完整性、齐备性进行审核，发现问题及时纠正。

① 资料的完整性，指调查问卷上的所有项目都要填写，所有问题都应该有答案。一般来说，如果问题缺失值超过 10%，就可能出现严重问题，对结论产生重要影响。因此，要尽可能保证问卷的完整性。但现实中，经常在问卷中有个别或部分项目空白，就需要对缺失数据进行处理。

② 资料的准确性，指调查所得信息和实际情况是相符的，也就是资料的真实性。在资料的审核过程中可从以下几个方面对其进行审核。第一，是否有前后矛盾的答案。如果一个被调研者在问卷前面回答自己从没听说过某药店，后面又回答自己去该药店的频次达到每月几次以上，这样就出现了前后矛盾的答案。出现这种情况，调查员可以参考其在其他关联选项上的选择，来判断他的真实想法，或者对该被调查者进行复核。如果不能判断，或无法复核，则需要考虑剔除该问卷。第二，是否某个选项出现的概率特别高。如被调查者在所有不知道或不清楚答案的选项都选择该项，则说明被调查者对该调查没兴趣，存在敷衍，或者出现连续 10 个选项都选同一个选项，这样的问卷，也需要慎重对待。

③ 资料的齐备性，指检查收回问卷的份数是否齐全，是否达到了样本量的要求，通常合理的样本数达到 50 份以上，即认为是“大样本”数。当进行了样本的剔除之后，需要考虑资料的样本量是否能满足分析的要求，如果不能，则需要再次进行调查，补充资料。

（3）资料的分组整理。

调研资料的整理就是对市场调查获得的大量原始资料进行审核、分组、汇总、列表，或对二手资料进行再加工的工作过程。其任务在于使市场调查资料综合化、系列化、层次化，为揭示和描述调查现象的特征、问题和原因提供初步加工的信息，为进一步的分析研究做准备。

① 简单分组处理，指对总体各单位或样本各单位只按一个标志或标准进行分组处理。分组的标志或标准一般可以区分为品质属性、数量属性、时间属性、空间属性。

品质属性分布数列是以被调查者的职业、所属行业、性别、文化程度、职业等品质属性作为分组标志而形成的简单品质数列。

数量属性分布数列是以被调查者的年龄、收入、消费支出、家庭人口、就业人口等数量作为分组标志形成的变量数列。

时间属性分布数列是以调查问卷中的一些时间属性的调查项目（如购买时间、需求时间）作为分组标志，对被调查者的时间选项进行分组形成的时间数列。

空间属性分布数列是以调查问卷中的某些具有空间属性的调查项目（如被调查者的居住区域、购买产品的场所等）作为分组标志而形成的空间数列。

② 平行分组处理，是对总体各单位或样本各单位同时采用两个或两个以上的标志标准进行平行排列的分组，所编制的分组数列称为平行分组数列，分为两个变量平行分组数列和多变量平行分组数列。

③ 交叉分组处理，是对总体各单位或样本各单位采用两个或两个以上的标志或调查项目进行交叉分组，所编制的数列一般表现为相关分组数列或复合分组数列。

基本项目之间的交叉分组处理是利用反映被调查者基本情况的各调查项目之间的关联性进行交叉分组处理。

基本项目与主体项目之间的交叉分组处理是利用问卷中的基本项目与主体项目之间的关联性进行交叉分组处理，用以揭示不同性别、不同年龄、不同行业、不同职业、不同文化程度、不同居住区域、不同家庭人口的被调查者对研究的主体项目选项回答的差异性、相关性等深层次问题。

④ 开放式问题的分类归纳。开放式问题通常采用意见分类归纳法，就是首先集中所有同

一个开放式问题的全部文字性答案，通过阅读、思考和分析，把握被调查者的思想认识，然后将被调查者的全部文字性答案，按照其思想认识不同归纳为若干类型，并计算各种类型出现的频数，制成全部答案分布表。对全部答案分布表中的答案进行挑选归类，确定可以接受的分组数。一般来说，应在符合调查项目的前提下，保留频数多的答案，然后把频数很少的答案尽可能归并到含义相近的组，应根据调查的目的和答案类型的多少确定，一般应控制在10组之内。接下来，为确定的分组，选择正式的描述词汇或短语。不同组别的描述词汇或短语应体现质的差别，力求中肯、精练、概括。最后根据分类归纳的结果，制成正式的答案分布表。

（4）资料的统计汇总。

汇总的方法主要有手工汇总与电子计算机汇总两种。手工汇总又可分为划记法、过录法、折叠法、卡片法等。

① 划记法，也称点线法，是用点或线等符号代表每个总体单位，汇总时看总体单位属于哪个组，就在哪个组的栏内点一个点或画一条线，最后计算各组的点或线的数目，得出各组的单位数。此法手续简便，但只适合于对总体单位数的汇总，不适合对标志值的汇总。

② 过录法，是将调查资料过录到事先设计好的整理表上，计算出各组的单位数及标志值的合计数，然后再编制统计表。这种方法的优点是既能汇总单位数，也能汇总标志值，缺点是全部资料都要过录，工作量大，也容易产生过录差错。因此它适用于总体单位数不多，分组较简单的情况。

③ 折叠法，是将调查表中需要汇总的某一横行或纵栏的统计资料折在边上，然后按顺序叠放整齐，进行加总计算，将汇总的结果填入统计表中。优点是简便易行，适用于对标志值汇总；缺点是一旦发生差错，必须从头做起。

④ 卡片法，是利用专门制作的卡片作为分组记数的工具进行汇总的方法。大体的步骤是：首先根据分组标志，对每一种分组，按组的顺序编号，并且在调查表的有关项目中注上所属的编号。然后将调研登表上注明的组号和标志值分别摘录在卡片的相应格中。每张卡片只摘录一个调查单位的材料。再次进行分组计数。将卡片按组号分为若干组。分组后各种卡片数就是各组的单位数。汇总标志值时，将各组卡片重叠起来，只露出边缘数字进行加总。最后将各组单位数和标志值填入统计表中。这种汇总方法比较准确，一般适用于大规模专门调查资料的汇总。

（5）调查资料分析。

① 统计表，是以纵横交叉的线条所绘制表格来展示数据的一种形式，用统计表展示数据资料有两大优点：一是能有条理、系统地排列数据，使人们阅读时一目了然，印象深刻；二是能合理、科学地组织数据，便于人们阅读时对照比较。

② 统计图，是以圆点的多少、直线长短、曲线起伏、条形长短、柱状高低、圆饼面积、体积大小、实物形象大小或多少、地图分布等图形来展示调查数据。用统计图展示调查数据具有“一图抵千字”的表达效果。因为图形能给人深刻而明确的印象，能揭示现象发展变化的结构、趋势、相互关系和变化规律、便利表达、宣传、讲演、广告和辅助统计分析。但统计图包含的统计项目较少，且只能显示出调查数据的概数，故统计图常配合统计表、市场调查报告使用。常见的统计图有直线图、条形图（见图7-1）、直方图、环形图、圆面图（见图

7-2）、帕累托图（见图 7-3）等。

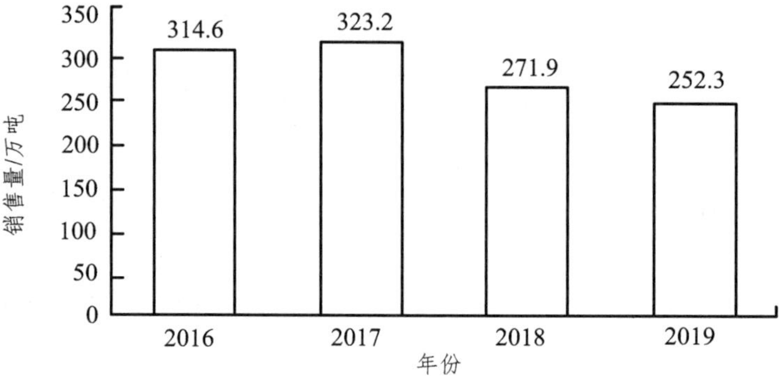

图 7-1　化学研判原药销售量（万吨）统计图

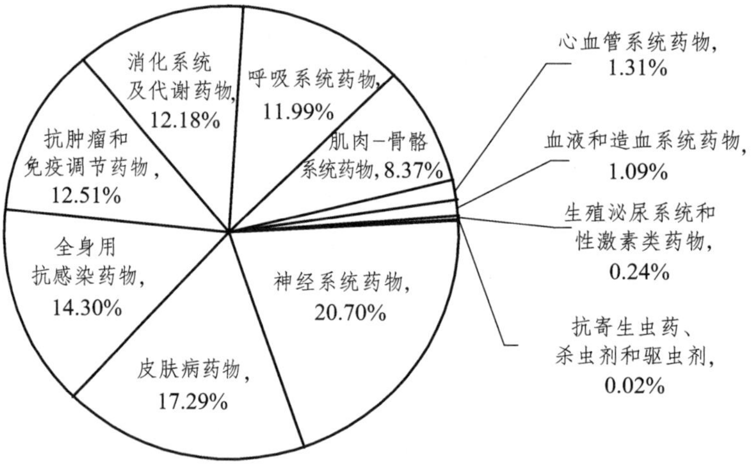

图 7-2　某企业 2020 年国内市场药品大类占比分布

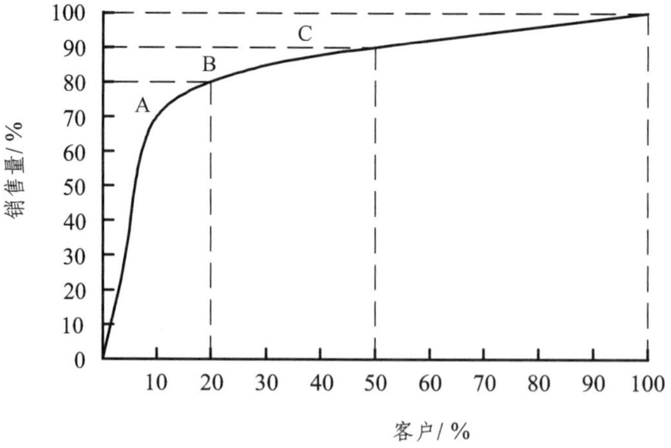

图 7-3　ABC 产品销售情况帕累托图

2. 编写调研报告

调研报告是调研活动的结论性意见的书面报告。其编写原则是客观、公正、全面地反映事实，以求最大限度地减少营销活动管理者在决策前的不确定性。调研报告的内容：调研对象的基本情况、对所调研问题的事实所做的分析和说明、调研者的结论和建议。

任务二 设计医药市场调研方案

【案例启发】

新可口可乐：调研失误

20 世纪 70 年代中期以前，可口可乐公司是美国饮料市场上的“No. 1”，然而好景不长，70 年代后期，百事可乐迅速崛起令可口可乐不得不着手应付这一饮料业“后起之秀”的挑战。可口可乐公司推出了一项代号为“堪萨斯工程”的市场调研活动。1982 年，可口可乐广泛地深入到 10 个主要城市中，进行了大约 2 000 次的访问，通过调研，看口味因素是否是可口可乐市场份额下降的主要原因，同时征询顾客对新口味可口可乐的意见。调研结果表明，顾客愿意尝新口味的可口可乐。

可口可乐公司向世人展示了比老可口可乐感更柔和、口味更甜、泡沫更少的新可口可乐样品。在新可口可乐推向市场之初，可口可乐公司又不惜血本进行了又一轮的口味测试。可口可乐公司倾资 400 万美元，在 13 个城市，约有 19.1 万人被邀请参加了对无标签的新、老可口可乐进行口味测试的活动。结果 60%的消费者认为新可口可乐比原来的好，52%的人认为新可口可乐比百事好。在新可口可乐上市之初，可口可乐又大造了一番广告声势，可口可乐进入了变革“时代”。

起初，新可口可乐销路不错，有 1.5 亿人试用了新可口可乐。然而，新可口可乐配方并不是每个人都能接受的，而不接受的原因往往并非口味原因，而这种“交化”受到了原可口可乐消费者的排挤。顾客之所以愤怒是认为可口可乐配方代表了一种传统的美国精神，而热爱传统配方的可口可乐就是美国精神的体现，放弃传统配方的可口可乐意味着一种背叛。在不到 3 个月的时间内，即 1985 年 4 月至 7 月，尽管公司曾花费了 400 万美元，进行长达 2 年的调研，但最终还是彻底失败了！

编制一个医药市场调研方案时，操作流程包括确定调研目的、明确调研方法、确定调研人员、编制调研费用预算和编制市场调研计划表。

一、确定调研目的

根据营销目标的不同，市场调研的内容与目的也不同，调研的整个过程是一个沟通的过程，要把调研者想了解的问题传递给被调研者，并且能够被调研者乐于接受，最终得到有效和有用并且真实的调研结果。为了保证调研的成功和有效，首先要明确所调研的问题，既不能过于宽泛，又不能过于狭窄；然后在确定问题的基础上，提出调研目标和调研内容。

不同的调研目的会导致不同的调研内容，因此所设置的问题和目标也会有所不同。针对其他调研对象，如医院、分销商和区域医药市场，其调研的目的与对消费者调研的目的是不一样的，因此调研内容也不一样。

【典型案例】

OTC 终端调查

1. 调研问题确定

销售情况变动；网点覆盖率变化；消费者的态度变化等。

2. 调查目标确定

提高销售量；提高产品覆盖率；让消费者迅速接受新产品等。

3. 调查内容确定

产品在被访药店的近 3 个月及往年同期的销量。被访药店近 3 个月及往年同期的同类药的销售总量。近期销量增长幅度最大的前 3 种品牌、品种。畅销的原因是否为价低？广告宣传强劲？现场促销？药效好？包装吸引人？店员推荐的积极性高？供应者的服务好？其他？制约本产品销量增长的原因：价高？广告宣传力度减弱？店员不积极推荐？陈列位置不太好？不进行现场促销？药效不明显？业务员对药店的服务质量差？其他？消费者对产品及竞争品的态度，店员和店长的建议。

二、明确调研方法

（一）确定资料来源

依据调研目的来确定具体资料的来源。营销调研所收集的资料分为第一手资料和第二手资料。一般来说，每次调研需要收集两方面的资料，应该充分地运用第二手资料，但也应该安排第一手资料的收集。

二手资料主要有两个来源：一是内部资料来源；二是外部资料来源。内部资料指企业营销系统中储存的各种数据，如企业历年的销售额、利润状况，主要竞争对手的销售额、利润状况，有关市场的各种数据等。外部资料指公开发布的统计资料和有关市场动态、行情的信息资料。外部资料的来源有政府有关部门、市场研究机构、咨询机构、广告公司、期刊、文献、报纸等。

一手资料主要是通过实地调研所采集到的原始的市场信息。

（二）确定资料的收集方法

调研资料的收集方法是指取得信息的方式，有文案调研法和实地调研法。

二手资料常用文案调研法，即医药市场调研人员通过专业机构、图书馆、网络等进行阅读、检索、剪辑、购买、复制等，搜集医药企业内外部的历史和现实二手资料的一种调研方法。

一手资料常用实地调研法，包括询问法、观察法和实验法。

1. 询问法

询问法是指选择一部分代表人物作为样本，通过访问或填写询问表征询意见。按照与被调研者接触方式不同，询问式调研有以下 5 种具体方法。

（1）当面询问。当面询问是指调研者面对面地向被调研者询问有关问题，对被调研者的回答当场记录。调研者可根据事先拟定的询问表（问卷）或调研提纲提问，也可采用自由交谈式进行。这种方法的优点是直接与被调研者见面，能当面听取意见并观察反应，能相互启发和较深入地了解情况，对问卷中不太清楚的问题给予解释；可根据被调研者的态度灵活地掌握，或进行详细调研，或进行一般性调研，或停止调研；资料的真实性较大，回收率高。缺点是调研成本较高，不适合大样本的调研，调研结果易受调研人员技术影响，对调研人员素质要求较高。

（2）电话询问。电话询问是指调研人员根据抽样设计要求，通过电话询问调研对象。这种方法的优点是资料收集快，成本低；可以询问面谈感到不自然或不便的问题；可按拟定的统一问卷询问，便于资料统一处理。缺点是调研对象只限于有电话的用户，调研总体不够完整；不能询问较为复杂的问题，不易深入交谈和取得被调研者的合作。

（3）信函询问。信函询问是指调研者将设计好的询问表直接邮寄给被调研者，请对方填好寄回。这种方法的优点是：调研区域广泛，凡邮政所能到达地区均可列入调研范围；被调研者有充分的时间考虑；调研成本较低；调研资料较真实。缺点是询问表的回收率较低，回收时间较长；填答问卷的质量难以控制，被调研者可能误解询问表中某些事项的含义而填写不正确。一般限于调研较简单的问题，不易探测用户的购买动机。

（4）留置问卷。留置问卷是介于邮寄调研和面谈之间的一种方法，它综合了邮寄调研由于匿名而保密性强和面谈调研回收率高的优点。具体做法是，由调研员按面谈的方式找到被调研者，说明调研目的和填写要求后，将问卷留置于被调研处，约定时间再次登门取回填好的问卷。

（5）网上调研。网上调研有电子邮件调研和互联网文调研两种。该调研方法有如下特点：① 调研对象有一定的局限性；② 回答率难以控制；③ 整个调研较难控制；④ 成本较低，传播迅速。

2. 观察法

观察法可以观察到调研对象的真实行为特征，但无法观察到调研对象的心理、动机、态度及习惯等。因此，调研人员必须能对观察结果进行推测、判断和分析，以获取更为深入和全面的市场信息。依据不同的分类标准，观察法可分为不同的类型。

（1）直接观察和间接观察。直接观察是指调研者亲自到调研现场观察和记录被调研者的行为动态，如到零售药店观察消费者购买某种药品的情况等。间接观察是指调研者通过观察与调研对象直接关联的事物来推断调研对象的情况，如通过观察竞争对手药品的销售情况，了解对方的竞争策略和产品优势。

（2）结构观察和非结构观察。结构观察是指根据调研目的，调研人员根据事先确定的观察范围、观察内容和观察程序，进行有控制的系统观察，并将观察结果按照设计好的表格或卡片进行记录。非结构观察是指在调研目标的要求下，不设定观察范围、观察项目和观察程序，调研人员根据调研目标和要求自己决定观察的内容，观察结果也不用标准方法进行记录，而是使用较为灵活的记录方式。

（3）参与观察与非参与观察。参与观察是指调研者直接参与市场活动，对市场现象进行观察。如调研者以药店售货员的身份从事药店药品销售工作，从中观察某种药品的市场销售情况。非参与观察是指调研者不参与市场活动，以旁观者的身份观察市场现象。

（4）连续观察和非连续观察。连续观察是指在比较长的一段时间内，对市场对象进行连续多次、反复的观察调研。非连续观察则相反，指非连续的观察调研。

（5）人员观察与仪器观察。人员观察是指调研人员深入现场进行直接观察和记录，并对观察到的市场现象进行合理的推断。人员观察是观察法的主要方式。仪器观察是指借助现代化的仪器设备（如监视器、录像机等）对市场现象进行调研观察，一般用于人员观察所不及的市场环境。

观察法的优点：① 资料可靠性高是观察法最突出的优势。观察法是一种非介入式市场信息收集方式，调研对象的行为不受其他因素影响，调研人员可以实地记录市场现象的发生情况，能够获得客观的市场信息资料。② 观察法的调研结果是由调研人员观察、测量、记录市场现象所得，被观察对象并不知情，因此，这种方法不要求调研对象具有配合调研的问题理解能力和语言文字表达能力，适用性比较强。③ 观察法操作简单、易行，具有较强的灵活性。

观察法的缺点：① 时间长、费用高，使用观察法的调研费用较高，一是人员成本较高；二是购买观察仪器设备也会增加成本费用。同时，使用观察法需要较长的时间，一方面所要观察的市场现象可能间断发生或不是经常发生，另一方面有些市场现象需要连续观察。② 市场信息表面化，调研人员只能观察到市场现象，无法观察到导致这种市场现象发生的内在原因和本质。③ 对调研人员要求高，使用观察法收集到的只是市场现象的描述性信息，要求调研人员必须具有对市场现象信息进行推测、判断和分析的能力。

3. 试验法

试验法是指从影响调研问题的许多因素中选出一两个因素，将它们置于一定条件下进行小规模试验，并对试验结果进行分析的一种方法。此种方法应用很广，尤其是因果性调研常采用此种调研方法。例如，将某一品种的医药改变包装、价格、广告等以后对医药销售量会产生什么影响，都可以先在小规模的市场范围内进行试验，观察消费者的反应和市场变化的结果，然后再考虑是否推广。试验法有以下两种具体方法。

（1）实验室试验，如在实验室观察人们对不同广告的兴趣程度。

（2）销售区域试验，如在某一销售区域试验调整某一营销策略会带来什么结果。

试验法的优点是方法科学，可获得较正确的原始资料；缺点是不易选准社会经济因素相类似的试验市场，且干扰因素多，影响试验结果，试验时间较长，成本较高。

（三）确定调研对象

市场调查对象是指市场调研的总体，选择重点调查、典型调查还是抽样调查要从医药市场调查的目的出发，市场调研对象的确定决定着市场调研的范围大小。调查单位就是调查总体中的各个个体单位，它是调研项目的承担者或信息源。根据调研对象和调研单位，确定收集资料的来源、性质和数量。

（四）确定调研地点

首先要从医药市场调查的范围出发，如果是调研一个城市的医药市场情况，还要考虑在一个区调查还是在几个区调研；其次要考虑调查对象的居住分布，是平均分布还是分布在不同地区，或者可以集中于某些地区。

（五）确定调研方法

当需要二手资料时，应该采用文案调研法。当需要第一手资料时，应该采用实地调研法。用什么方法进行调研，应从调研的具体条件出发，以有利于搜集到所需要的第一手资料为原则。针对不同的对象，采用不同的方法搜集信息资料。

三、确定调研人员及进度安排

在医药市场调研方案中，要最终计算调研人员和经费的数量，并落实其出处。这是市场调研顺利进行的基础和条件。此外，还应对市场调研人员的工作量进行合理安排，使市场调研工作有条不紊地进行。

四、编制调研费用预算

编制调研费用预算的基本原则：在坚持调研费用有限的条件下，力求达到最好的调查效果。或者是在调研支出最少的前提下，力求保证实现调研目标。调查费用以总额表示，至于费用支出的细目，如人员劳务费、资料费、交通费、问卷处理费等，视每次调研的具体情况而定。

五、编制市场调研计划表

（一）编制工作进度日程

工作进度日程是对各类调研的工作程序、时间、工作方法等做出具体的规定。例如，何时做好准备工作，由谁负责等。

（二）编制工作进度的监督检验

对工作进度的监督检验是及时发现问题、克服薄弱环节、保证整个调查活动顺利进行的重要条件。

（三）编制市场调研计划表

根据以上内容编制市场调研计划表，作为医药市场调研活动实施的指导。

【典型案例】

目前我国钙剂市场现状调查计划书

调查题目：我国钙剂市场现状及前景调查分析。

调查目的：了解我国大中型城市居民对钙剂的认知水平及用药情况。

调查区域：北京、天津、重庆、上海、广州、西安、太原、成都、昆明、郑州10大城市。

调查对象：20～50岁家庭购药决策者。

调查时间：××××年×月×日至×月×日

调查方法：定量调研、问卷、专家访谈、抽样调查。

调查内容：

（1）消费者对保健品的认知水平是否有所提高？

（2）在保健品中，钙剂的市场占有率是多少？

（3）普通消费者补钙的方法有哪些？

（4）市场上钙剂的知名品牌有哪些？

（5）国内钙剂市场的分布情况。

调查安排：×月×日至×月×日，由公司调研处设计调查问卷，形成样卷。各地小组领取问卷。

费用估算：资料费××元。

调查单位：××信息公司。

调查人员：医药调研部全体员工。

调查负责人：×××。

任务三　设计医药市场调研问卷

营销调研第一手资料收集的实地调查中，问卷是最常用、最基本的调研工具。高质量的调查问卷，是保证医药市场信息收集的质量和提高调查工作效率的基础。

一、问卷设计的步骤

（一）明确调查目的及内容

问卷设计首先要明确调查的目的和内容，这是问卷设计的前提和基础，然后才能准确地设定调查问题。

（二）确定资料收集的方法

不同的调查方法决定了不同的问卷设计，如拦截访问受时间的限制，问卷要简短，邮寄调查则要求问卷设计得简短并非常清楚。因为访问人员不在场，没有澄清问题的机会，电话调查经常需要丰富的词语来描述一种概念以肯定应答者能理解正在讨论的问题；面谈访问的问卷可以设计较长、较复杂的问题。

（三）确定问题的类型

调查问卷的问题主要有两种类型，即封闭式问题、开放式问题。封闭式问题是问卷设计者对备选答案进行设置，被调查者需要在固定的被选答案中选择；开放式问题则没有设置固定备选答案，被调查者根据具体情况自由作答。

（四）决定问题的措辞

对调查人员来讲，在特定问题的用词上要花相当长的时间，这是一种随时与主体不断发展的技巧，在每一个问题的用词与安排上，一般有以下指导原则：第一，用词必须清楚、准确；第二，避免诱导性的用语；第三，考虑应答者回答问题的能力；第四，考虑应答者回答问题的意愿。

（五）确定问题的排列顺序

问卷不能任意编排，问卷每一部分的位置安排都具有一定的逻辑性。

（六）问卷评估

问卷草稿后，设计人员应回过头来做一些批评性评估，在问卷评估过程中，应考虑以下原则：① 问题是否必要；② 问题数理是否合理；③ 问题是否满足了调查目标的信息需求；④ 后续数据统计和分析是否易于操作；⑤ 开放式问题是否留足空间；⑥ 问卷的字体和外观设计是否讲究。

（七）预调查与修改

当问卷获得管理层的认可后，在大批量印刷问卷之前还必须进行预先调查。通过预调查发现问卷中存在的错误、不合理等问题，及时修正，为封闭式问题寻找遗漏的选项以及应答者的一般反应。预测试应当以与最终调查相同形式进行。在预测试完成后，应对所有需要改变的地方切实地修改。例如，如果只有 5%的被访问者对一个问题有疑问，设计者可以不对其关注，但如果有 10%以上被访问者对同一个问题质疑，问卷设计者就应对该问题进行重新考虑。在实地调查前应当再一次获得各方的认同，如果预先测试导致问卷产生较大的改动，应当进行第二次预调查。

（八）定稿与印刷

测试得到认可后，问卷就可以正式定稿，并进行印制。

二、问卷的结构

问卷一般由问卷标题、问卷说明、问题和回答方式、编码、特别注明、被调查者基本情况、作业记录和结束语等部分组成。

（一）问卷标题

问卷标题要体现对调研主题的高度概括，使被调查者对调研的主要内容有一个基本了解。问卷标题设计要简明扼要、主题突出。

（二）问卷说明

问卷说明一般包括问候语、调研目的与意义、调研的主要内容，并对被调查者提出希望和要求，以及对信息保密等承诺。

（三）主　体

主体即问题和回答方式。问题和回答方式是问卷最重要的主体部分，问题必须能够反映调查主题内容；回答方式是指对问题的回答是由被调查者在备选答案中选择还是由其自由回答。

（四）编　码

编码是指对问卷中的问题（题目）与答案用数字所表示的代码，也就是问题和答案的编号，编码的目是为了统计处理。

（五）特别注明

特别注明主要是对问卷中相关问题含义与答案选择要求的解释，以便被调研者能够正确地理解问题。

（六）致谢语

致谢语是指调研结束后用简短的语言，对被调研者的合作表示真诚的感谢。

（七）作业记录

作业记录通常包括调研人员的姓名、访问日期、访问时间等，根据需要还可以要求被调研者填写通信地址和联系方式等，以便对调研过程或结果进行审核和进一步追踪调查。

三、问句设计

（一）问句的主要类型

根据问题的性质、问题的回答形式、问句所要收集的资料性质，问卷中的问句可分为不同类型。

（1）按问句提出问题的性质，问句可分为直接性问句、间接性问句和假设性问句。直接性问句是指将所要询问的问题直接向被调研者提出，由其在问题所确定的范围内给予直接的回答；间接性问句是指对于被调研者不宜或不愿直接回答的问题，采用间接提问的方式询问被调查者，如不直接问被调研者收入多少，而是问其收入水平（高、中、低）等；假设性问句是指以一种假设为前提，向被调研者提出问题。

（2）按问句是否设有答案，问句可分为开放性问句和封闭性问句。开放式问句是指问卷中只设计询问的问题，不设答案，由被调研者自由回答的问句；封闭性问句是指对所提问的问题，给出各种可能的答案，由被调研者按要求选择答案的问句。

（3）按问句要收集的资料性质，问句可分为事实性问句、行为性问句、动机性问句和态度性问句。事实性问句是指向被调研者询问已经发生的、客观存在的事实的问题，如向被调研者询问年龄、职业、收入水平、文化程度等；行为性问句是指向被调查者询问是否曾经做过或是否准备做某事；动机性问句是指向被调研者询问其采取某种行为的原因或动机，提问方式可以是直接提问，也可以是间接提问或假设提问；态度性问句是指向被调查者询问其对某事、某产品或某企业的评价态度和意见。

此外，过滤性问句和核实式问句在问卷中也经常使用。过滤性问句的功能是筛选掉那些不适于回答后续问题的被调查者。例如，要了解医生对某降糖药品疗效的看法时，就要使用过滤性问句来筛选掉那些不了解或未使用过该药品的医生。核实式问句的功能是核实被调研者对某问题回答的真实性。为了检验被调研者对某问题回答的真实性，就需要在问卷中适当位置提出与该问题密切相关的另一个问题进行验证性提问。

（二）问句与答案设计的原则

合理的问句能够使被调研者正确充分地理解所要调研的问题，科学地设计问句是保证所收集信息质量的前提和基础。

（1）问句设计的原则主要包括：① 目的性原则，问题必须与调研主题有密切相关，突出询问问题回答调研主题的目的性；② 单一性原则，问句的内容要单一，一个问句中不可出现两个及两个以上问题；③ 通俗性原则，问题要用通俗易懂的语言表述，避免使用过于专业化的术语；④ 非诱导性原则，问题的表述要使用中性语言，保持问题中性化，诱导性和暗示性语言可能影响被调研者对问题回答的自我判断，影响收集信息的真实性；⑤ 简明性原则，对问题的表述要简明扼要，不宜过于冗长，尽可能使用简单句；⑥ 非歧义性原则，问题的界定必须要清楚，表述准确，不能含糊不清，避免被调研者产生歧义性理解；⑦ 可接受性原则，一是询问问题要使被调研者能够配合回答，二是避免提出令被调研者发窘的问题；⑧ 问句数量适中原则，虽然一份问卷中问句的多少是以调研目标为依据的，但是，在问句设计时，在考虑实现调研目标信息需求的同时，一定要注意问句数量设定问题，问题不是越多越好。

（2）问句答案设计的原则主要包括：① 匹配性原则，答案必须与询问问题密切相关；② 穷尽性原则，备选答案中尽可能包括所有可能答案，为体现答案的穷尽性，一般在列出若干答案后，最后用“其他”代表可能未列出的答案；③ 互斥性原则，所列答案不能互相包容或有交叉含义，每一个答案都是排他的；④ 同级性原则，所列答案必须是同层次的。

（三）问句的排序

问卷中问句的顺序对被调查者回答问题会产生一定影响，在问卷设计时必须考虑问句的排序。一般来说，问句的排序应该遵循两条基本原则：一是要便于被调研者顺利地回答问题；二是便于调研者对信息资料的整理。具体的问句排序方法主要有以下 3 种：

（1）按问句的逻辑关系排序。根据问题之间的逻辑关系，对所有问题进行分类，再依据同类问题之间的逻辑关系，对问题进行排序，以利于被调查者按照一定的顺序回答问题。

（2）按问句的深浅程度排序。问句排序应遵循由易到难、由浅到深的原则。即先简单性问句，后复杂性问句；先事实性问句，后态度性问句和原因性的问句；先一般性问句，后敏感性问句；先封闭性问句，后开放性问句。

（3）按问句所反映的时间排序。如果问句的设计涉及调查项目的时间，则应该按照时间的先后顺序对问句进行排序，可以是“过去—现在—将来”的方式，也可以是“现在—过去—将来”的方式。

封闭式问题的设计如表 7-1 所示。

表 7-1　封闭式问题设计范例

名称	说明	举例
单选	一个问题提供是非两个答案供选择	1. 请问您知道云南白药儿童牙膏产品吗？□知道　□不知道 2. 用过云南白药儿童牙膏吗？□是　□否
多选	一个问题提供 3 个以上的答案供选择	1. 对于医药广告，您比较关注哪类媒体？（可多选） □电视　□报纸　□杂志　□网络　□广播 □路牌　□宣传单　□其他 2. 您服用钙片的主要原因是？ □医生建议　□保健　□身体有缺钙表现 □朋友推荐　□其他
排序	对所询问的问题的各种可能的答案，定出先后顺序	您选择儿童药时，对下列因素重视程度做出评价，从高到低，在□中填上 1，2，3…… □治疗效果好　□价格合理　□使用或服用方便 □厂家信誉好　□包装好
评判	表明对某个问题的态度	1. 您认为云南白药儿童牙膏的价格如何？ □偏高　□略高　□适中　□偏低　□太低 2. 您是否信赖名人所做的医药广告？（单选） □十分相信　□比较相信　□无所谓 □比较不相信　□十分不相信

任务四　撰写市场调研报告

市场调研报告是市场调研的最后成果，是用事实材料对所调研的问题做出系统的分析说明、提出结论性意见的一种表现形式。调研报告是调研结果的集中表现，既可以用书面形式向决策者或用户报告调研结果，也可以作为口头汇报和沟通调研结论的依据，还可以制作成多媒体演示课件，向决策者或用户进行演示和解说。

一、调研报告封面设计

封面一般包括调研项目题目，调研单位名称、地址、办公电话、网址或 E-mail，报告日期，报告接受人（或组织）。

调研报告的项目题目是封面的核心内容。题目的拟定要准确反映调研报告的主题，可以用副标题，对正标题做进一步补充说明。题目要简洁明了，体现出鲜明的专业特点，引发阅读者的兴趣，要说清调研报告的核心内容。题目的拟定有下列 3 种方法：

（一）直叙式标题

直叙式标题是反映市场调研意向的项目标题，要简明、客观、直接，市场调研报告通常采用这种标题形式，如“××儿童 OTC 感冒药品牌偏好的调研报告”。

（二）表明观点式标题

表明观点式标题是直接反映调研人员观点、结论、评价的标题，如“我国儿童处方药市场用药现状令人担忧”。

（三）提出问题式标题

提出问题式标题是以提问、反问等形式表达报告的主要内容，突出问题的尖锐性、焦点，以引起读者思考，如“儿童用药是否更关注药品口感？”。

二、调研报告主体撰写技术

每一份市场调研报告都是为其所代表的具体项目而定做的，但有一个惯用的参考格式。总体上说，一份完整的市场调查报告包括扉页、目录、执行性摘要、介绍、正文、结论与建议、补充说明、附件 （如有必要）几个部分。

（1）扉页：包括报告的使用者（如客户）、报告的撰写者（如调研公司）、报告的完成日期。

（2）目录：① 章节标题和副标题，并附页码；② 表格目录：标题与页码 ；③ 图形目录：标题与页码；④ 附件：标题与页码页。

（3）执行性摘要：包括目标的简要说明、调查方法的简要陈述、主要调研结果的简要陈述、结论与建议的简要陈述、其他有关信息（如特殊技术、局限或背景信息）。

（4）介绍：包括实施调查的背景、参与人员及职位、致谢。

（5）正文：包括叙述调研情况、分析调研情况、趋势和规律。

（6）结论与建议。

（7）补充说明：包括调研方法、局限性等。

（8）附件：包括调研问卷、统计数据或图表、参考资料等。

三、调研报告附件撰写技术

附件是指调研报告正文包含不了或没有提及，但与正文有关，必须附加说明的部分。它是对正文报告的补充或更详尽说明，包括调研问卷、数据汇总表、原始资料背景材料和必要的工作技术报告等。

四、撰写调研报告的注意事项

（一）调研报告应有系统性

在撰写过程中，切忌将分析工作简单化（即资料数据罗列堆砌），只停留在表面文章上依据资料就事论事。简单介绍的分析多，深入细致分析及观点少，无结论和建议，整个调研报告的系统性差，以致分析报告的价值不大。只有重点突出，才能使人看后有深刻的印象。

（二）调研报告应紧扣调研目的

调研报告的撰写过程中要紧扣调研目的，切忌面面俱到、事无巨细地进行分析，使读者感到杂乱无章，读后不知所云。一篇调研报告自有它的重点和中心，在对情况全面了解之后经过系统地构思，应能有详有略、抓住主题、深入分析。

（三）文字应简短，尽量使用图表

调研报告撰写过程中所使用的文字应简短中肯，用字避免晦涩，技术性名词要少用，以方便决策者进行阅读和使用。图表具有比文字表达更直观、明显的优势，因此在报告中可考虑适度使用。使用图表时必须认真考虑图表的设计和格式。

（四）正文部分应该有结论和建议

结论和建议是撰写综合分析报告的主要目的。这部分包括对导言和正文部分所提出的主要内容的总结，提出如何利用已证明为有效的措施和解决某一具体问题可供选择的方案和建议。结论和建议与正文部分的论述要紧密对应，不可以提出无证据的结论，也不要进行没有结论性意见的论证。

【课后实训】

设计医药市场调研方案

一、实训目的

通过实训，学生应在了解市场调研基本原理、知识的基础上，根据市场调研的目的设计医药市场调研方案，并根据调研方案设计调研问卷。

二、实训内容

随着非处方药市场走向规范，医药零售市场竞争将进入一个崭新的时期。面对新的市场、新的机遇，众多生产和销售企业在产品研发、市场开拓、营销组合、经营管理等方面将采取何种应对措施？企业需要了解市场上消费者对“五四感冒冲剂”的认知程度，对竞争品牌感冒药的认知和认可度，消费者对各种感冒药的购买状况和对感冒药的价值取向等。

请同学们制订调查方案并有针对性地设计调查问卷。

三、实训要求

（1）对全班进行分组，每组7～8人，确定组长。

（2）在教师指导下，学生以实训小组为单位，共同商议选择每个实训小组的调研目标。

（3）教师安排实训任务，提出实训目标和实训要求，进一步研究本次调研活动的目的。学生以小组为单位进行实际走访、收集二手资料，初步明确所要调查的信息。

（4）实训小组讨论形成市场调研方案。

（5）根据调研方案有针对性地完成问卷设计初稿：问卷主题、问卷结构、问题类型、提问用语、问题排列顺序等。

（6）在教师的指导下，各组交换问卷进行比较和分析，完成问卷修改。通过问卷修改，学生进行对比，发现问卷设计中存在的问题。

（7）确定正式调研问卷。

项目八

医药产品策略

学习目标

1. 知识目标

（1）掌握医药产品的整体概念；产品生命周期的概念；医药产品生命周期各阶段的特点及营销策略；产品组合、产品项目、产品线的含义；产品组合的宽度、长度、深度、相关性的含义；医药产品组合策略的几种类型；新药的含义；产品技术创新的含义及特点；新药研发的几种模式。

（2）熟悉医药产品的分类；新药的分类；新药研发程序。

（3）了解技术创新的作用。

2. 能力目标

运用所学知识为具体项目制定品牌策略和包装策略。

3. 素质目标

培养学生分析问题、解决问题的能力以及团队合作精神。

任务一　医药产品整体概念

【案例启发】

石药集团，中国最重要的原料药生产基地之一，维生素C产销量全球第一，80%出口欧、美、日、澳、东南亚等50多个国家和地区。国际知名饮料品牌可口可乐、七喜等所用的维生素C均由石药集团提供。如果石药集团单纯满足于做最大的原料药供应商，那么其在OTC和大众消费市场，企业品牌和影响力没有建立起来，一旦原料市场出现波动，其发展空间就会受制于人，出现后劲乏力的情况。为了解决这一困扰企业的难题，石药集团充分依赖自己的研发团队和生产维生素C的生产优势，强力推出果维康——维生素C含片。果维康的出现一举打破了传统的维生素C补充剂的固有营销模式，不但为石药集团带了高附加值、高利润的品种，还成功帮助石药集团在快销品种市场和年轻人消费市场产生了深远的品牌效应。一颗小小的含片有哪些深远的意义？医药产品市场可不可以引进产品整体概念？

从现代药学的角度看，医药产品是指用于预防、治疗、诊断人的疾病或提高人群的生活质量，有目的地调节人的生理机能并规定有适应症或者功能主治、用法和用量的物质。现代市场营销学认为，产品是指能够提供给市场以满足人们需要和欲望的任何东西，医药产品是一个整体概念，包含5个层次：核心产品、形式产品、期望产品、附加产品和潜在产品。

一、核心产品

核心产品又称实质产品，即顾客真正所要购买的基本服务和利益。因此，企业的市场营销人员在推销产品的过程中，必须认识到自己是消费者核心利益的提供者，应善于发现顾客购买产品时所追求的核心利益并积极加以引导。例如维生素C是人体必需的基础营养素，2003年非典期间曾被卫生部列为“快速增强免疫力”的药物。新鲜蔬菜水果中的维生素C是指右旋维生素C，化学合成的是左旋维生素C。左旋维生素C活性低、不易吸收，因此果维康从一开始就从吸收入手选用从天热植物中提取的右旋维生素C为原料，以提高客户的吸收率。

二、形式产品

营销者必须将核心产品转变为基础产品，即产品的基本形式。形式产品是企业直接提供给消费者的产品实体，即表现在市场上的产品的具体形态或外在表现形式。因此，企业在设计产品时，既要着眼于用户所追求的核心利益，也要重视产品的外观特色。例如果维康才上市的时候产品包装盒带着浓重的“药味”，纸盒，单一的蓝色和橙色的条块，规矩中没有任何特色，严谨但是缺乏营销。之后在营销学的指导下，果维康被赋予一个形象鲜明的符号——右旋小子，它是由代表维生素C的鲜橙拟人化而成，头部是一个变形“C”字，手持长矛，夸张、动感、活泼而可爱，通过右旋小子的形象让人一下子就记住了果维康右旋维生素C。现在果维康又把原来的盒装丰富成口香糖式的瓶装和桶装，使产品更加人性化、生活化、娱乐化，快速打开了年轻人的消费市场。

三、期望产品

期望产品即购买者购买产品时，通常希望和默认的一组属性、条件。由于维生素C口感酸涩，对肠胃有刺激性，甚至引起恶心、呕吐等不良反应，限制了多数人服用。石药集团采用法国进口的纯天然香料，精心调配成无糖型鲜橙、蓝莓、青苹果、牛奶、薄荷等多个口味系列，清爽可口，健康时尚，不含蔗糖，适合包括糖尿病人在内的4岁以上消费者在各个场合和环境下服用，充分满足了各个消费群体的维生素C补充需求，让客户的体验更好，更适应现代化社会快节奏的生活方式。

四、附加产品

附加产品又称延伸产品，是指顾客购买形式产品和期望产品时，附带获得的各种服务和利益，包括产品说明书、保证、安装、维修、送货、培训等。例如，药品的附加产品有用药咨询、用药指导、免费送货、质量保证、中药的煎药服务等。因此，不同企业提供的同类产品在核心利益和形式产品层次上越来越接近，导致延伸产品在企业市场营销中的重要性日益突出，逐渐成为决定企业竞争能力高低的关键因素。

五、潜在产品

潜在产品即该产品最终可能会实现的全部附加部分和新转换部分。

任务二　医药产品生命周期策略

【案例启发】

有一个保健品是“70”后、“80”后都知道的，那就是昂立一号。这款保健品在央视投放了长达 10 年的广告，当时有很多人都很信任它。上海交通大学生物系蓝先德和他的同事，在 1987 年研制出“昂立一号”，于是上海交通大学昂立生物制品有限公司便成立了。当时昂立一号抓住了多数人的两个痛点：一个是肠胃不好，营养不良；另一个是营养过剩和高血脂。昂立一号在宣传中称可以调节脂肪和含有抗氧化功能，便成功吸引了许多消费者。

并且昂立一号的研发者来自上海交通大学，也得到上海交通大学的认可，有着双重认可的昂立一号很快就在上海市场站稳了阵脚。当时，许多人省吃俭用，就只为了能买上昂立一号。上海交通大学昂立生物制品有限公司也是国内首批的保健品企业。然而好景不常，昂立的保养品业务销售额出现下滑，在 2005 年更是出现亏损。随后不久，风靡一时的“昂立一号”就彻底退出了市场。

产品就像企业的孩子，企业的管理者都希望它能“长命百岁”，为企业带来更多的利润。医药界每年都会推出一系列的新药，但是目前只有拜耳医药的拜阿司匹林历经百年依然充满活力，并不断拓展用户群，丝毫没有出现衰退的迹象。然而为什么国内有的药厂拼尽全力弄出一个新产品，然后费了九牛二虎之力推向市场，希望能够快速截取市场利润、增加市场份额、延长产品生命周期，结果却事与愿违，很快就走完生命旅程呢？为什么产品的生命周期有差异？什么叫产品的生命周期？在产品周期的各阶段，企业又该采取什么样的营销策略呢？

一、产品生命周期的概念

产品生命周期是指产品从试制成功投放市场开始，直到被市场淘汰为止的全过程所经历的时间。典型的产品生命周期一般可分为 4 个阶段，即导入期（介绍期）、成长期、成熟期和衰退期。

二、医药产品生命周期不同阶段的营销策略

（一）导入期（介绍期）的特点与营销策略

导入期是指医药产品试制成功后投入市场的时期，处于向市场推广介绍阶段，故又称产品介绍期。介绍期的特征是产品销量少，促销费用高，制造成本高，销售利润很低甚至为负。根据这一阶段的特点，企业应努力做到：投入市场的产品要有针对性；进入市场的时机要合适；设法把销售力量直接投向最有可能的购买者，使市场尽快接受该产品，以缩短导入期，更快地进入成长期。在产品的导入期，一般可以由产品、分销、价格、促销 4 个基本要素组合成各种不同的市场营销策略。仅将价格高低与促销费用高低结合起来考虑，就有下面 4 种策略：

1. 快速撇脂策略

快速撇脂策略即以高价格、高促销费用推出新产品。实行高价策略可在每单位销售额中获取最大利润，尽快收回投资；高促销费用能够快速建立知名度，占领市场。实施这一策略须具备以下条件：产品有较大的需求潜力；目标顾客求新心理强，急于购买新产品；企业面临潜在竞争者的威胁，需要及早树立品牌形象。一般而言，在产品引入阶段，只要新产品比替代产品有明显的优势，市场对其价格就不会那么敏感。

2. 缓慢撇脂策略

缓慢撇脂策略指以高价格、低促销费用推出新产品，目的是以尽可能低的费用开支求得更多的利润。实施这一策略的条件是：市场规模较小；产品已有一定的知名度；目标顾客愿意支付高价；潜在竞争的威胁不大。

3. 快速渗透策略

快速渗透策略以低价格、高促销费用推出新产品，目的在于先发制人，以最快的速度打入市场，取得尽可能大的市场占有率；然后再随着销量和产量的扩大，使单位成本降低，取得规模效益。实施这一策略的条件是：该产品市场容量相当大；潜在消费者对产品不了解，且对价格十分敏感；潜在竞争较为激烈；产品的单位制造成本可随生产规模和销售量的扩大迅速降低。

4. 缓慢渗透策略

缓慢渗透策略指以低价格、低促销费用推出新产品。低价可扩大销售，低促销费用可降低营销成本，增加利润。这种策略的适用条件是：市场容量很大；市场上该产品的知名度较高；市场对价格十分敏感；存在某些潜在的竞争者，但威胁不大。

（二）成长期阶段的特点与营销策略

新产品经过市场导入期以后，消费者对该产品已经熟悉，消费习惯也已形成，销售量迅

速增长，这种新产品就进入了成长期。进入成长期以后，老顾客重复购买，并且带来了新的顾客，销售量激增，企业利润迅速增长，在这一阶段利润达到高峰。随着销售量的增大，企业生产规模也逐步扩大，产品成本逐步降低，新的竞争者会投入竞争。随着竞争的加剧，新的产品特性开始出现，产品市场开始细分，分销渠道增加。企业为维持市场的继续成长，需要保持或稍微增加促销费用，但由于销量增加，平均促销费用有所下降。针对成长期的特点，企业为维持其市场增长率，延长获取最大利润的时间，可以采取以下几种策略：

（1）改善产品品质。如增加新的功能，改变产品款式，发展新的型号，开发新的用途等。对产品进行改进，可以提高产品的竞争能力，满足顾客更广泛的需求，吸引更多的顾客。

（2）寻找新的细分市场。通过市场细分，找到新的尚未满足的细分市场，根据其需要组织生产，迅速进入这一新的市场。

（3）改变广告宣传的重点。把广告宣传的重心从介绍产品转移到建立产品形象上来，树立产品品牌，维系老顾客，吸引新顾客。

（4）适时降价。在适当的时机，可以采取降价策略，以激发那些对价格比较敏感的消费者产生购买动机和采取购买行动。

（三）成熟期阶段的特点与营销策略

进入成熟期以后，产品的销售量增长缓慢，逐步达到最高峰，然后缓慢下降；产品的销售利润也从成长期的最高点开始下降；市场竞争非常激烈，各种品牌、各种款式的同类产品不断出现。

对成熟期的产品，宜采取主动出击的策略，使成熟期延长，或使产品生命周期出现再循环。为此，可以采取以下 3 种策略：

（1）市场调整。这种策略不是要调整产品本身，而是发现产品的新用途、寻求新的用户或改变推销方式等，以使产品销售量得以扩大。

（2）产品调整。这种策略是通过产品自身的调整来满足顾客的不同需要，吸引有不同需求的顾客。整体产品概念的任何一层次的调整都可视为产品再推出。

（3）市场营销组合调整。即通过对产品、定价、渠道、促销 4 个市场营销组合因素加以综合调整，刺激销售量的回升。常用的方法包括降价、提高促销水平、扩展分销渠道和提高服务质量等。

（四）衰退期阶段的特点与营销策略

衰退期的主要特点是：产品销售量急剧下降；企业从这种产品中获得的利润很低甚至为零；大量的竞争者退出市场；消费者的消费习惯已发生改变等。面对处于衰退期的产品，企业需要进行认真的研究分析，决定采取什么策略，在什么时间退出市场。通常有以下几种策略可供选择：

（1）继续策略。继续沿用过去的策略，仍按照原来的细分市场，使用相同的分销渠道、定价及促销方式，直到这种产品完全退出市场为止。

（2）集中策略。把企业能力和资源集中在最有利的细分市场和分销渠道上，从中获取利润。这样有利于缩短产品退出市场的时间，同时又能为企业创造更多的利润。

（3）收缩策略。抛弃无希望的顾客群体，大幅度降低促销水平，尽量减少促销费用，以增加利润。这样可能导致产品在市场上的衰退加速，但也能从忠实于这种产品的顾客中得到利润。

（4）放弃策略。对于衰退比较迅速的产品，应该当机立断，放弃经营。可以采取完全放弃的形式，如把产品完全转移出去或立即停止生产；也可采取逐步放弃的方式，使其所占用的资源逐步转向其他产品。

根据产品在其生命周期各阶段的特点采取适当的市场营销策略。成长期与成熟期是企业赚取利润最多的阶段，而导入期与衰退期对企业来说有一定的风险性。因此，企业制定策略的总体要求是：缩短导入期，使产品尽快地为消费者所接受；延长成长期，使产品销售尽可能保持增长势头；维持成熟期，使产品尽可能保持高销售额，增加利润收入；推迟衰退期，尽量延缓产品被市场淘汰的时间。

任务三　医药产品组合策略

【案例启发】

某个药企的管理咨询项目对某城市的5个相邻小区，总计3 672人进行测试。

首先，我们选中药企的一款OTC产品（附近药店都有销售）M，其功效是治疗慢性胃病。我们围绕这款产品进行3类产品组合。

（1）M+OTC。

（2）M+保健品。

（3）M+饮食。

由于药企没有保健品，所以我们临时从药店中选了3款保健品（价格不是很高）。针对3个组合进行文字上的详细描述，并把描述的内容制作成图文并茂的胃病宣传手册，附件内容包括日历、老黄历、蔬菜的功效等，目的是让消费者能长期留存，而不是随手抛弃。

手册发放了共计600本（其实总计印制了这些），由于宣传手册上有咨询电话，两个月内接到了共计1 938个咨询电话。咨询电话接听是临时在这个城市设立的呼叫中心，起初1人，后来陆续抽调了5人，中途电话量减少，又陆续减少呼叫中心人数。

发放手册时，一些附近药店和门诊的人员也领取了大约40本，不知道他们为什么感兴趣，后来也没有特意询问和调研。

结果，M药品在这5个小区的药店和门诊内一个月内的销量由原来的4 000元，暴增到5万多元，而组合的OTC产品销量由原来的每月3 000多元，增加到每月9 000多元。

更为令人意外的是，这个城市内 M 药品当月销量除了上面 5 个测试小区，其他地方的销量居然也增加了 60%以上。

临时搭配的保健品也有了明显增幅，我们仅统计了其中 3 个小区的 3 款保健品销量，合并数据后，3 款保健品的增幅分别为 200%、276%、320%，这个数据基本和小区的人口数量成正相关。

尤其是咨询电话，经过数据分析后，发现有 30%并不是来自测试的 5 个小区，而是其他小区。

继续测试：销售人员把文字描述的胃病治疗方案内容简化，形成简易版本的药品组合宣传手册。因为测试对象是药店的店员和门诊人员，所以，一些针对消费者的内容基本删掉。

总结：OTC 药品进行组合对店员或门诊宣传效果是有的，但不如针对消费者宣传效果好。

一、医药产品组合相关概念

（一）产品组合、产品项目、产品线

1. 产品组合

产品组合是指一个企业所生产或经营的全部产品项目和产品线的组合。

2. 产品项目

产品项目是指某特定区域生产的特定商标、种类和型号的产品。通俗地讲，是指产品线中不同型号、规格、号码、大小、价格、外观等产品，即企业产品目录表上列出的每个产品都是一个产品项目。

3. 产品线

产品线也称产品大类、产品系列，是指一组密切相关的产品项目，所谓密切相关，是指这些产品能满足同种需要，或者必须在一起使用，卖给同类消费者，或者经过相同的销售渠道，同属某种价格范畴等。

（二）产品组合的宽度、深度、长度、相关性

1. 产品组合的宽度

产品组合的宽度又称产品组合的广度，是指一个企业有多少产品大类，即企业的产品组合中包含的产品线的数量。产品线越多，说明企业产品组合的宽度越宽，反之亦然。同时，产品组合的宽度也反映一个企业市场服务面的宽窄程度和承担投资风险的能力。

2. 产品组合的深度

产品组合的深度是指一条产品线上所包含的产品项目数量（即产品品种的数量）。一条产

品线中所包含的产品项目越多说明产品组合越深，反之越浅。它反映一个企业在同类细分市场中满足不同需求的程度，用一个企业产品组合的平均数来表示。

3. 产品组合的长度

产品组合的长度是指企业所有产品线中产品项目的总和。

4. 产品组合的相关性

产品组合的相关性也叫产品组合的关联度，是指企业产品组合中各产品线在最终用途、生产条件、分销渠道或者其他方面的相互关联的程度。产品组合的关联度强，可以使企业充分发挥某一方面的优势，提高企业在某一地区或某一行业的声誉。但企业在整个市场上的影响有一定的局限性。

二、医药产品组合策略

医药企业根据市场情况，考虑企业经营目标和企业实力，对产品组合的宽度、深度和关联度实行不同的有机组合，做出最佳决策，称为产品组合策略。常用的产品组合策略有以下几种：

（一）扩大产品组合策略

扩大产品组合策略即扩展宽度和加强深度。扩展宽度是指在原产品组合中增加一个或几个产品线，扩大经营产品范围；加强深度是指在原有产品线内增加新的产品项目。当企业预测现有产品线的销售额和利润额在未来一段时间内有可能下降时，就必须考虑在现行产品组合中增加新的产品线。

（二）缩减产品组合策略

缩减产品组合策略即指减少产品组合的宽度和深度，即从企业现有的产品组合中剔除某些产品线或产品项目，保留优势产品线或产品项目。当市场不景气或原料、能源供应紧张时，缩减产品组合反而能使总利润上升。

（三）产品线延伸策略

产品线延伸策略的具体做法有向下延伸、向上延伸和双向延伸 3 种。

（四）产品线现代化

产品线现代化是指对产品线实行现代化改造，把现代化科学技术应用到生产过程中去。

任务四　医药新产品开发

【案例启发】

2015 年 7 月 22 日，国务院明确指出加快仿制药一致性评价后，药物生产企业也加大了药品制剂工艺的研发，以便达到与原研药药效一致的要求。

某药企在某品种上进行完小试，结果不错。决策者突然拍脑袋认为，中试完还要放大，中试就是费时、费钱、费时间，跳过中试，直接进行放大，结果失败了多次，浪费了更多的时间和资金。

类似的故事还在以不同的形式不断发生，一致性评价的生物等效性试验（BE），一般都是先做完预 BE 试验，再进行正式 BE 试验。

有的企业认为直接在预 BE 基础上加上一定的例数，直接做正式 BE 试验，多花不了多少钱，又可以节约时间——但实际情况可能是在药物剂型自身特性基础上大大增加了风险，因为预实验还可能获得受试者个体差异、饮食影响等综合信息，用来合理地设计正式试验，科学地规避相关风险。

一、医药新产品的界定

（一）医药新产品的概念

医药新产品是指未曾在中国境内上市销售的医药产品。新药申请，是指未曾在中国境内上市销售药品的注册申请，已上市药品改变剂型、改变给药途径、增加新适应症的按照新药申请管理。

（二）医药新产品的类型

（1）按药品审批管理的要求，可分为中药、西药、生物制品。

（2）根据医药新产品特点的不同，把新产品分为 4 种类型：① 全新产品，是指用新原理、新技术、新材料制成的前所未有的新产品；② 换代新产品，主要是指在原有产品的基础上采用或部分采用新原理、新材料、新结构、新技术，使原有产品性能有重大提高的新产品；③ 改进新产品，是指对原有产品的品质特点、型号、口感、包装、品牌等做一定的改进，使之在性能、结构上有新的特点，或用途上有所扩大，而产生出来的新产品；④ 仿制新产品，是指企业合法地仿制国内外市场上已有的产品，在一定区域范围内它属于新产品。

二、技术创新的概念和作用

（一）技术创新的概念及特点

技术创新是指企业为了适应技术进步和市场竞争的变化，应用创新的知识和新技术、新工艺，采用新的生产方式和经营管理模式，提高产品质量，开发生产新的产品，提供新的服务，占据市场并实现市场价值的过程。其特点是高风险、高回报、创造性或先进性、信息化、多学科性。

（二）技术创新的作用

1. 技术创新有助于经济增长

科学技术是第一生产力，创新是一个民族进步的灵魂，是国家兴旺发达的不竭动力。这两个论断深刻揭示了创新的本质和重要性。可以毫不夸张地讲，技术创新是人类财富之源，是经济增长的根本动力。德国经济学家德里希·李斯特在 100 年前曾有过一句名言："一个国家可能很穷，但它若是有创造财富的生产力，它的日子就会越过越富裕；财富的生产比财富本身不知道要重要多少倍。"第二次世界大战后日本经济的迅速崛起充分证实了他的这一断言。不仅日本如此，回顾世界各国尤其是发达国家的发展史乃至发展中国家的发展历程，各国的实践均证明了技术创新是人类创造财富和积累财富的根本所在。

2. 技术创新有助于提高企业经济效益

发达国家经济和社会发展经验表明：技术创新是企业的生命力。不创新，企业就不能生存，不持续创新，企业就难以发展。不创新就灭亡，对于企业来说是一条难以改变的规律。

改革开放 40 年来，我国的经济发展迅速，综合国力得到极大增强。但企业尤其是国有大中型企业经济效益始终不高，成为政府力求解决的一个难题，然而见效甚微。其中有一关键问题就是，企业没有充分利用技术创新来改善产品结构，提高产品附加值，提高产品质量，以适应市场的需求。

3. 技术创新有助于提高企业竞争力

在市场经济的大潮中，每个企业都面临着竞争的巨大压力。如何在竞争中取胜，成为企业生存下去的关键。

企业之间的竞争可以分为两大类型：一种是建立成本优势，进行价格竞争。其核心思想是以低成本取得竞争优势。价格竞争战略的思路是通过技术创新，或是降低生产过程的耗费，或是获取更低廉的原料来源，或是开辟更为合理的销售渠道，以此降低产品制造成本，占有较大的市场份额，从而掌握产品销售价格的主动权，把大多数竞争对手逐出共同的市场。另一种是差异化竞争，即通过创造与众不同的产品来博得消费者的青睐，吸引消费者的购买力，从而取得市场竞争优势。产品的差异性体现在技术特征、功能特征、产品质量、品牌形象等方面。

对企业来讲，产品的差异化即意味着不断进行技术创新，推出改进型和创新型产品，适应越来越细化的市场需求。现代企业制度体现的是企业资源配置的高效性，而这种高效率能否充分发挥，主要依靠技术创新。技术创新是要结合企业的改革，在企业中加快建立技术开发中心，组织重点产品的研制开发和引进技术的消化吸收，进一步推动产学研结合，培育和扶持一批拥有自主知识产权和市场前景的高新技术产品。

因此，技术创新是经济增长和企业创造财富的关键，是符合全球经济发展趋势的，也是企业获得持续竞争优势的主要源泉。未来成功的企业，属于那些深刻理解、关注并积极参与技术创新活动的企业，属于那些能够进行良好的技术创新管理的企业。

三、新药研发模式

新药研发主要采用以下几种模式：自主研发模式、专利授权模式（即技术引进模式）、自主研发与技术引进相结合模式、并购模式、合作模式、外包模式。

四、新药研发程序

一个新药的产生需要依次经历以下几个阶段：新药构思，新药过滤筛选，形成概念，综合分析，新产品研制，新药注册与审批，市场试销，试销两年后根据药品的三期、四期临床试验结果授予新药证书和正式的批文。

五、提升我国新药研发水平的策略

（1）加强人才培养，引进尖端人才加强国内医药人才培养，提升研发环境水平，减少人才流失。同时，引进海外有研发经验的科技人才，迅速提高企业的新药研发实力，创建良好的组织环境，积极发挥科学家的作用，鼓励研发人员对外交流学习，积极主动与国际跨国公司和研发机构开展合作，提高我国医药企业的整合能力。

（2）改变现有创新研发模式：一方面，加强创仿并举，提高仿制水平，移植新药成果，更新仪器设备，掌握新技术、新方法，加快建设一批标准化实验室，严格按照 GLP 规范（Good Laboratory Practice，良好实验室规范）进行临床前研究，做到创仿并举，仿中有创，仿创结合，由仿到创，尽快转向以创为主的创新型新药研发的方向上来；另一方面，加强企业与高校科研机构合作，高校科研机构的技术平台用于大量的专业技术型人才，且学科融合度高，能够更好地完成药品研发工作，但是高校的科研机构也面临研发经费不足、仪器设备需要及时更新换代等问题，与企业合作能极大地弥补这一系列的不足，还能够及时将研发成果转化为经济成果，产生经济效益。

任务五　医药产品包装策略

【案例启发】

美国婴幼儿必备药品 Little Remedies 滴鼻剂，凭借着出色的疗效和成功的包装，迅速占领了婴幼儿滴鼻剂市场。从其包装文字的字体选择中就可以看出 Little Noses by Little Remedy 是专门为儿童和婴儿准备的。使用的语言非常可爱，几乎是“儿童”用语。婴儿的插图也明确表明了它是为幼儿设计的。

而且这款包装设计的伟大之处在于，它向家长们说明了它的确切用途，同时又不显得太过商业化，就连包装的配色也非常友好。

从案例中就能看出，设计在药品、保健品包装盒中是非常重要的。不仅仅需要在货架上脱颖而出，还应当与目标客户建立情感联系。

一、包装的作用

随着商品经济的发展，市场竞争日趋激烈，同类产品竞相销售，使包装对生产制造商、中间商及消费者有着重要的作用。包装的作用主要有以下几个方面：

（一）保护医药产品

保护功能是包装最基本的功能，即使医药产品不受各种外力的损坏，一件医药产品，要经多次流通，才能走进医院或者药店，最终到达消费者手中。这期间，需要经过装卸、运输、库存、陈列、销售等环节。在储运过程中，很多外因，如撞击、潮湿、光照、气体、细菌等因素，都会威胁医药产品的安全。因此，包装设计师在开始设计之前，首先要想到包装的结构与材料，保证医药产品在流在流通过程中的安全。

（二）提高储运效率

药品包装有利于对药品进行运输，在药品流通的过程中，成盒的药品方便装卸。另外，药品包装还方便计数，药品从生产到销售会经历较多的环节，在转运的过程中容易出现盗窃丢失问题，而药品包装后可以很好地对其数量进行统计，可以及时发现失窃问题。

（三）美化产品，促进销售

药品包装还具有美化商品的作用，可以吸引较多的顾客，以提高药品的销量。对于同种药品，顾客在选择的过程中，如果没有明确的目标，会考虑药品外包装的美观性，所以，药品包装具有较强的商业价值，提高药品包装的质量，可以更好地吸引顾客的目光。

（四）指导消费、便于使用

好的药品包装可以指导消费者使用，如一般的儿童颗粒剂都是一盒 9 袋，每日三次，一次一袋，服用完一盒后症状没有好转应及时就医。

（五）增加企业利润

不同价格的药品有着不同的包装，药品包装可以提高药品的销售价格，所以，药品包装是企业提高收益的一种有效方式。

二、医药产品包装的设计原则

（1）应准确传递药品信息；

（2）应与药品的价格相适应；

（3）应与药品的性质相吻合；

（4）应具有实用性；

（5）应考虑目标市场的需求；

（6）应符合相关的法律法规。

三、医药产品包装策略

（一）类似包装策略

类似包装策略，又称包装的标准化，指企业对自己生产的系列产品采用统一的包装模式，即在产品包装的图案、颜色、造型和标记等方面具有本企业特色的类似或一致的特征，使人一见就知道是某家企业的系列产品。

（二）系列包装策略

系列包装策略，又称配套包装策略，即按照消费者的消费习惯，将若干用途相关联的产品放在同一个包装内。

（三）附赠品包装策略

附赠品包装策略，是指在商品包装内或包装上附些实物或奖券（如折价券、积分券、抽奖券、样品券等），或产品包装本身就可以用来兑换奖品，以吸引消费者购买本企业的产品，促进重复购买。如某些冲剂药品袋子内附赠药匙或杯子。

（四）再使用包装策略

再使用包装策略指包装内的产品使用完后，包装物还有其他用途。

（五）改变包装与分装策略

改变包装策略是指采用新的包装设计、包装技术、包装材料，更新或放弃原有的产品包装。常用的做法有以下几种：① 当销售不畅时，企业可以改变包装，使顾客对其产生新鲜感，重新对这种产品产生兴趣。② 当企业的产品要提价时，可以改变包装，使消费者认为该产品在质量上做了改进，从而愿意接受较高价格。③ 当企业打算提价时，可以改变产品的包装，同时减少产品的分量，但是价格仍然不变，这样做可以减少企业提价的阻力。

分装策略是指将产品原来的大包装分为小包装。中间商通常是大包装低价买进，然后分成小包装高价卖出。

任务六　医药产品品牌策略

【案例启发】

鹰牌花旗参是最早使西洋参在保质、原味、有效的同时方便化的品牌，在中国洋参产业，鹰牌的地位非同一般。1979 年鹰牌花旗参由健康药业引入中国，成为国内花旗参市场的拓荒者与引导者。在中国市场，鹰牌一直坚持高档路线，在同等洋参产品中质量最好，价格也最贵，比同类竞争品高出 1/3 左右。这条路线在中国稳稳当当地走了 20 年，1998 年开始下行，鹰牌成了折翼之鹰，后来被深圳太太药业（现已更名为健康元药业集团）收入旗下。

思考： 鹰牌的盛极而衰，其品牌战略和路线是否有问题？企业应当如何根据市场的发展变化的产品定位确立和调整自己的品牌战略？

一、品牌的概念

（一）品牌及相关概念

品牌（brand）是一种名称、术语、设计、符号，或其他能将一个企业的产品或服务与竞争者的产品或服务区分开来的特征。

品牌名称是能够发声地说出的那部分品牌内容，通常是一种产品唯一用以区分的特征。

品牌标志是指品牌中可以被认识，但不能用语言称呼的部分。品牌标志通常为某种符号、象征图案、与众不同的颜色以及其他特殊设计等。

（二）品牌的内涵

1. 属　性

属性指品牌所代表的产品或企业的品质内涵，它可能代表着某种质量、功能、工艺、服务、效率或位置。

2. 利　益

从消费者的角度看，他们并不是对品牌属性的简单接受，而是从自身的角度去理解各种属性为自身所带来的利益，所以品牌在消费者的心目中往往是不同程度的利益象征，消费者会以品牌所代表的利益大小来对品牌做出评价。因此，顾客不是购买属性，而是购买利益。属性需要转化为功能性或情感性的利益。

3. 价　值

品牌会因其所代表的产品或企业的品质和声誉而形成不同的等级层次，从而在顾客心目中形成不同的价值。同时它也体现了企业在产品设计和推广中的某种特定的价值观。因此，品牌的营销人员必须能够分辨出对这些价值感兴趣的消费者群体，并有针对性地进行宣传推广。

4. 个　性

好的品牌应具有鲜明的个性特征，它不仅在表现形式上能使人们感到独一无二，新颖突出，而且会使人们联想到某种具有鲜明个性特征的人或物，这样才能使品牌产生有效的识别功能。

5. 用户（角色感）

品牌还体现了一定的角色感，因为它往往会是某些特定的顾客群体所喜欢和选择的，从而使某些品牌成为某些特定顾客群体的角色象征。群体之外的人使用该品牌的产品会让人感到惊讶。这也就是使用者同品牌所代表的价值、文化与个性之间的适应性。

6. 文　化

品牌也代表着一种文化。品牌是一种文化的载体，其所选用的符号本身是一种显在文化，它可使人们产生同其文化背景相应的各种联想，从而决定其取舍。品牌所代表的产品或企业本身所具有的文化特征也会在品牌中体现出来，被人们所理解和认同，这是品牌的隐含文化。

（三）品牌的作用

（1）品牌代表产品的特色和质量特征。对于任何一个企业而言，产品质量的好坏能决定该企业在本行业中的重要地位。对于药企也同样如此。所谓的好的药品，不仅仅是要有好的治疗效果，更要安全和可靠。但是药品的质量和效果，是一个很虚幻的概念，药企可以通过品牌的效应，去扩大宣传药品的质量和效果。但一个企业的产品效果推广出去，达到一定的知名度，那么品牌效应的重要性就能显现出来。

（2）品牌有助于监督和提高企业的产品质量。

（3）品牌有助于促进企业产品销售，形成品牌偏好，建立品牌忠诚。一旦在消费者心目中形成这一品牌能够满足他们需求的信念，这种信念就能支持他们继续购买该品牌的产品，长期给企业创造利润。

（4）品牌具有保价功能，有利于企业控制和扩大市场。例如广为人知的三九品牌，在其拳头产品三九胃泰确立了胃药霸主地位后，三九品牌成为全国驰名商标，随后厂商相继推出了三九皮炎平软膏、三九感冒灵、三九库克小儿速效感冒颗粒、三九双黄连等药品。由于“三九”的品牌效应，这几种药迅速得到消费者的认可，取得了不俗的市场业绩。

（5）品牌有利于企业新产品的开发。

（6）品牌经注册后有利于法律保护。

（7）品牌是企业重要的无形资产。

（8）名牌商标有助于提高企业形象，增强企业的竞争力。

二、医药产品品牌设计原则

医药产品品牌设计应遵循医药产品的一些特殊原则和产品品牌设计的一般性原则，主要有以下几个方面：

（1）简单醒目，便于记忆。

（2）新颖别致，易于识别。

（3）容易发音，利于通用。

（4）暗示产品的某种性能和用途。

（5）适应地域文化，易于接受。

（6）符合国内、国际和目标国的商标法的规定。

三、医药产品品牌策略

（一）品牌化策略，即有品牌或无品牌策略

1. 有品牌策略

市场中的大部分企业会选择有品牌经营，这样企业就要对自己的产品负责，消费者就可以根据对品牌的认识去选择产品购买。品牌是企业对消费者的一种承诺，要想让自己的产品在消费者心里形成概念，就要认真经营品牌，为品牌赋予多重内涵。这个过程既艰苦又漫长，但成功后企业会因此收获良多,对任何一个有长远经营目标的企业来说都是一个必要的选择。

2. 无品牌策略

企业可以选择自己的产品是否使用品牌。有些企业的产品不具有排他性，在市场巨大、生产者众多且处于自由竞争的情况下，有无品牌并不会对产品的销售产生多大影响，这些企业就没有采用品牌经营的策略，而是以大量生产为目标，在市场经济不发达的时代，大部分企业就处于这种情况下生产经营。就珠宝行业而言，无品牌策略的经营企业多数为没有技术优势的中小企业，代人加工产品，也没有长远的营销策略，使用品牌会增加经营管理的成本，就会采用这样的策略，毕竟创建品牌的过程要付出大量的人力和物力成本。

（二）采用制造商或中间商品牌策略

1. 制造商品牌策略

制造商品牌在生活中比较常见，如家用电器、汽车等，制造商品牌产品由品牌拥有企业研发、设计、生产、营销、服务。近年来受世界经济一体化影响，很多企业除了核心技术外，大部分由专业生产企业代加工，品牌拥有企业不负责研发、设计和营销的部分。这种形式，称为自主品牌，即企业自主开发，拥有自主知识产权的品牌。

2. 中间商品牌

中间商品牌的使用者基本上是实力雄厚的大型批发商，零售商或一些专门从事代销的大型经贸公司等。某些生产企业由于品牌知名度低、产品没有多少技术含量，靠自己的品牌难以在市场上立足，这些企业生产的产品放在市场中不会引起消费者的注意，即使使用自己的品牌，也不会获得较多的经济利润，企业为了生存，与大型经销商签订协议，生产的产品贴上经销商的牌子，利用经销商的知名度使产品获得消费者的信任。

（三）统一品牌策略

1. 优　点

（1）采用统一品牌策略，可以建立企业的品牌信誉，显示企业实力，树立企业形象，易于带动企业新药品的推广，有利于解除顾客对新产品的不信任感，使新产品能较快地打开销路。

（2）采用统一品牌策略可以利用各种媒体，集中宣传一个品牌形象，大大节约广告费，而且可以利用统一品牌建立广告传播体系，使用户具有强烈和深刻的印象，有利于强化企业形象和产品形象。

2. 缺　点

使用统一品牌的任何一种药品质量发生问题，都会使企业的其他药品蒙受损失，影响企业的信誉，城门失火，殃及池鱼。如果各类产品的质量参差不齐，使用统一品牌就会影响品牌信誉，特别是有损于较高质量产品的信誉。因此，在使用统一品牌策略时，企业必须对所有产品的质量严加控制。

（四）个别品牌策略

个别品牌策略，是指一个企业的各种药品分别采用不同的品牌，主要有两种形式：药品分别命名或各类药品分别命名。

（五）扩展品牌策略

扩展品牌策略，就是企业用一个现有的品牌名称作为其改良药品或新药品品牌的一部分，而这些升级药品或新药品恰好又同现有品牌是同一类的药品。如 McNeil 消费品公司生产泰诺林和超强泰诺林，公司还引进了超强泰诺林 P.M，从而扩展了泰诺林品牌。

（六）多品牌策略

多品牌策略，即在一种产品上运用两个或更多的品牌。

1. 优 点

（1）利用顾客对包含其中的品牌的信任，使企业在不同的细分市场上获利，满足不同消费者的需求，占据较大的市场份额。

（2）使企业在市场占领更多的分销商货架，从而减少竞争者，并使企业建立侧翼品牌以保护其主要品牌。

（3）真正忠诚于一个品牌而且在任何情况下都不会试用其他品牌的顾客是极其少的。大多数顾客都是品牌转换者，他们对减价（即使只减分毫）、赠送赠品以及宣传等都会做出反应。企业必须提供新品牌，才能赢得这些顾客，扩大销售，从而提高企业的市场占有率。

（4）在企业内部具有激励和促进作用，品牌之间相互竞争，促进共同提高。

2. 缺 点

每个品牌仅占有很小一部分的市场份额，甚至可能毫无利润。企业把资源分配于过多的品牌，而不是为获取高利润水平的少数品牌服务的。理想的方法是，一个企业的品牌应蚕食竞争者的品牌而不是自相残杀。至少运用此策略获取的净利润大于同类相残后的损失。

（七）品牌再定位策略

品牌再定位又称新品牌策略，是指顾客的偏好发生转移，或竞争者推出某一新品牌，使该产品市场份额下降等原因，使市场对该产品的需求情况发生了变化，企业全部或局部调整品牌在市场上的最初定位。品牌再定位可以使现有产品具有与竞争者产品不同的特点，拉开与竞争者的距离，提高本企业的竞争优势。

（八）品牌特许策略

品牌特许是指通过特许协议，企业允许其他机构把自己的品牌用于其他机构的产品中，并收取一定的特许费用。特许接受方需要承担所有的生产、销售和广告责任，如果被特许的产品失败了，特许接受方还得承担所花费的成本。

综上所述，品牌是企业营销手段的一项重要内容，创建名优品牌更是企业所希望、所追求的目标之一。品牌策略的运用取决于企业生产的产品数量和它的产品线、目标市场的特点、竞争对手的产品状况和企业的资源大小。企业要创立一个品牌，必须在了解消费者需求的基础上，结合企业实际情况不断开发具有个性特色的高质量产品，并通过各种途径加强宣传，以提高其知名度，进而提高市场占有率。

【课后实训】

制定A牌深海鱼油的销售策略

一、实训目的

熟悉医药产品的整体概念；产品生命周期的概念；医药产品生命周期各阶段的特点及营销策略；产品组合、产品项目、产品线的含义；产品组合的宽度、长度、深度、相关性的含义；医药产品组合策略的几种类型。

二、实训内容

给A牌深海鱼油制定销售策略。

三、实训要求

（1）对深海鱼油市场进行调查，分析A牌深海鱼油的优势和劣势。

（2）确立消费目标人群和品牌定位。

（3）针对性设计品牌Logo。

（4）进一步根据消费目标人群将A牌深海鱼油的产品进行细分，推出各种包装。

项目九

医药产品价格策略

学习目标

1. 知识目标

（1）掌握价格及相关概念，医药产品定价的基本方法和定价策略。

（2）熟悉定价程序及影响医药产品定价的因素。

（3）医药企业的价格变动与调整。

2. 能力目标

能运用定价的方法和策略分析、制定医药产品的价格；能运用定价的方法进行医药产品价格的计算。

3. 素质目标

培养学生分析问题、解决问题的能力以及团队合作精神。

任务一　理解医药产品价格的内涵

【案例启发】

一个成分为复方氨酚烷胺片感冒药生产企业为了获得高额的市场回报，采取了撇脂定价策略，零售价格定在 9.8 元，这在感冒药市场属于中等偏上水平。但是该企业是一个小企业，产品品牌更是默默无闻，所以产品上市 2 年来一直处于尴尬的地位。企业所委托的策划机构在深入调查市场后发现，患者购买感冒药品的平均支出为 8 元，所以他们定位 9.8 元高于患者的期望价值，价格成为阻碍产品销售的关键。

但是由于缺乏品牌推动力，单纯的降价并不一定能够带来销量额的增加。策划机构研究发现，患者购买感冒治疗产品，并不是单纯购买治疗感冒类的药物，82%都会选择购买消炎药物来消除感冒引发的嗓子发炎、咳嗽等症状，因此，患者在治疗感冒方面的总支出在 18 元左右。

所以，策划机构建议采取捆绑促销，即购买此复方氨酚烷胺片，只需加 1 毛钱就可以获得价值为 5 元的消炎药。这样不但提升了产品的价值，提高了组合产品的性价比，更在促销中将企业的感冒药和消炎药顺利推向患者，达到一箭双雕的效果。

思考： 医药产品的价格由什么决定？

一、医药产品价格的内涵

医药产品价格是医药产品价值的货币表现。但医药产品价格并不是绝对地等于医药产品的价值，而是在产品价值的基础上波动起伏。因此，准确地说，产品价格应该是产品价值的近似反映。

二、影响医药企业定价的因素

影响医药企业定价的因素很多，有企业内部因素，也有企业外部因素；有主观因素，也有客观因素。概括起来有定价目标、成本费用、市场需求、竞争状况和政策法规等 5 个方面的因素。

（一）定价目标

定价目标是指医药企业通过制定一定水平的价格，所要达到的预期目的。定价目标一般可分为利润目标、销售额目标、市场占有率目标和稳定价格目标。

由于资源的约束，企业规模和管理方法的差异，医药企业可能从不同的角度选择定价目标。医药企业应根据自身的性质和特点，权衡各种定价目标的利弊，灵活确定定价目标。

1. 利润目标

利润目标是医药企业定价目标的重要组成部分，获取利润是医药企业生存和发展的必要条件，是医药企业经营的直接动力和最终目的。因此，利润目标为大多数医药企业所采用。由于医药企业的经营理念与营销总目标不同，这一目标在实际中有两种形式：

（1）以追求最大利润为目标。

最大利润有长期和短期之分，还有单一产品最大利润和企业全部产品综合最大利润之别。一般而言，医药企业追求的应该是长期的、全部产品的综合最大利润，这样企业就可以取得较大的市场竞争优势，占领和扩大更多的市场份额，拥有更好的发展前景。当然，对于一些中小型医药企业、产品生命周期较短的企业、产品在市场上供不应求的企业等，也可以谋求短期最大利润。

（2）以获取适度利润为目标。

以获取适度利润为目标是指医药企业在补偿社会平均成本的基础上，适当地加上一定量的利润作为药品价格，以获取正常情况下合理利润的一种定价目标。采用适度利润目标主要基于以下两种原因：一是使产品价格不会显得太高，阻止激烈的市场竞争；二是为了协调投资者和消费者的关系，树立良好的企业形象。近几年，平价药店为了与普通药店竞争，采取的即是此策略。

以适度利润为目标确定的价格不仅使企业可以避免不必要的竞争，还能获得长期利润，而且由于价格适中，消费者愿意接受，还符合政府的价格指导方针，因此这是一种兼顾企业利益和社会利益的定价目标。适度利润的实现，必须充分考虑产销量、投资成本、竞争格局和市场接受程度等因素。

2. 销售收入目标

销售收入目标的定价目标是在保证一定利润水平的前提下，谋求销售收入的最大化。销售收入是衡量企业绩效的重要尺度，因为销售收入反映了顾客对企业产品的认可程度、企业在市场上的竞争地位和企业的经营规模。因此，销售收入最大化是一种常见的定价目标。某种医药产品在一定时期、一定市场状况下的销售收入由该产品的销售量和价格共同决定。因此，销售收入的最大化既不等于销量最大，也不等于价格最高。对于需求价格弹性较大的医药产品，降低价格而导致的损失可以由销量的增加而得到补偿，因此企业可采用薄利多销策略，保证在总利润不低于企业最低利润的条件下，尽量降低价格，促进销售，扩大盈利。反之，若有些医药产品的需求价格弹性较小时，而提价则使销售额增加，企业应该采用高价、厚利、限销的策略。

3. 市场占有率目标

市场占有率，又称市场份额，是指某医药企业的某产品在某市场上的销量占同类产品在该市场销售总量的比重。市场占有率是企业经营状况和企业产品竞争力的直接反映。作为定价目标，市场占有率与利润的相关性很强，从长期来看，较高的市场占有率必然带来高利润。因此，以市场占有率为定价目标具有获取长期较好利润的可能性。当然，企业也不可盲目追求高市场占有率，其结果可能适得其反。另外，采用市场占有率目标还要注意“反垄断法”等法规。

市场占有率目标在运用时存在着保持和扩大两个互相递进的层次。保持市场占有率定价目标的特征是根据竞争对手的价格水平不断调整价格，以保证足够的竞争优势，防止竞争对手占有自己的市场份额。扩大市场占有率定价目标是从竞争对手那里夺取市场份额，以达到扩大企业销售市场乃至控制整个市场的目的。

【知识链接】

美国市场营销战略影响利润系统的分析指出：当市场占有率在10%以下时，投资收益率大约为8%；市场占有率在10%～20%时，投资收益率在14%以上；市场占有率在20%～30%时，投资收益率约为22%；市场占有率在30%～40%时，投资收益率约为24%；市场占有率在40%以上时，投资收益率约为29%。

4. 稳定价格目标

稳定的价格通常是大多数企业获得一定目标收益的必要条件，市场价格越稳定，经营风险也就越小。稳定价格目标的实质即是通过本企业产品的定价来左右整个市场价格，避免不必要的价格波动。按此目标定价，可以使市场价格在一个较长的时期内相对稳定，减少企业之间因价格竞争而发生的损失。

为达到稳定价格的目的，通常情况下是由那些拥有较高的市场占有率、经营实力较强或具有竞争力和影响力的领导者先制定一个价格，其他企业的价格则与之保持一定的比例关系。对大企业来说，这是一种稳妥的价格保护政策；对中本企业来说，由于大企业不愿意随便改变价格，竞争性减弱，其利润也可以得到保障。稳定价格目标是寡头垄断市场上企业通常采用的一种定价目标。

（二）成本费用

成本费用是医药产品价格构成中的基本费用，无论是医药产品的生产企业，还是批发、零售企业，其制定的价格都要包含并且高于成本费用才能营利，否则会亏损。按照构成要素划分，成本费用分为：制造成本、期间费用和国家税金。

1. 制造成本

制造成本即生产成本，是指生产一定数量的某种医药产品所耗费的物质资料的货币表现和支付给劳动者的工资。具体内容包括 4 个方面：① 原料、辅料、包装材料、燃料消耗费用的支出；② 生产工人和管理人员的工资支出；③ 企业厂房和机械设备等固定资产的折旧；④ 其他直接支出。制造成本是制定医药产品价格最主要、最基本的要素，也是制定医药产品价格的最低经济界限。

2. 期间费用

期间费用又称流通费用，是指医药产品从生产领域到消费领域转移过程中所发生的劳动耗费的货币表现。它包括企业的销售费用、财务费用（如利息）和管理费用。其中，销售费用对医药产品价格的影响最大，控制医药产品销售费用在销售价格中的比重，对于医药市场的健康发展有着重要的意义。

3. 国家税金

税金是通过国家税法的形式，按规定的税率进行征收而取得财政收入的主要方式。它具有强制性和无偿性的特征。国家通过税法，在实现医药产品价值的过程中，预先把一部分社会纯收入转为国家财政收入，有利于国家有计划地安排各种开支。

我国现行税法规定了企业应缴纳的税种。税种按其与医药产品价的关系，可分为价外税和价内税。价外税（如所得税）是直接由企业利润来负担的，企业不能把这些税金再加入医药产品价格中转嫁给消费者；价内税（既增值税），可以加入医药产品价格中，随医药产品出售而转嫁出去。税率的高低直接影响医药产品价格的高低，因此，税金也是构成医药产品价格的重要因素。

制造成本加上期间费用和国家税金等于完全成本，即真正意义上的成本费用。在成本费用中，不随医药产品种类及数量的变化而变动的成本叫固定成本，如厂房、机器、设备的折旧、市场调研费、医药产品开发费等；随医药产品种类和数量的变化而变动的成本叫变动成本，如原材料、燃料、储运费用、销售提成等。

在医药产品流通过程中，不同的医药企业的成本费用中还包括流通环节医药企业在销售中的利润，如：药品批发企业的成本费用中要在药品生产企业出厂价的基础上加入进销差价；药品零售企业的成本费用中要在药品批发价的基础上加上批零差价才是消费者手中的药品零售价。

（三）市场需求

市场需求对于企业的定价有着重要的影响：一是供求情况，当供大于求时，价格应高一些；当供不应求时，价格应低一些。所以，医药企业定价时必须考察其产品的市场供求状况。二是需求价格弹性，指需求量对价格变动的反映程度，是需求量变动的百分比与价格变动的百分比的比值，用公式表示如下：

需求的价格弹性 = 需求量变动的百分比/价格变动的百分比

由于价格变化和需求量变化的方向是相反的，因而需求的价格弹性系数是一个负数，所以在利用系数来分析时用绝对值来表示。根据需求规律，在其他条件不变的情况下，价格的增减会引起需求量的减少或增加，但不同种类的医药商品价格的变动对需求量的影响程度是不同的。

需求的价格弹性>1 的药品，价格弹性强，价格稍有变化，需求量会发生很大变化，需求量对价格的变动非常敏感。

需求的价格弹性<1 的药品，价格弹性弱，即价格的较大变化只会使需求量发生较小的变化，需求量对价格的变动不敏感。

需求的价格弹性 = 1 的药品，价格变动的幅度与需求量变动的幅度完全相同。

基于上述情况，企业在给某种药品定价时，必须考虑该种药品的需求价格弹性属于哪种类型。一般来说，对于需求价格弹性强的药品采用价格降低的方法是有利的。薄利多销，可使销售总收入增加，争取更多利润。而对于需求价格弹性弱的药品，较高的定价是有利的。对于需求价格弹性一般的药品，选择平均价格，同时可将其他市场营销措施作为提高利润率的主要手段。

（四）竞争状况

如果说产品成本是价格的下限，市场需求是价格的上限，那么具体的价格水平则可能由竞争者同类产品的价格决定。竞争者的定价行为依据不同的市场结构中竞争的激烈程度和竞争优势的变化而不同。根据市场上企业的数量和大小、产品的差异化程度以及新企业进入市场的可能性等特征，市场可分为完全竞争、垄断竞争、寡头竞争和完全垄断 4 种结构。市场结构不同，企业定价方式也不同。

在完全竞争市场条件下，存在着许多买方和卖方，所有卖方都生产同质商品，且每个卖方的商品供给量都只占市场供给总量的极小份额，任何一个卖方和买方都不能单独左右该种商品的市场价格，都只是价格的接受者。在完全竞争市场上企业不能抬高商品的价格，否则，它的商品就卖不出去。降低价格也没有必要，因为按通行的市场价格可以卖出自己的商品。因此，卖方只能按照市场供求关系决定的市场价格来出售商品。

在垄断竞争的市场条件下，存在许多卖方，各企业之间提供的产品及服务存在着差异性，但同时产品之间又可以相互替代，存在着竞争。定价的主动权在企业，企业可以根据产品的差异化程度和竞争者的价格制定适当的价格。产品差异化程度和竞争优势明显的企业，其价格可以高于其他竞争者。

在寡头垄断的市场条件下，一个行业中只有几家大卖家，他们所生产和销售的产品在该行业中占很大比重，各企业相互依存，相互制约，定价时应充分考虑竞争者的反应。产品的价格不是通过实质供求决定，而是通过企业之间的协议和默契来决定的，任何一个企业都不会轻易调价。该行业中的中小企业只能服从寡头的价格。

在完全垄断的市场条件下，在一个行业中某种产品的生产和经营完全由一个卖方独家控制，且这种产品的专业性强、无替代品，它可以在国家法律和政策允许的范围内自由定价。

（五）政策法规

国家药品价格政策无疑是医药企业制定药品价格时必须严格遵守和认真履行的。我国采取政府定价和市场调节相结合的药品价格政策，目的是抑制药价过度虚高，减少社会药费负担，同时又保证企业合理营利，促进医药行业健康发展。

随着我国医药卫生体制改革的不断深化，由政府直接定价的药品范围、品种会根据社会经济的变化不断调整并减少，由医药企业自主定价的范围与品种也在逐渐扩大，政府更多的是加强其他宏观监管手段。医药企业应不断学习与研究国家不同时期的药品价格政策，使自己的定价行为符合政策要求。

在影响医药产品定价的因素中，医药产品成本、医药企业定价目标和医药企业营销组合中的其他要素，统称为内部因素；国家政策法规、市场需求、市场竞争和消费者心理等因素，统称为外部因素。各因素之间是相互联系、相互制约的，当其中任何一个因素发生变化时，常常会影响其他因素。

三、医药产品定价程序

医药企业为保证实现企业的营利目标，要严格制定合理的产品价格，因此，掌握定价的一般程序十分重要。定价程序包括以下 6 个步骤：

（一）选择定价目标

定价目标，是指医药企业在对其生产或经营的产品制定价格时，有意识地要求达到的目的和标准。它是制定价格的前提。

（二）测定需求量

医药企业向市场提供的药品销售量取决于市场的需求量。一定的需求量是以一定的价格水平为条件的。

（三）核算成本

医药企业制定医药产品的最高价格取决于医药产品市场供求与竞争，最低价格取决于成本。成本是企业定价的下限。

（四）分析竞争对手

企业究竟给医药产品定价多少，在医药产品的最高和最低价格的幅度内，还取决于竞争对手同种产品的质量和价格水平。

（五）选择定价方法

医药企业根据定价目标，通过对成本、需求和环境因素等分析研究后，采用适宜的定价方法制定医药产品价格。

（六）制定最后价格

医药企业在科学计算成本，并分析政府有关政策法规、企业定价政策、消费者心理、经销商的意见、竞争等相关因素后，有时还需要使用一些定价策略和技巧，最终确定医药产品价格。

任务二　选择医药产品定价方法

【案例启发】

某市老字号连锁药店的某一分店对面新开了一家平价药店，因此生意清淡了不少。为适应市场竞争，总部决定专门针对这家分店制定不同的价格，每周都要派两名人员到对面平价药店采价，然后以平价药店的价格为基础，稍微进行下调，以重新提升营业额。

思考：该连锁药店采用的是哪一种定价方法？

虽然影响医药企业定价的因素很多，但是成本、需求及竞争是医药企业定价的基础。其中，成本决定了最低价格，需求决定了最高价格，竞争对手的价格提供了制定价格的参考点。因此，医药企业在制定价格时，需要考虑 3C 因素，即成本、顾客需求、竞争对手 3 方面因素。企业在实际定价中，往往侧重考虑其中一种因素，因此形成了 3 种基本的定价方法，即成本导向定价法、需求导向定价法和竞争导向定价法，简称 3C 定价法。

一、成本导向定价法

成本导向定价法是一种主要以成本为依据的定价方法，其特点是简便、易用。根据具体算法的不同，可分为成本加成定价法、盈亏平衡定价法、目标收益定价法和变动成本定价法。

（一）成本加成定价法

这种方法主要基于对企业内部的考虑，就是按照单位产品总成本加上预期利润的方法来计算单位产品价格的。即在产品的成本上加上标准的加成价格。加成就是利润，其计算公式为：

$$P = C \times (1 + R)$$

式中，P 为单位产品价格；C 为单位产品总成本；R 为成本加成率。

成本加成定价法是一种最普遍的定价方法，其特点是计算简单、便于理解操作、不确定性较小。缺点是这种方法从主观愿望出发，盲目性很大，忽略了市场竞争与市场需求对价格的影响，也没有考虑产品生命周期的问题，因而灵活性较差，不容易给企业带来最佳效益。

（二）盈亏平衡定价法

盈亏平衡定价法又称损益平衡定价法、保本点定价法，它是运用盈亏平衡的原理确定价格的一种方法。即在假定企业生产的产品全部可销的条件下，决定保证企业既不亏也不盈时的产品最低价格水平。这是在预测市场需求的基础上，以总成本为基础制定价格的方法。这一方法的关键是计算收支平衡点（即保本点）。盈亏平衡点销售量的计算公式为：

$$销售量 = \frac{固定总成本}{单位产品价格 - 单位变动成本}$$

上述公式是从已知的成本和价格推导出的销售量，也可以根据已知的销售量和成本推导得出其应有的价格水平，其计算公式为：

$$单位成品价格 = \frac{固定总成本}{销售量} + 单位变动成本$$

如果企业需要考虑预期利润，则可将利润当作固定总成本的组成部分，此时公式为：

$$单位成品价格=\frac{固定总成本+利润额}{销售量}+单位变动成本$$

采用收支平衡法定价有两个前提：一是总成本能明确划分为固定成本和变动成本两部分；二是企业不存在销售困难，销量等于产量。这是一种侧重保本经营的定价方法，定价比较简单，其价格就是单位产品的平均成本，在该价格下销售产品不会出现亏损。

（三）目标收益定价法

目标收益定价法又称固定报酬定价法。此定价法是根据企业估计的总成本和总销售量，并在此基础上把价格定在能补偿所需成本费用并完成一定的成本利润的价格水平上。这种方法的实质是将利润作为产品成本的一部分来看待，此时的成本和利润是预期的，因而可称作目标成本或目标价格。其计算公式为：

$$产品价格=\frac{总成本+固定报酬}{产量}$$

固定报酬或目标收益定价法，属于生产者追求长期利润而非短期利润的定价方法，一般适合于经济实力雄厚，有发展前途的生产者和产品，特别适宜于新产品的定价。因为新产品如果按试制成本、小批量生产成本定价，往往会使价格大大高于市场所能接受的水平，使产品打不开销路。而按目标收益定价则可以将试制成本转移到设备潜力能得到较大利用的批量产品上，成本水平就会低得多。按这样的成本加成定价，易被市场所接受，并为企业提供期望利润。此方法能保证企业按期收回投资，保本求利，且计算也简单方便。

（四）变动成本定价法

变动成本定价法，又称边际成本导向定价法，是以新增产品的变动成本为定价依据的定价方法。该定价方法不计算固定成本，而以预期的边际贡献补偿固定成本并获得收益。当边际贡献为零时，产品价格等于变动成本。基本公式是：

$$产品价格=变动成本+边际贡献$$

$$利润=边际贡献-固定成本$$

边际贡献是指企业增加单位产品的销售所获得收入弥补边际成本后的剩余部分。如果边际贡献不足以补偿固定成本，则出现亏损，但可以通过补偿全部变动成本和部分固定成本而减少亏损。

一般情况，当边际贡献>固定成本时，盈利；当边际贡献=固定成本时，盈亏平衡；当0<边际贡献<固定成本时，亏本；当边际贡献=0时，停止经营。变动成本定价法适用于以下几种情形：一是生产能力富裕，产品供过于求；二是出现亏损，为了减少亏损；三是固定成本已为主要产品分摊；四是企业开拓市场阶段。

二、需求导向定价法

需求导向定价法是一种以市场需求强度及顾客对产品感知为主要依据的定价方法，其特点是灵活有效地运用价格差异，对平均成本相同的同一产品，价格随市场需求的变化而变化，不与成本因素发生直接关系。需求导向定法主要包括感知价值定价法和逆向定价法两种。

（一）感知价值定价法

所谓“感知价值”，又称“理解价值”或“感受价值”，是指顾客对某种产品价值的主观评判理解。感知价值定价法指企业以顾客对产品价值的理解度为定价依据，运用各种营销策略和手段影响顾客对产品价值的认知，形成对企业有利的价值观念，再根据产品在顾客心目中的价值来制定价格。

感知价值定价法的关键和难点是怎样获得顾客对有关产品价值理解的准确信息。药企如果过高估计顾客的感知价值，其价格就可能偏高，难以达到预期的销量；反之，若低估了顾客的感知价值，其定价就可能低于应有水平，使企业收入减少。因此，医药企业必须通过广泛的市场调研，准确地预测产品的感知价值，同时，也可通过利用营销策略中的非价格因素来提升产品的感知价值，增加企业收入。

（二）逆向定价法

逆向定价法是企业依据消费者能够接受的最终零售价格，逆向推算出中间商的批发价和生产企业的出厂价格。这种定价方法主要不是考虑产品成本，而是重点考虑需求状况。逆向定价法的特点：价格能反应市场需求情况，有利于加强与中间商的良好关系，保证中间商的正常利润，使产品迅速向市场渗透，并可根据市场供求情况及时调整，定价较灵活。

三、竞争导向定价法

竞争导向定价法是以市场上的主要竞争对手的同类产品价格为主要定价依据，并根据竞争态势的变化来调整价格的定价法。竞争导向定价法通常有两种方法：随行就市定价法和密封投标定价法。

（一）随行就市定价法

随行就市定价法又称流行水准定价法，是指依据行业平均价格水平或者主要竞争者的价格水平定价。此法常用于下列情形：一是难以估算成本；二是打算与同行和平共处；三是如果另行定价，难以估计购买者和竞争者的反应；四是医药产品处于完全竞争和寡头垄断的市场结构。这种定价方法，可以与同行和平相处，少担风险，获得合理收益，是采用得比较普遍的一种定价方法。

（二）密封投标定价法

密封投标定价法是以投标竞争的方式确定产品价格的方法。一般由招标方（买方）公开招标，投标方（卖方）竞争投标，用密封标书递价，招标择优选定价格。其基本特点是：招标方只有一家，处于相对垄断地位，而投标方有多家，处于竞争地位。能否中标在很大程度上取决于该企业与竞争者在质量、服务和价格等方面的综合较量。如果各投标人提供的产品或服务的质量一样，招标人会选择其中价格最低的投标人。如果投标人提供的产品或服务的质量不一样，招标人会在质量和价格之间权衡。在仅考虑报价水平时，报价高、利润高，但被竞争者抢标的可能性也大；报价低、利润低，中标机会却大。因此，在投标时，就需要确定最优价格，这种价格不能完全体现企业的生产成本或市场需求，主要是基于对招标方的标底价格、竞争对手报价的预测和企业目标来制定的。

密封投标定价法的优点是，通过公平竞争的方式实现交易，避免了价格决策的主观性和交易中的寻租行为；但由于招标的组织过程复杂、费用较高，一般用于大宗商品、原材料、零部件和工程项目的买卖和承包。密封投标定价法是我国医疗机构普遍实行集中招标采购药品以来，医药企业经常采用的定价方法。

任务三　医药产品定价策略与技巧

【案例启发】

先诺欣（先诺特韦片/利托那韦片组合包装）首发报价为 750 元/盒，含税出厂价（或进口到岸价格）705～720 元/盒。作为首个国产 3CL 靶点新冠口服小分子药物，先诺欣的首发报价不到辉瑞 Paxlovid（1 890 元/疗程）的 40%，低于默沙东莫诺拉韦胶囊（1 500 元/疗程）的 50%。

据先声药业药物经济学部门负责人介绍，企业根据国家医疗保障局《新冠治疗药品价格形成指引（试行）》要求，充分考虑到国情社情和药物经济学实际，与国家相关部门多轮沟通汇报，最终确定了 750 元/盒的价格。

“创新药品的定价应当首先基于药品的临床价值，据临床试验数据结果，我们和 P 药临床价值相当，考虑到我们作为民族企业的社会担当，努力压缩销售和生产成本，使整体运营成本远低于进口药。为了让中国的新冠创新药惠及到更多患者等，我们采取了‘向下’定价策略。”上述负责人说道。

中国药科大学国际医药商学院卫生经济学教研室主任李洪超在接受北京商报记者采访时表示，一般来讲，药物定价考虑的因素比较广泛。国产药物主要考虑的有其临床的疗效和安全性，这个是最主要的。还有一些其他的因素也会影响定价，比如疾病负担的严重程度，目前临床治疗的需要，有没有别的途径可以满足，即“未被满足的临床需求”。

医药产品定价是一个极其复杂的过程，医药企业采取不同的定价方法，可以得到医药产品的基本价格。在市场竞争中，企业还需根据具体的市场环境、产品条件、市场供求、企业目标等灵活地运用适当的定价策略，制定最终的销售价格，以期达到扩大销售、增加企业利润的目的。目前，主要的医药产品定价策略包括折扣折让策略、差别定价策略、心理定价策略、地理定价策略、促销定价策略及产品组合定价策略等。

一、新产品定价策略

（一）撇脂定价策略

撇脂定价策略又称高价策略，就是医药企业在新产品上市初期，把产品的价格定得较高，以便在短期内获取最大利润。“撇脂”的原意是指把浮在牛奶上面那层最好的奶油撇出来，这里把奶油比作产品高价所带来的丰厚利润。

撇脂定价策略的优点是，利润高、回收成本快、认知质量高、利于品牌的建立、有降价空间、更新换代快等，但会带来抑制需求、易诱发竞争大的竞争者挤入等缺点。

（二）渗透定价策略

渗透定价又称薄利多销策略、低价策略，与撇脂策略相反，它是指医药企业将其新产品的价格定得相对较低，形成价格优势，吸引大量顾客，提高市场占有率，以迅速打开和扩大市场。其优点是促进需求、市场占有率高及不易诱发竞争；但利润低、回收成本慢、认知质量低、没有降价空间及后续产品难以定高价。

（三）温和定价策略

温和定价，就是为新上市产品确定一个适中的价格，使消费者比较满意，生产者也能获得适当的利润。该策略兼顾生产者和消费者的利益，使两者均能满意，故又称满意定价。

二、折扣折让策略

（一）现金折扣

现金折扣是对按约定日期以现金付款或提前以现金付款的顾客给予一定的价格折扣。它的目的是鼓励买者以现金及时付款，减少赊销。现金折扣定价主要包括 3 个方面的内容：一是折扣率的大小；二是给予折扣的期限；三是付清货款期限的长短。例如：成交后立即付款，可折扣 5%；10 天内付款可折扣 3%；20 天内付款，可折扣 2%；30 天付款，则按原价付款。现金折扣是企业在买方市场条件下最喜欢采用的一种定价方法，它可以使企业能够及早收回货款，加速资金周转，减少企业呆账，有利于企业扩大经营。

（二）数量折扣

数量折扣是根据顾客购买数量或金额的多少，分别给予不同的折扣，购买的数量、金额越多，折扣就越大。采取数量折扣定价，目的在于鼓励购买者大量购买本企业的医药产品，以获得规模经济效益。数量折扣有累计数量折扣和一次性购买折扣两种形式。数量折扣的关键在于确定折扣的起点、档次及每个档次的折扣率。

（三）功能折扣

功能折扣又称贸易折扣，是生产企业根据中间商（批发商和零售商）在产品销售中发挥的特定功能给予的折扣。生产企业的产品要进入消费领域，需要中间商执行销售、运输、储存和记账等功能。功能折扣既能使中间商的成本和费用得到补偿并有盈利，又有利于中间商积极销售本企业的产品，加速产品的流通，扩大销售量。

（四）季节折扣

季节折扣是对购买淡季产品的顾客给予的折扣，这种折扣的目的在于减少淡季对生产销售的影响，将企业的产销量维持在一个比较稳定的水平。这种折扣可以鼓励顾客提前购买或淡季购买，有利于企业减少库存，加速周转，缓解产销的季节矛盾，主要用于一些滋补类药品的销售。

（五）折　让

折让包括抵换折让和促销折让两种形式。抵换折让是顾客在购买新产品时，把旧产品交回厂商以换取新产品的减价。这种策略有利于顾客积极购买同类新型产品，提高顾客的忠诚度，一些医药生产企业往往通过抵换折让回收过期药品。促销折让是指生产企业给予参加其产品促销活动的中间商的价格折让或酬劳。如医药生产企业对为其产品进行广告宣传、布置专用橱窗等促销活动的药店给予津贴，作为对其开展促销活动的报酬，以鼓励药店积极宣传本企业的医药产品。这种策略特别适合于导入期的医药产品，其实质是企业为开拓市场而支付的费用。

三、差别定价策略

差别定价策略，又称歧视定价策略，是指为同类产品制定两种或两种以上不反映成本差异的价格，这是差异化营销策略在价格制定中的体现，是一种比较灵活的定价策略。这种定价策略制定的价格通常与成本的关系不大，主要与顾客的需求相联系。差别定价策略主要有4种形式。

（一）顾客差别定价

顾客差别定价，即对同样的产品为不同细分市场的顾客制定不同的价格。例如，部分企业对自己的长期客户给予较低的价格。

（二）产品形式差别定价

产品形式差别定价即对不同规格和档次的同类产品制定不同的价格。但是，不同规格和档次的产品，其价格之间的差额和成本费用之间的差额并不成比例。例如，包装精美别致的滋补药材比散装滋补药材的价格要高得多。

（三）地点差别定价

地点差别定价即对相同产品，因其所处的位置不同所采取的不同定价，即使这些产品的成本费用一样，但在经济欠发达地区的价格相对于经济发达地区的价格要低一些。

（四）时间差别定价

时间差别定价即对于同样的产品，在不同的季节、不同的日期或不同的时刻销售时采取不同的定价。例如，某些商品节日的价格一般比平时优惠。再如：对某些商品，订货越早，价格越低；对某些中药材来说，由于生产和收购季节比较集中，而消费者是常年要，这就形成了季节性生产和常年消费的矛盾。为了解决这个矛盾，必须预先有计划地收购或储存一部分，以便在淡季供应市场。那么，企业在储存和保管的过程中，需要支出储存、保管和利息等费用，这些费用就形成了季节差价。合理制定季节差价，有利于生产企业合理安排生产、经营企业有计划地均衡上市，从而保证不同季节的均衡供应，满足消费者的需求。

四、心理定价策略

心理定价策略是企业应用心理学原理，针对消费者在购买产品过程中的心理因素来进行产品定价的一种策略。在定价时，企业应技巧性地利用影响消费者的心理因素，有意识地将产品价格定得高些或低些，以满足消费者心理需求，通过提高消费者对企业产品的偏爱或忠诚度，扩大市场销售，获得最大效益。

这是一种非理性的定价策略，利用了消费者的心理弱点，但往往可以激发和增强消费者的购买欲望。在实际应用中，心理定价策略主要有尾数定价、整数定价、小计量单位定价、习惯定价和声望定价等多种形式。

（一）尾数定价

尾数定价又称“零数定价”或“非整数定价”，是企业利用顾客对数字认知的某种心理，以零头数结尾的一种定价策略。通常以奇数或吉利数结尾。如将价值为 30 元的医药产品价格定为 29.8 元或 29.9 元。这种定价策略使价格处于较低的一级水平，可以给顾客一种价格便宜、定价精确、吉祥如意的感觉，从而满足顾客求廉求实的心理，激起购买欲望，主要适用于单位价值较低且使用频率较高的医药产品，如感冒药、消炎药等普药的定价。

（二）整数定价

整数定价是以整数结尾的定价策略。常常以偶数特别是以 0 结尾，如将 100 元定为某医药产品的价格。这种舍零头凑整数的策略有助于抬高产品的身价，有利于在顾客心中树立质高优价的形象，以满足顾客按质论价的心理、自尊心理和炫耀心理。一般来说，整数定价策略适用于那些品牌优质商品，如高档中药材、新药和进口药品。

（三）小计量单位定价

小计量单位定价是采用化整为零的方法，用小计量单位计价。价格过高，常常使人望而生畏，不敢问津，小计量单位定价可以让顾客产生价格合理的心理错觉，容易促成交易。例如，将贵重的人参定价为每克 10 元会比标价每千克 10 000 元更容易让顾客接受。

（四）习惯定价

习惯定价就是根据长期以来形成的、被顾客普遍认可的习惯价格定价。市场有些产品价格长期稳定，已经为顾客普遍熟悉和接受，价格很难变动。企业出售同一产品，只能按照习惯价格定价，否则会失去顾客、失去市场。例如，常年销售的家庭必备药品，企业定价格时最好尽量顺应消费者的习惯价格，不能轻易改变，否则会引起消费者的不满，导致购买转移，即使发生了通货膨胀或药品成本变化，也不宜提价。最好的做法是，改变包装或改变药品的内在成分以变相提价，如一种中药冲剂原来是每盒 10 包装，售价是 16 元，现在改为每盒 8 包装，售价是 13.6 元。从表面看，似乎很合理，实际上每包冲剂却上涨了 0.1 元。

（五）声望定价

声望定价是针对顾客“价高质必优”的心理，对在顾客心目中享有声望的产品制定高于其他同类产品的价格。高价既显示了产品的优质，也显示了购买者的身份和地位，可以满足购买者求名和炫耀的心理。

声望定价策略适用于下列医药产品：一是品牌药品，消费者有仰慕品牌的心理，并以价格的高低来衡量药品的质量；二是礼品性药品，这些药品带有“炫耀性”，价格高，可满足消费者的这种心理需要；三是稀有药品，对于资源不够、生产不足的药品，消费者以占有它为满足，即所谓的“物以稀为贵”。

但采用声望定价策略应注意：要确保医药产品质量上乘，严格掌握声望定价与同类普通产品价格的差价，不可过高；不能只靠已有的声望维持高价，要不断提高质量，加强售后服务，巩固消费者的信任感和安全感。

五、地理定价策略

一般来说，医药产品的生产和消费有一定的空间距离，产品要满足顾客的需求，必须将产品从生产地运送到消费所在地，这需要运输和仓储等费用，地理定价就是针对这些费用的分摊而采用的一种定价策略。地理定价策略是企业根据产品的特性、所在地区的市场情况、交货条件等不同情况，决定对销往不同地区的产品制定相同的价格还是制定不同的价格。地理定价策略具体有 5 种形式。

（一）原产地定价

原产地定价是顾客按照出厂价购买某种产品，企业只负责将这种产品运到某种运输工具上（如卡车、火车、船舶、飞机），交货后的一切费用和风险都由顾客承担。这种定价策略定出的价格较低，对于距离较近的买主或有运输优势的买主比较有优势，但对于距离较远的买主较为不利。这种定价策略简化了企业的定价工作，减少了企业的费用和成本，但影响了远距离市场上的竞争能力。这种定价策略适用于供不应求、贸易风险较大的产品。

（二）统一交货定价

统一交货定价是企业对卖给不同地区顾客的某种产品，都按相同的出厂价加上相同的运费定价（按平均运费计算）。这种定价策略不论顾客距离本企业远近，实行统一价格，没有地区差价，计算方便，远方的顾客愿意购买本企业的产品。由于企业把各地顾客的平均运费加入到了出厂价，实际上是近处买主为远方买主承担了部分运费，近处的买主会感到不划算。因此，这种定价策略适用于运费占总价格比重较小的产品。

（三）分区定价

分区定价是企业把其销售区域分为若干价格区，对卖给不同价格区域顾客的产品分别制定不同的价格，但在同一个价格区域内实行相同价格。一般来说，价格区离企业的距离越远，价格就越高；反之，价格就越低。这种定价方法综合了原产地定价策略和统一交货定价策略的特点，是对这两种定价策略的折衷，但是并没有彻底解决运费负担不公平的问题，如在同一价格区内不同的顾客距离企业的远近不同，导致较近的顾客不划算；位于相邻价格区界两边的顾客虽然彼此相距不远，但他们购买同一种产品的价格却不同。因此，这种定价策略适用于市场销售具有明显的区域性和运输费用在价格中所占比例较大的产品。

（四）基点定价

基点定价是企业设定一个或若干定价基点，按一定的出厂价加上从基点到顾客所在地的运费来定价，具体分为单基点定价和多基点定价。单基点定价是指在所有市场上只有一个基点，这个基点通常在市场区域的中心地带，所有的买主都按这个基点计算运费。多基点定价则是指卖主在市场上设立两个及两个以上的基点，根据各个买主的所处区域，由买主选择离自己最近的一个基点来计算产品的运费。实现基点定价，远距离的价格会相对较低；有利于扩大市场。但是容易产生虚假运费，增加卖方成本。因此，基点定价一般适用于产品笨重，运输成本占总成本比例较高，市场范围大，发货地点分布较广的情况。

（五）运费免收定价

实行运费免收定价就是卖主为了扩大市场，负担全部或部分实际运费。运费免收定价虽然减少了卖主的销售净收入，从局部来说是一个损失，但是可以扩大市场和提高销量。随着销量的增加，平均成本就会降低，以此抵偿运费免收的损失，最终使总收益提高。这是一种加快市场渗透的定价策略，主要适用于固定成本较高和变动成本较低的产品。

六、促销定价策略

（一）招徕定价

招徕定价是零售商利用消费者的求廉心理，特意将某几种产品的价格定得较低以招徕顾客。这种策略通常被零售药店广泛使用，通过少数几种药品的低价来吸引消费者的注意，通过少数低价产品带动其他产品的销售。这种定价策略的关键在于用于招徕定价的是消费者所熟悉、常用、购买频率高且价格对消费者有吸引力的产品。此外，招徕定价产品的品种和数量要适当，降价的幅度要适中。

（二）特殊定价

特殊定价是在某些特殊的季节、节假日或特殊活动时采取减价行动，借以吸引更多的顾客来购买产品。其目的是扩大销量，提高总利润。例如，有些百年老药店搞“店庆大优惠”，此时，店里的许多医药产品的价格都比平时的价格低；再如，“九九重阳节”，对老年人常用的医药产品，尤其是滋补药品采取降价活动。这样不仅可以吸引老年人来购买，还可以吸引众多年轻人争相购买当礼品送给老人，以表达对老人的一番孝心。

（三）心理折扣

心理折扣是人为地制定高价，然后以大幅度减价出售来刺激销售，例如，某药店将原准备定价为 300 元的药品定价为 350 元，然后用打折的方式将药品价格复原为 300 元。这样可以让消费者产生药品价格便宜 50 元的感觉，以满足消费者求廉求实的心理。节假日期间，某些企业的折扣销售大多是这种策略的具体运用。用这种策略制定的价格，消费者很难确认其折扣的真实性。但是，由于它使消费者在心理上享受了价格折扣，认为价格已经降低，所以消费者还是乐意购买。采用这种策略时，企业要注意不能违反国家有关价格方面的法律法规。

七、产品组合定价策略

产品组合定价策略是从全局出发，根据产品使用上的相关特性为产品制定不同的价格，以促进各种产品的销售和总利润的增加。产品组合定价策略有产品线定价、选择品定价、互补产品定价、产品束定价、分部定价和副产品定价等多种形式。

（一）产品线定价

产品线定价是根据产品项目之间在规格、型号、质量、成本、顾客认知、需求强度和竞争者产品等方面的不同，确定一条产品线内各种产品项目的价格。其目的在于扩大产品销路，争取实现更多的利润。如云南白药集团将云南白药产品按照功能和剂型分为云南白药气雾剂、云南白药喷雾剂、云南白药胶囊、云南白药膏、云南白药粉、云南白药酊、云南白药创可贴、云南白药痔疮膏等多种产品。针对不同的产品，分别制定相应的价格，以满足不同消费者的需求。

企业在产品线定价的具体实施过程中，首先，应该确定最低价格的产品项目，以吸引消费者购买；其次，确定最高价格的产品项目，让它在产品线中充当品牌质量和收回投资的角色；最后，对其他产品依据其在产品线中的角色分别制定不同的价格。

（二）选择品定价

许多企业在向市场提供主要产品时，还会附带提供一些与主要产品密切相关的选择品，这些选择品的定价合理与否会直接关系到主要产品的销售。选择品定价有两种方式：一是将选择品的价格定高，靠它来营利；二是将选择品的价格定低，靠它来推动主要产品的销售。

（三）互补产品定价

互补产品是需要配套使用的产品。对有互补关系的一组医药产品，可将价值大、使用时间长、购买频次低的主件产品的价格有意识地定低，而对与之配套使用价值小、购买频次高的易耗品价格适当定高一些，以此来求得长远和整体的利益。例如，将医用纱布价格定低一些，而需要缠在其中的药品价格定高一些。

（四）产品束定价

产品束定价是将一组相关的产品捆绑在一起，然后制定一种产品束的价格。产品束的价格一般低于每件产品单独销售时的价格之和，如云南白药集团推出的云南白药急救包，包内除配有简单伤口处理的一整套急救物品外，还增加了药品专区，专治瘀血肿痛等各种闭合性损伤。该策略可以刺激顾客购买没有打算购买的产品束中的部分产品，从而提高每次交易的数量。

应用该策略时应注意：产品束中的产品具有一定的相关性，产品束的价格必须有吸引力；产品束的销售一定要有单件产品的配合销售，方便顾客进行比较。

任务四 医药产品价格调整策略

【案例启发】

云南白药提价事件

2009年7月18日，某顾客向江阴日报“夏令热线”反映，××大药房云南白药 “5片装”贴膏从原来的9.5元1盒猛涨到24元1盒，希望“夏令热线”向居民解答其大幅涨价的原因。热线记者随即来到江阴市各大药店进行采访、调查。据了解，云南白药涨价主要源于两方面：一是云南白药主要产品原料，多来自云南特有的野生药材，由于野生药材的无序挖掘，资源日渐枯竭，目前云南白药的药材已远远无法满足市场需求，涨价自然而然提上日程。二是药材升级，从原来的橡皮膏升级为油性膏，含药量提高6~7倍，新的云南白药膏是创新型产品，价格提升是必然的。

××大药房负责人告诉记者，云南白药“5为装”，贴膏是厂家提价行为，其进货价格1个月前就开始涨了，从原来的8.6元涨到13元，涨幅颇大，目前该药店销售价由原来的9元涨到15.6元，而且云南白药的其他产品如白药散剂、白药胶囊、宫血宁胶囊等也已经收到了厂家的涨价令，但这些药品的价格暂时不会变动。由于药店内同类型的其他贴膏并没有涨价，药品涨价对该产品的销售有很大影响，最近来购买的顾客有所减少。

对此，市物价局价格收费管理科的有关人员进行了解释，这次云南白药的旗舰产品 “贴膏”的市场售价是政府定价，具体定价标准为：5片装贴骨的价格为24元，4片装为19.3元，1片装为5.1元，各大药店的售价不得高于政府定价。这意味着云南白药的涨价不是药店的个体行为而是政府的统一提价。

降价及提价，指企业为某种产品制定出价格以后，随着市场营销环境的变化，对现行价格予以降低或提高，以适应市场竞争的需要的行为。调整价格，可采用降价及提价策略，企业产品价格调整的动力既可能来自内部，也可能来自外部。倘若企业利用自身的产品或成本优势，主动对价格予以调整，将价格作为竞争的利器，就称为主动调整价格。有时，价格的调整出于应付竞争的需要，即竞争对手主动调整价格，而企业也相应地被动调整价格，就称为被动调整价格。无论是主动调整，还是被动调整，其形式不外乎降价和提价两种。

一、降价策略

（一）实施降价策略的原因

实施降价策略的原因有企业外部需求及竞争、企业内部的战略转变、成本变化及国家政策、法令的制约和干预等，这些原因具体表现在以下几个方面：

（1）企业生产能力过剩。产品供过于求，但是企业又无法通过产品改进和加强促销等工作来扩大销售，在这种情况下，企业必须考虑降价。

（2）强大的竞争压力。面临激烈的市场竞争，企业的市场占有率下降，企业会通过降价来提高市场占有率。

（3）成本降低。随着科学技术的进步和企业经营管理水平的提高，许多产品的单位成本和费用在不断下降，因此，企业拥有条件适当降价。

（4）企业急需回笼大量现金。对现金产生迫切需求的原因既可能是其他产品销售不畅，也可能是为了筹集资金进行某些新活动。此时，企业可以通过对某些需求弹性大的产品予以大幅度降价，从而增加销售额，获取现金。

（5）政治、法律环境及经济形势变化。政府为了实现物价总水平的下调，保护需求，鼓励消费，遏制垄断利润，往往通过政策和法令，采用规定毛利率和最高价格、限制价格变化方式、参与市场竞争等形式，使价格水平下调。在通货紧缩的经济形势下或者在市场疲软、经济萧条时期，由于币值上升，价格总水平下降，企业产品的价格也应随之降低，以适应消费者的购买水平。

（二）降价的方法

（1）直接降价：将企业产品的目录价格或标价绝对下降，或者采用各种折扣形式来降低价格，如数量折扣、现金折扣、回扣和津贴等形式。

（2）间接降价：赠送样品和优惠券，实行有奖销售；给中间商提取推销奖金；允许顾客分期付款、赊销；免费或优惠送货上门、技术培训、维修咨询；提高产品质量、改进产品性能、增加产品用途等。由于这些方式具有较强的灵活性，在市场环境变化的时候，即使取消这些形式也不会引起消费者太大的反感，同时又是一种促销策略。因此，在现代经营活动中的运用越来越广泛。

二、提价策略

（一）实施提价策略的原因

提价能够增加企业的利润率，但也会造成竞争下降、消费者不满、经销商抱怨，甚至还会受到政府的干预和同行的指责，从而对企业产生不利影响。虽然如此，在实际中仍然存在着较多的提价现象。提价的主要原因有：

（1）产品成本增加，这是产品价格上涨的主要原因。成本的增加或者是由原材料价格上涨引起的，或者是由生产或管理费用提高而引起的。医药企业为了保证利润率不会因此而降低，便采取提价策略。

（2）为了适应通货膨胀，减少医药企业损失。在通货膨胀条件下，即使企业仍能维持原价，但随着时间的推移，其利润的实际价值会呈下降趋势。为了减少损失，企业只好提价，将通货膨胀的压力转嫁给中间商和消费者。

（3）医药产品供不应求，遏制过度需求。对于某些产品来说，在需求旺盛而生产规模不能及时扩大、原材料出现供不应求的情况下，可以通过提价来遏制需求，同时又可以取得高额利润，在缓解市场压力、使供求趋于平衡的同时，为扩大生产准备了条件。

（二）提价的方法

提价时既可以直接提价，也可以间接提价。下面主要介绍 5 种间接提价方法。

（1）延缓报价。企业在产品制成或者交货时才制定最终价格，如名贵中药材，这些生产周期长的产品采用此法相当普遍。

（2）浮动条款。在合同上规定价格调整条款，在一定时期内（一般到交货时为止）可以按某种价格指数来调整价格。

（3）产品拆分。不改变产品价格，但是价格中原来包括的某些附属产品和服务要另行计价。

（4）减少折扣。企业减少或者不再提供常用的现金、数量等折扣。

（5）价格不变，但是缩减产品数量、减少产品特色或减少服务项目。

在提价时应注意：① 为了获得顾客认可，应该告诉顾客涨价的理由，销售人员要经常拜访顾客，帮助顾客解决提价带来的问题。② 选择好提价时机，可选择在以下几种情况下提价：产品在市场上处于优势地位、产品进入成长期、季节性产品达到销售旺季、竞争对手产品提价等。③ 应尽量选择间接提价方式，以减少顾客不满。

【课后实训】

药品定价

一、实训目的

正确分析影响药品定价的因素，选择合适的定价方法并掌握一定的定价技巧，以便对药品制定合理、科学的定价策略。

二、实训内容

某药品企业利用中药制造出一种保健咽喉糖片（具体药品由教师定）。同类产品均是药粉压制而成的，很难在咽喉部保持较长时间药效，含片一般较小但药量不足，对急性咽喉炎或咽喉部不适者如果不大量施药，见效较慢。

国产的同类产品的定价都较低，而进口的同类某产品价高，超过了普通人的消费水平。与竞争品牌相比较，该产品的特点是：含多种中草药成分，能短时间对咽喉炎症产生作用，入口即见效，效果良好，显效时间较长。针对其他同类产品一般用小塑料盒装，分剂量不足的特点，该产品采用 10 片×2 包装（每片重 2 克，2 盒一疗程）。拥有了上述不错的特质产品，该企业要解决的问题是：如何为产品制定一个合适的价格策略？

以自愿为原则将学生进行分组，6~8 人为一组，每组选一个组长；按小组由组长分配各自的成员在规定的时间内完成市场调研、定价研究与决策。

三、实训要求

（1）进行调查分析，根据分析结果，由小组成员共同讨论制定本小组的定价策略，要求科学合理。

（2）所有学生填写实训报告，要求书写规范、认真、准确。

（3）班级组织交流学习，每组由小组长代表阐述本小组的实施过程及制定的价格策略。

四、实训指导

（1）影响企业定价的因素：要充分考虑主要影响因素，包括产品成本、企业目标、营销组合等内部因素，以及顾客需求、竞争环境及相关的政策法律等外部因素。

（2）基本定价方法：常用的定价方法有成本导向定价法、需求导向定价法和竞争导向定价法。

（3）定价技巧：除了基本的定价，还需要考虑一些定价技巧。如新产品定价、折扣定价、心理定价、需求差别定价、地理区域定价等技巧。

药品定价策略和方法与营销组合的其他策略一样，不是一成不变的。第一，随着药品生命周期进入不同阶段，企业须相应地调整定价策略；第二，宏观经济环境和竞争形势的变化，也要求企业调整定价策略；第三，企业自身条件变化（或是营销组合策略的调整），定价策略也应做相应调整。

五、实训评价

考核总分 100 分，由教师与学生对各组的实施情况及制定的价格策略进行评估打分。（见表 9-1）

表 9-1　考核表

考核内容	分值	得分
能合理地确定产品的成本	10	
能正确分析市场环境	10	
能选择合适的定价方法和策略	10	
能选择合适的品牌形势与策略	10	
能正确分析营销组合中的其他要素	10	
能正确分析消费者需求	10	
能正确分析竞争对手	10	
能建立高效的营销网络	10	
能运用一定的定价技巧，运用科学合理	10	
实训报告书写认真、规范、分析合理	10	

项目十

医药产品分销渠道策略

学习目标

1. 知识目标

（1）掌握医药产品分销渠道的类型、影响分销渠道的主要因素及分销渠道选择。

（2）熟悉医药产品分销渠道的内涵、特点与作用，渠道成员培训管理、激励，渠道冲突与窜货管理。

（3）了解医药产品分销渠道的内涵、分销渠道成员的评估与调整。

2. 能力目标

学会选择和管理医药产品分销渠道。

3. 素质目标

具备运用医药产品分销渠道策略开展医药产品市场营销活动的能力。

任务一　理解医药产品分销渠道的内涵

生病了，我们可以去医院看病，由医生开具处方，从医院的药房获得药品，或者从药店获得药品，而一般不会直接从药品生产厂家获得药品。全国各地有数不清的医院药房、药店，有的药品生产厂家直接将产品销售到药房、药店，有的药品生产厂家则将产品销售给各地的药品销售公司，再由当地药品销售公司将药产品销售到药房、药店。为什么不同的厂家会选择不同的销售渠道将药品送到消费者手上呢？

一、医药产品分销渠道

（一）医药产品分销渠道的含义

营销渠道有时也称销售通路或营销网络。关于营销渠道的定义，有多种描述，通常有以下几种：

著名的营销学家菲利浦·科特勒认为：“市场营销渠道是与为消费者和商业用户的使用或消费提供产品或服务的过程相关的一整套相互依存机构。”营销学家斯特恩和艾尔·安塞利对营销渠道的定义是：“一条分销渠道是指某种货物或劳务从生产者向消费者转移时取得这种货物或劳务的所有权的所有企业和个人。”美国市场营销协会（AMA）认为营销渠道是“企业内部和外部的代理商和经销商（批发和零售）的组织机构，通过这些组织，商品（产品或劳务）才得以上市销售”。

医药分销渠道是指医药产品从医药生产厂家向消费者移动过程中取得这种医药产品的所有权或帮助转移其所有权的所有企业和个人。

（二）医药中间商的功能

1. 医药中间商的定义

医药中间商是通过医药商品买卖或提供服务来促成医药商品的买卖的经济组织，通常指进行医药产品代理、批发和零售的专业医药公司或医疗单位，它是联系和消费的中间环节，因此人们才习惯上将其称为中间商（见图 10-1）。

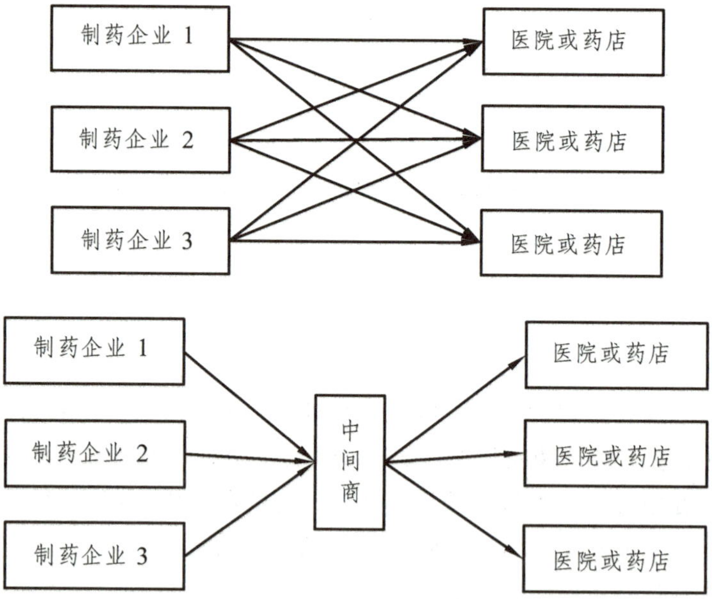

图 10-1　市场中有中间商的情况

医药中间商可根据不同的标准，分为如下类型：第一，按照在商品流通中是否拥有所有权划分，可分为经销商和代理商。经销商是拥有一定资金、场地、人员的法人，在其经营中，通过购进商品和销售商品实现商品所有权的转移，获得相应的经营利润。代理商则是在商品流通中为购销双方提供穿针引线服务，促成商品交易的实现，获得一定的服务手续费或佣金。第二，按照中间商在商品流通中的地位不同，可分为批发商和零售商。批发商处在商品流通的起点，其经营特点是批量购进批量销售。零售商处在商品流通的终点，其经营特点是批量购进，零星销售。

2. 医药中间商存在的必要性

医药生产者由于产品、市场、财力、营销经验、管理水平、国家政策规定等方面的原因，几乎不能直接向消费者进行销售，而要通过中间商进行。随着商品经济的发展，社会分工越来越细，商品流通量也越来越大，中间商存在的必要性和作用就越大。

二、分销渠道的流程及其功能

医药产品在分销渠道中流通时，我们可以看到其中存在几种以物质或非物质形态运动的“流”。同时，一些企业如银行、保险公司、运输公司、仓储公司、咨询公司、广告公司等机构虽不介入医药商品所有权的转移过程，但与渠道运行有着密切的联系。菲利浦·科特勒将这几种“流”归纳为“五流”，即商流、物流、货币流、信息流、促销流。

商流，是指医药产品从生产领域向消费领域转移过程中的一系列买卖交易活动。在这一活动中，实现的是产品所有权由一个成员到另一个成员的转移。如原材料所有权从供应商转移到制造商，产品所有权由制造商向经销商，最终向顾客转移。所有权的转移是医药产品交易的中心。

物流，是指医药产品从生产领域向消费领域转移过程中的一系列产品实体运动。它包括产品实体的储存、运输，也包括与之相关的产品包装、装卸、加工等活动。物流活动从实质上保证了医药产品由生产领域向消费领域的安全转移。

货币流，是指医药产品从生产领域向消费领域转移的交易活动中所发生的货币活动。它与商流的方向相反，即由顾客将货款支付给中间商，再由中间商扣除佣金或差价后支付给生产者，一般以银行或其他金融机构作为中介。

信息流，是指医药产品从生产领域向消费领域转移过程中所发生的一切信息的收集、传递和处理活动。它既包括生产者向中间商、顾客的信息传递，也包括中间商及其顾客向生产者所进行的信息传递。所以信息流的传递是双向的。

促销流，是指医药产品从生产领域向消费领域转移过程中，生产者通过广告公司或其他宣传媒体向中间商及其顾客所进行的一切促销活动。它主要通过广告、宣传、销售推广和公共关系等促销手段，影响消费者的购买行为，促进销售。

三、医药产品分销渠道的类型

医药产品按其最终使用者的不同，分为个人消费者与生产者组织两大类，而医药产品又可以分为药品和医药工业品（指原料药、中间体等）两类。

任务二　医药产品分销渠道的设计

【案例启发】

制造商分销模式

个案 1 三株模式：联络处 + 分公司 + 子公司 + 工作站

三株公司在 1997 年达到鼎盛时期，业绩为 40 多亿元人民币，其主要依靠其分销模式。三株公司在中心城市成立了省级联络处，联络处管辖 200 个地市级分公司，分公司管辖 1 980 个县级子公司，子公司管辖 6 890 个乡镇一级的工作站。20 多万销售大军分布在全国各个市场，尤其是深入偏远农村。

除三株模式外，当年的红桃 K、莲花味精、505 腰带都是相似模式。其特点是：不依靠中间商、自己控制渠道、铺市率高、覆盖面广、采取免费户外广告和传单战，军事化管理。问题是管理难度大，人员成本高。

个案 2 汇仁模式：三株模式+广告

汇仁公司这几年来的销售业绩倍增，其拳头产品汇仁肾宝和乌鸡白凤丸在全国拥有很高的市场占有率。汇仁分销模式实质上还是三株模式，它拥有 3 000 多销售人员，是生产人员的 3 倍。为了克服原三株模式的缺陷，汇仁进行了分销渠道改进：一是加强了广告宣传；二是强化对销售人员的培训和管理，尤其是对回收款的控制。

个案 3 TCL 模式：分公司模式

TCL 的总裁李东生说；“分销渠道不计成本利润，只计较是否比竞争对手更多更快地把产品卖给消费者。”所以，TCL 就摆脱家电销售大户的控制，自己建立各地的分公司，组建自己的推销队伍、车队和周转仓库，把产品送到城乡每一个商店，牢牢控制零售终端。当乡下的农民几乎可以在每一个商店都看到 TCL 产品时，他们的首选自然是 TCL 了。

TCL 模式的优点：由于是完全控制渠道，所以掌握了主动权、支配权，有利于多品牌、多品种的市场推进。缺点是：投资大，渠道运作成本高，营销网络不是利润中心。

个案 4 美的模式：分公司销售平台+直线经销商网络

美的公司 1997—1998 年将产品分类成立各自为利润中心的事业部制分公司，总公司以 5 亿元～10 亿元的代价成立专业物流公司，在总部、销售分公司和售后服务中心之间建立广域网，依靠一批直线经销商占领市场。2000 年已形成 3 000 多营销人员、5 000 多家商场、1 000 多个服务网点的体系。

个案 5 华帝模式：代理制+分公司+专卖店

华帝公司几年来发展迅速，其主干产品炉具全国销量第一。它的分销模式是以代理制为主，分公司为辅，只在重点市场建立分公司，并逐渐建立自己控制的专卖店。分销工作主要是强化终端，实行专业Ⅵ设计，培训促销人员。

个案 6 长城模式：1+1 通路

河北保定长城集团公司在低档皮卡汽车市场中拥有 60%的占有率。早在 1997 年长城便开始新型的1+1通路模式，即每一位经销商由厂家配备一名驻店业务员，同吃、同住、同工作。这一模式的优点是厂家对经销商提供贴身服务，从接货、入库、展场摆放、信息反馈到现场促销，驻店业务员都承担一定业务，为返回货款提供监督作用。

一、影响分销渠道设计的因素

影响分销渠道设计的因素很多，其中主要因素有以下几种。

（一）产品因素

产品的特性不同，对分销渠道的要求也不同。

1. 价值大小

一般而言，商品单价越低，分销渠道一般比较宽且长，以追求规模效益。反之，单价越高，路线越短，渠道越窄。

2. 体积与重量

体积庞大、重量较大的产品，如建材、大型机器设备等，要求采取运输路线最短、搬运过程中搬运次数最少的渠道，这样可以节省物流费用。

3. 变异性

易腐烂、保质期短的产品，如新鲜蔬菜、水果、肉类等，一般要求较直接的分销方式，因为时间拖延和重复搬运会造成巨大损失。同样，对式样、款式变化快的时尚商品，也应采取短而宽的渠道，避免不必要的损失。

4. 标准化程度

产品的标准化程度越高，利用中间商的可能性越大。例如，毛巾、洗衣粉等日用品，以及标准工具等，单价低、毛利低，往往通过批发商转手。而对于一些技术性较强或是一些定制产品，企业要根据顾客要求进行生产，一般由生产者自己派员直接销售。

5. 技术性

产品的技术含量越高，渠道就越短，常常是直接向工业用户销售。因为技术性产品一般需要提供各种售前售后服务。消费品市场上，技术性产品的分销是一个难题，因为生产者不可能直接面对众多的消费者，生产者通常直接向零售商推销，通过零售商提供各种技术服务。

（二）市场因素

市场是分销渠道设计时最重要的影响因素之一。影响渠道的市场特征主要包括如下方面：

1. 市场类型

不同类型的市场，要求不同的渠道与之相适应。例如，生产消费品的最终消费者购买行为与生产资料用户的购买行为不同，所以就需要有不同的分销渠道。

2. 市场规模

一个产品的潜在顾客比较少，企业可以自己派销售人员进行推销；如果市场面大，分销渠道就应该长些、宽些。

3. 顾客集中度

在顾客数量一定的条件下，如果顾客集中在某一地区，则可由企业派人直接销售；如果顾客比较分散，则必须通过中间商才能将产品转移到顾客手中。

4. 用户购买数量

如果用户每次购买的数量大，购买频率低，可采用直接分销渠道；如果用户每次购买数量小、购买频率高时，则宜采用长而宽的渠道。一家食品生产企业会向一家大型超市直接销售，因为其订购数量庞大。但是，同样是这家企业会通过批发商向小型食品店供货，因为这些小商店的订购量太小，不宜采取过短的渠道。

5. 竞争者的分销渠道

在选择分销渠道时，应考虑竞争者的分销渠道。如果自己的产品比竞争者有优势，可选择同样的渠道；反之，则应尽量避开。

（三）企业自身因素

企业自身因素是分销渠道选择和设计的根本立足点。

1. 企业的规模、实力和声誉

企业规模大、实力强，往往有能力担负起部分商业职能，如仓储、运输、设立销售机构等，有条件采取短渠道。而规模小、实力弱的企业无力销售自己的产品，只能采用长渠道。声誉好的企业，希望为之推销产品的中间商就多，生产者容易找到理想的中间商进行合作；反之则不然。

2. 产品组合

企业产品组合的宽度越宽，越倾向采用较短的渠道；产品组合的深度越大，则宜采用短渠道。反之，如果生产者产品组合的宽度和深度都较小，生产者只能通过批发商、零售商来转卖商品，其渠道较长且宽。

3. 企业的营销管理能力和经验

管理能力和经验较强的企业往往可以选择较短的渠道，甚至直销；而管理能力和经验较差的企业一般将产品的分销工作交给中间商去完成，自己则专心于产品的生产。

4. 对分销渠道的控制能力

生产者为了实现其战略目标，往往要求对分销渠道实行不同程度的控制。如果这种愿望强，就会采取短渠道；反之，渠道可适当长些。

（四）环境因素

影响分销渠道设计的环境因素既多又复杂。如科学技术发展可能为某些产品创造新的分销渠道，食品保鲜技术的发展，使水果、蔬菜等的销售渠道有可能从短渠道变为长渠道。又如经济萧条时企业只能缩短渠道。

（五）中间商因素

不同类型的中间商在执行分销任务时各自有其优势和劣势，分销渠道设计应充分考虑不同中间商的特征。一些技术性较强的产品，一般要选择具备相应技术能力或设备的中间商进行销售。有些产品需要储备（如冷藏产品、季节性产品等），就需要寻找拥有相应储备能力的中间商进行经营。零售商的实力较强，经营规模较大，企业就可直接通过零售商经销产品；零售商实力较弱，规模较小，企业只能通过批发商进行分销。

二、分销渠道评估

分销渠道评估的实质是从那些看起来似乎合理但又相互排斥的方案中选择最能满足企业长期目标的方案。因此，企业必须对各种可能的渠道选择方案进行评估。评估标准有 3 个，即经济性、控制性和适应性。

（一）经济性标准

经济标准是最重要的标准，这是企业营销的基本出发点。在分销渠道评估中，首先应该将分销渠道决策所可能引起的销售收入增加同实施这一渠道方案所需要花费的成本做比较，以评价分销渠道决策的合理性。这种比较可以从以下角度进行。

1. 静态效益比较

分销渠道静态效益比较就是在同一时点对各种不同方案可能产生的经济效益进行比较，从中选择经济效益较好的方案。

某企业决定在某一地区销售产品，现有两种方案可供选择：

方案一是向该地区直接派出销售机构和销售人员进行直销。这一方案的优势是，本企业的销售人员专心于推销本企业产品，在销售本企业产品方面受过专门训练，积极肯干，而且顾客一般喜欢与生产企业直接打交道。

方案二是利用该地区的代理商。该方案的优势是，代理商拥有几倍于生产商的推销员，代理商在当地建立了广泛的交际关系，利用中间商花费的固定成本低。

通过估价两个方案实现某一销售额所花费的成本，利用中间商更划算。

2. 动态效益比较

分销渠道动态效益比较就是对各种不同方案在实施过程中所引起的成本和收益的变化进行比较，从中选择在不同情况下应采取的渠道方案。

3. 综合因素分析比较

上述影响分销渠道设计 5 大因素在实际分析时，可能都会倾向某一特定的渠道，但也有可能某一因素分析倾向直接销售，而其他因素分析可能得出应该使用中间商的结论。因此，企业必须对几种方案进行评估，以确定哪一种最适合企业。评估的方法很多，如计算机模拟法、数字模型等。

（二）控制性标准

企业对分销渠道的设计和选择不仅应考虑经济效益，还应该考虑企业能否对其分销渠道实行有效的控制。因为分销渠道是否稳定对于企业能否维持其市场份额，实现其长远目标是至关重要的。

企业对于自销系统是最容易控制的，但是由于成本较高，市场覆盖面较窄，不可能完全利用这一系统来进行分销。而利用中间商分销，就应该充分考虑所选择的中间商的可控程度。一般而言，特许经营、独家代理方式比较容易控制，但企业也必须做出授予商标、技术、管理模式以及在同一地区不再使用其他中间商的承诺。在这种情况下，中间商的销售能力对企业影响很大，选择时必须十分慎重。如果利用多家中间商在同一地区进行销售，企业利益风险比较小，但对中间商的控制能力就会相应削弱。

然而，对分销渠道控制能力的要求并不是绝对的，并非所有企业、所有产品都必须对其分销渠道实行完全的控制。如市场面较广、购买频率较高、消费偏好不明显的一般日用消费品就无须过分强调控制；而购买频率低、消费偏好明显、市场竞争激烈的高级耐用消费品，其分销渠道的控制就十分重要。又如在产品供过于求时往往比产品供不应求时更需强调对分销渠道的控制。总之，对分销渠道的控制应讲究适度，应将控制的必要性与控制成本加以比较，以求达到最佳的控制效果。

（三）适应性标准

在评估各渠道方案时，还有一项需要考虑的标准，那就是分销渠道是否具有地区、时间、中间商等适应性。

1. 地区适应性

在某一地区建立产品的分销渠道，应充分考虑该地区的消费水平、购买习惯和市场环境，并据此建立与此相适应的分销渠道。

2. 时间适应性

根据产品在市场上不同时期的适销状况，企业可采取不同的分销渠道与之相适应。如季节性商品在非当令季节就比较适合于利用中间商的吸收和辐射能力进行销售；而在当令季节就比较适合于扩大自销比重。

3. 中间商适应性

企业应根据各个市场上中间商的不同状态采取不同的分销渠道。如在某一市场若有一两个销售能力特别强的中间商，渠道可以窄一点；若不存在突出的中间商，则可采取较宽的渠道。

任务三　医药产品分销渠道管理

【案例启发】

2004 年 8 月初，35 岁的杨云霄接受河北长天药业有限公司（以下简称长天药业）的聘请，即将离开北京去河北保定赴任该公司的营销总监。在朋友们看来，这项工作对于具有医药学学士学位、10 年企业营销实践经验的杨云霄应该是很轻松的，但只有杨云霄内心清楚他即将面对的是什么局面，作为跟随者的竞争品牌用同质化的产品针对该公司薄弱的渠道管理展开了猛烈的攻势，导致销售持续下滑，大量应收账款成为呆死账，窜货愈演愈烈，销售人员士气低落。同时，原来就存在的问题，如产品组合单一，销售呈现明显季节性，产品直接生产成本高于市场平均水平等也变得更加突出……营销中的难题似乎都集中在这家颇具历史的药业公司身上，显然这是一个难度系数较高的任务。但正是这些激起了深藏在杨云霄骨子里的勇于迎难而上、应对挑战的精神，驱使他接受聘任。而且，在与公司总经理施林华接触过程中，后者对企业的满腔热忱和对自己的诚恳进一步坚定了杨云霄的决心。2004 年 8 月 16 日，杨云霄就任河北长天药业有限公司营销总监。

到任后，杨云霄首先将企业的分销渠道建设作为切入点，实施了分销渠道管理变革，并以此拉动了长天药业营销管理水平的提升。销售收入、利润分别以年均 20%和 30%的速度迅速增长。2008 年与股份制改造的 1997 年相比，10 年间长天药业工业总产值、销售收入、利税分别增长了 7 倍、7 倍、13 倍，成为河北省骨干医药企业之一，员工人年均收入翻了一番，劳动生产率大幅度提高，并荣获保定市北市区纳税先进企业称号。目前公司年生产能力为针剂 1.2 亿支，片剂 20 亿片，颗粒剂 7 亿袋，胶囊剂 5 亿粒，原料药 200 吨，中药提取 1 200 吨，制剂产品的生产能力和质量居全国同行业领先水平，拥有一个省级技术中心的研发机构和通过 GMP 认证的水针剂、口服固体制剂、原料药生产基地。现有总资产 2.64 亿元，销售收入以年均 20%的速度递增，利润以近 30%的速度递增。

医药营销渠道的管理在实际工作中通常被称为客户管理，它是指当企业设计并选择了适合本企业的营销渠道之后，就必须对营销活动中所有的药品批发商、药品零售商、医疗单位等进行具体的管理。

一、药品渠道成员的选择

不同的医药企业招募能力不同，有些企业能轻易地找到特定的医药分销商，而有的企业则难以找到。在经销商的选择上，制药企业必须结合自身综合因素以及拥有的资源来进行分析决策，如企业自身的综合实力、营销战略，产品线的广度、宽度、深度以及相容度，产品的定位、目标客户群体等各方面都应考虑周全，找到最适合自己的经销商。概括起来主要包括以下内容：

（1）基本资料：主要指中间商最基本的原始资料，如名称、地址、电话、经营药品的证照、法人代表等情况，以及中间商法人的相关信息，如姓名、年龄、籍贯、学历、兴趣爱好、职称、科研成果等详细信息。

（2）经营特征：包括经营理念是否与自己的经营观念、目标基本一致，是否有共同愿景；合作性；规模和资金实力等经营销售方面的内容。

（3）业务状况：网络覆盖和掌控能力；经销竞争产品的情况；其他条件如销售体系的组织架构和销售队伍的人员素质、仓储和物流配送的能力及地理位置；商业信用及信誉等情况。

二、培训分销渠道成员

医药企业对渠道成员进行培训的目的在于增强医药分销商对本企业的信任度，提高其营销水平，扩大本企业产品的销售，提升销售业绩，建立与医药分销商稳定、持久的战略伙伴关系。围绕这一目标，医药企业对医药分销商的培训内容主要包括以下几个方面：企业形象宣传、产品知识培训、销售政策培训、营销理念培训等。

一般来说，培训形式有内部培训和外部培训两种：内部培训包括企业销售人员拜访洽谈、集中演示、会议交流等；外部培训通常是由企业委托专业培训公司来进行，如财务管理培训、销售技巧培训等，以不断提升经销商的素质和内部管理水平。

三、药品渠道成员的管理

经销商的日常管理包括客户档案管理和销售动态管理。

（一）建立经销商档案，进行分级管理

经销商档案信息主要包括：地区及城市、客户名称、联系人、联系方式（电话、传真、通信地址、E-mail 等）、销售员人数、销售区域、上年度营业额、公司成立时间、注册资金、员工人数及本企业产品在该公司的营业额和比例等基本信息，再根据经销商所在地区的地理经济环境和销售状况分级，能使有限的企业资源投入得到有效配置。通常可根据销售量及回款额的大小确定客户的不同地位：A 类重点客户（占累计销售额或回款额的 75%）；B 类客户

（占 20%左右）；C 类所占销售比例较小。

（二）经销商销售动态管理

市场在不断变化，公司对经销商的认识和了解也在不断深化，因而要随时调整经销商管理的工作重点和工作方向。

（1）区域经理会定期对重要经销商进行回访，了解经销商市场开发状况和需求，并协助其解决。重要级别以上经销商，每月应回访一次。回访客户应填写详细的“经销商回访记录”，呈报营销中心。

（2）营销部应定期对公司各级经销商实施电话回访，回访的资料包括经销/经销商对于公司产品、价格、货期、包装、服务等方面的推荐和意见。

（3）公司为各级经销商带给技术服务支持：带来销售解决方案；理解电话咨询与技术指导。

（4）公司定期向各级经销商带来最新产品信息和行业资讯，以帮忙各级经销商及时了解市场最新动态。

（5）必要时公司将对重要经销商进行产品技术知识和销售技能的培训，协助其建立和培养销售队伍，提高对市场的掌控与引导潜力。

（6）对经销商的销售业绩实施定期考核，考核项目参照各公司经销商考核表进行。

四、药品渠道冲突管理

（一）渠道冲突

分销渠道是由渠道成员组成的劳动分工系统，各渠道成员因参与不同的流程而互相依赖并彼此合作：制造商负责产品生产和全国性促销，经销商和零售商负责分销和地区性的促销。这种相互依赖源于各成员对资源的需求不仅是资金，还有专业技能和市场准入权等；而各自独立的渠道成员基于自身利益出发，又力图获得最大自主权，于是冲突就不可避免地产生。

（二）窜货管理

窜货是指通路中代理商、经销商以低于企业规定的价格在授权范围之外的区域进行销售的行为。窜货是市场中不可避免的现象，不断对厂家的分销渠道和价格体系造成冲击。如何看待窜货，怎样预防、阻止窜货的发生始终是困扰厂家的一道难题。正所谓“没有窜货的销售是不红火的销售，大量窜货的销售是很危险的销售”，窜货行为与产品的市场发展程度密切相关：一般说来，越是市场行情看好，销量不断扩大的产品，发生窜货的可能性越大；市场容量越大，窜货的可能性也越大；反之，市场容量有限的产品和滞销产品，基本上很少发生窜货现象。

1. 窜货的类型

按照窜货行为对市场的影响程度不同，可将窜货分为 3 类：

（1）恶性窜货：经销商为谋取非正常利润，蓄意向授权销售区域以外的市场倾销。恶性窜货的危害最大，其扰乱了价格体系、降低了整个通路利润，使其他经销商失去销售信心，可能放弃经销，严重者甚至导致分销系统崩溃、损害企业产品品牌形象。

（2）良性窜货：企业在开发市场初期，一般会首选流通能力较强的经销商配合市场的开拓，于是在销售过程中，产品会自然流向其他区域的空白市场，形成一个自然的通路和价格体系。在市场开发初期，此种窜货有助于扩大市场覆盖、提高产品销量，但日后企业细分区域市场时需要重新整合。

（3）自然性窜货：经销商以正常价格和利润销售时，无意中向区域外市场销售了产品；主要是在相邻区域的边界附近互相窜货，属于不可避免的自然销售行为。

2. 药品分销中窜货的原因

窜货最根本的原因是市场经济环境下各渠道成员的利益驱动。药品分销中窜货的具体原因主要包括以下 4 个方面：

（1）制定的渠道销售政策不合理：厂家一般通过渠道政策来控制经销商的行为，如年终返利、回款折扣、促销活动等。这些激励措施大多基于总体销量，一旦操作不当就可能变成鼓励经销商窜货的政策。

（2）经销商数量选择和区域划分不合理：区域中的经销商数量过多，其发展空间受限制可能导致窜货：反之经销商数量过少，不能完全满足市场需求，则会吸引其他区域货源窜进本区域。

（3）销售量目标制定得过高：销售目标如果过高，脱离实际，也会导致企业销售人员主动要求经销商窜货以完成指标。

（4）企业缺少防止窜货的管理制度，或者即使有制度而不严格执行。经销商出现窜货后，企业多数情况下碍于客户关系而不予追究，结果往往造成更多仿效行为，最后使管理制度形同虚设。

3. 解决药品分销中窜货问题的对策

要解决窜货问题，需要进行严格的事前、事中和事后控制。

（1）事前控制措施：

① 设计合理的分销体系，制定科学完善的渠道销售政策、合理划分销售区域并根据市场情况选择区域独家或多家代理商。

② 制定合理的渠道价格，使不同级别经销商都能获取相应的合理利润。

③ 在药品内外包装上打印不同的地区识别编码，可即时追踪和查询货源去向，有效防止窜货。

（2）事中控制措施：

① 适时监控经销商销售情况和经营状况，控制进货数量和进货周期，减少窜货机会。

② 为经销商提供良好的服务支持，帮助提高经营管理水平，增强销售信心。

③ 加强信息沟通和感情建设，促进双方的信任与合作，使经销商不主动窜货。

（3）事后控制措施：对出现窜货问题的经销商严格处罚，维护市场正常的经营秩序。

【课后实训】

制定“芪神口服液”市场营销策略

一、实训目的

制定“芪神口服液”市场营销策略。

二、实训内容

通过搜索、查阅网页、书籍等资料，对“芪神口服液”市场营销策略进行梳理、分析，制定市场营销策略。

三、实训要求

具备主动学习、搜索相关信息、总结和归纳的能力。

项目十一

医药产品促销策略

学习目标

1. 知识目标

（1）掌握医药产品促销的概念和作用，常见的促销方式和医药产品促销组合的策略。

（2）熟悉影响医药产品促销组合的各种因素。

（3）了解医药产品促销、医药促销组合的基本内涵。

2. 能力目标

（1）学会运用医药产品促销理论与客户沟通交流、实际制定促销广告、在营销中树立企业和产品及个人的形象、进行医药产品促销、在实践中开发客户、处理异议及促进销售，具有在竞争激烈的医药市场促销活动中灵活运用销售技巧的能力。

（2）掌握医药市场调研方案的制定、医药市场调研方法、医药市场调研问卷的设计、医药市场调研报告的撰写。

3. 素质目标

培养学生分析问题、解决问题的能力以及团队合作精神。

任务一　医药产品促销组合

【案例启发】

药店促销花样百出

“一次性消费满 28 元送高级纸杯一打”“一次性消费满 68 元送优质西瓜一个”，这是记者在贵阳大理石路××大药房门口看到的广告。以往商场、超市常用的促销套路出现在了药店。如此实惠的赠品、优惠的价格真能带动消费吗?对此，记者进行了采访。

在该药店门口，记者看到，药店门口贴着大幅的广告，而药店的音箱里也播放着药店的种种承诺。在广告中，记者看到药店将该店的药品与市场价格做对比，地奥心血胶囊市场价格为 7 元，而“怀仁价”则只要 4.3 元；“康必得”的市场价为 6 元，“怀仁价”则只要 2.9

元。更为“诱人”的是，从 2007 年 8 月 18 日至 8 月 28 日期间，在该药店“一次性消费满 28 元送高级纸杯一打”“一次性消费满 68 元送优质西瓜一个”。

对于如此促销，一些市民则不是很“领情”。采访中记者发现，药店的买药赠药活动、办卡消费活动等已经成了司空见惯的事。一些市民认为，药店的这种行为，是变相鼓励药品消费，药品关系到病人生命健康，不像市民的日常用品等普通商品，搞促销活动十分不合适。

据了解，2007 年 5 月 1 日起施行的国家《药品流通监督管理办法》第二十条明文规定：“药品生产、经营企业不得以搭售、买药品赠药品、买商品赠药品等方式向公众赠送处方药或者甲类非处方药。”同时，该办法还对药品销售的其他有关事项做出了严格规范。

医药市场竞争日趋激烈。医药企业若想取得好的效益，一方面要注重医药产品的质量，生产出适销对路的好产品；另一方面也要通过适当的促销活动，将自己的医药产品信息传递给消费者，吸引他们购买本企业的产品，在消费者需求满足的同时，实现企业的效益。医药产品促销的方式包括人员促销和非人员促销两类，而非人员促销又分为广告促销、公共关系和营业推广 3 种。促销的目的在于对药品消费者进行劝导和服务，帮助他们认识企业及其药品，从而实现购买行为。在医药产品销售过程中，如使用单独的促销方式，往往不能取得满意的效果，应根据市场环境，把不同的促销方式有机地结合在一起，发挥综合促销的互补作用，形成一个整体的促销策略，从而使促销效率最高而促销费用最低，进而使医药企业顺利实现销售目标。

一、促销的含义

促销是指企业通过人员推销、广告、公共关系、营业推广和口碑营销等方式，向消费者或用户传递产品信息，引起他们的注意和兴趣，激发他们的购买欲望和购买行为，以达到扩大销售的目的。由于促销的实质是信息沟通，一般把促销决策称之为整合沟通决策。医药企业的产品和服务要顺利进入市场，为目标消费者所接受，必须实现有效的信息沟通：一是医药企业主动及时地把医药产品信息通过各种方式传递给中间商和消费者，使目标市场更多更好地了解本企业、本产品，从而帮助消费者做出最佳的购买决策；二是医药企业也要倾听消费者的声音，通过各种渠道将市场信息引入企业的产品开发、生产与营销过程中来，保证生产经营的产品及营销组合策略更好地满足和实现消费者的需求。

此外，医药产品消费的特殊性决定了医药企业要面临更为复杂的信息沟通过程。信息传递对象除中间商、消费者和社会公众外，还有药店中的执业药师，对患者用药持有处方决定权的医生这一特殊公众。在处方药市场中，医生是医药企业产品促销中不容忽视的信息沟通环节与传播对象。

二、医药促销的作用

医药市场竞争越来越激烈，医药企业要想在市场中生存就离不开医药促销手段的运用，这就使医药产品促销越来越重要。在市场经济条件下，医药消费者和医师也习惯于依据医药促销活动的信息购买医药商品和做出用药决策。医药企业促销的主要任务就是传递产品信息，激发市场需求，促进企业销售。其主要作用表现如下：

（一）信息沟通双向性

医药企业若想与消费者达成交易，其基本条件是建立良好的信息沟通。若医药企业无法将自己的医药产品或所提供的服务信息传递给消费者，那么消费者就对医药企业及其医药产品或服务缺少足够的认识，也就无法产生信任，更别说激发其购买欲望、产生购买行为了。

（二）激发消费者购买欲望，产生购买行为

在消费者可支配收入的范围内，若市场上可选择的同类产品较多，消费者则会优先选择对其来说利益或价值较大的医药产品。而医药产品促销工作就是让消费者了解本企业产品不同于其他企业产品的特点和优点，通过外界的刺激和诱导，激发起消费者的购买欲望，促进其产生购买行为。

（三）人员促销和非人员促销

医药产品促销的两大方式是人员促销和非人员促销，企业运用推销人员直接向消费者推荐销售商品或服务的销售方式称为人员推销，适合在消费者数量较少和比较集中的情况下进行；非人员促销是指企业通过一定媒体或活动传递产品或服务等有关信息，用来促使消费者产生购买欲望，继而产生购买行为的销售方式，包括广告、销售促进、公共关系和口碑营销等，适合在消费者数量多和比较分散的情况下进行。

三、医药产品促销组合

促销组合是指企业有计划、有目的地对促销要素、人员推销、广告、公共关系、营业推广和口碑营销等促销工具的综合运用。促销组合的设计就是针对产品的特点、不同的目标受众、不同的竞争环境、不同的传播媒体对具有不同特点的促销工具加以整合应用，达到在一定成本下促销效率最大化或者是在一定的促销目标下达到成本最小化。

每个医药企业都面临制定和不断改进促销组合的工作，以找到一种既经济又有效的促销组合。由于医药市场的复杂多变及各种促销手段的特点，促销组合的制定过程非常复杂，许多因素会影响企业的促销组合决策。营销人员首先应了解各种促销方式的特点，然后再进一步考虑影响促销组合决策的因素，最后才能正确制定促销组合（见图 11-1）。

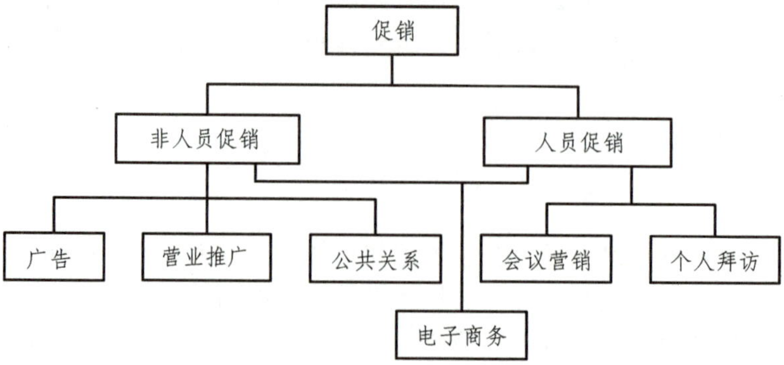

图 11-1　医药促销方式

医药促销方式的优缺点如表 11-1 所示。

表 11-1　医药促销方式的优缺点

促销方式	优点	缺点
人员推销	直接沟通信息，反馈及时，可当面促成交易	招用人员多，费用高，接触面窄
广告	传播面宽，形象生动，节省人力	只针对一般消费者，难以立即成交
公共关系	影响面广，信任度高，可提高企业知名度和声誉	花费力量较大，效果难以控制
营业推广	吸引力大，激发购买欲望，可促成消费者即时冲动，引发购买行动	接触面窄，有局限性，有时会降低商品价格

四、影响医药产品促销组合的因素

（一）促销目标

医药企业在不同时期及不同的市场环境中所进行的促销活动，都有其特定的促销目标。促销目标不同，促销组合的选择也就会有差异：如某医药企业的促销目标是迅速增加销售量，扩大企业的市场份额；而另一医药企业的促销目标则可能是树立企业形象，激发消费者的好感。显然前者促销组合选择的方法将更多地使用广告和营业推广，而后者则应更多地使用公共关系和口碑营销等手段。

（二）产品性质

对于不同性质的产品，消费者和用户具有不同的购买习惯和购买行为，因而医药企业所采取的促销组合也会有差异。对于非处方药，最重要的促销方式是广告，其次是营业推广和口碑营销，最后是公共关系；而处方药的促销首选是人员推销，其次是专业广告宣传，最后是公共关系；医药原辅料的促销则主要依靠人员推销。

（三）市场条件

市场条件不同，促销组合与促销策略也有所不同。从市场地理范围大小看，若促销对象是小规模的本地市场，应以人员推销为主；而对广泛的全国甚至世界市场进行促销，则多采用广告形式。从市场类型看，消费者市场因消费者多而分散，多数靠广告等非人员推销形式；而对用户较少、批量购买、成交额较大的生产者市场，则主要采用人员推销形式。此外，在有竞争者的市场条件下，制定促销组合和促销策略还应考虑竞争者的促销形式和策略，要有针对性地不断变换自己的促销组合及促销策略。

（四）医药产品生命周期

对于医药产品的不同生命周期，企业营销目标不同、市场竞争状况不同及消费者需求变化也各不相同，所以采取适合不同阶段的促销策略，才能保证促销活动的效果。不同医药产品生命周期的促销目标与促销策略如表 11-2 所示。

表 11-2　不同医药产品生命周期的促销目标与促销策略表

医药产品生命周期	促销目标	促销组合
导入期	使消费者了解商品	广告、公关及营业推广
成长期	提高产品知名度	加强广告和公关
成熟期	增加产品信誉度	加强营业推广、附以提示性广告
衰退期	维持信任、偏爱	营业推广

（五）促销策略

企业促销策略有“推动”与“拉引”之别。所谓推动策略，就是以中间商为主要促销对象，把产品推进分销渠道，直至最终推向消费者和用户。所谓拉引策略，则是以最终消费者为主要促销对象，吸引消费者向中间商施加压力，询购某一特定产品的策略，也就是消费者向零售药店和医疗单位等零售商询购，零售商向批发商要货，批发商向制造商进货的过程。很显然，如果企业实行的是“推动”策略，那么人员推销和营业推广的作用更大；若采用“拉引”策略，则广告、口碑营销是首选。

五、医药促销管理的实施过程

为了使促销目标能够有效达成，也为了使每一个促销活动能集结成良好的促销形象，并让促销的效益与成本达到最优组合，就必须实施一套有效的管理，确保促销策略从计划、实施到考核的过程，都达成促销意图。

（一）设定促销目标

依据医药企业近期的营业结果，及提升营业结果的显性目的（商圈渗透率、来客数或提高购买单价）或隐性目的（推广新品、建立商品丰富度形象、清理库存或是建立企业形象），将营业预算依据事实，做出有效调整，并制定营业预算目标。通过营业预算再编制每一次、每一个品类的促销预算，这样才能使促销执行具有目标与考核依据。

（二）拟订促销计划及方案

有了促销预算与目标，为了使促销符合实施时的消费者需求，在拟订促销计划及方案时，必须对促销实施的消费需求可能性进行了解与调查，才能确保促销的计划及内容能够有的放矢，获得消费者的青睐。

（三）管理促销人

促销人员良好的促销服务可以为企业吸引大批潜在的顾客和提高品牌的知名度，并且可以培养出潜在市场，因为良好的促销服务可以使顾客重复购买，进而培养成忠诚型购买并形成良好的口碑。所以，一个做得比较优秀的品牌或企业，都把市场一线人员尤其是终端促销的培训和管理工作提高到一个很高的位置，不仅仅是将基本产品知识和促销技能传授给他们，更要将深层次的促销观念和促销心态传授给他们。在具体操作过程中，首先要选择合适的促销人员，其次对他们进行相应的背景及技能培训，建立监控体系及考核标准。

（四）促销执行及自查

依据促销行程完成所有准备，在促销实施前、实施中，对于到货追踪、陈列、活动执行及准备、布置等各个环节的计划进行追踪；计划部门与执行部门在过程中应加强检查，并且在促销实施后展开促销自查会议，对实施的结果、实施的费用占比，实施的品类、品项销售，实施过程的缺失与优点做自查，以不断改进促销。

任务二　医药产品的广告设计

【案例启发】

白加黑推出时，已值 1994 年年末，比 1989 年进入中国的康泰克和 1993 年进入中国的泰诺都晚。而且，在这两个品牌中，康泰克凭借独有的缓释胶囊技术，第一个建立了全国性的强势品牌，其广告是“早一粒晚一粒，远离感冒困扰”，在当时普遍 6 小时吃一次的感冒药中，确立了“长效”定位；泰诺则依赖“30 分钟缓解感冒症状”诉求成功，其定位于“快效”，与康泰克针锋相对。

面对强大而又被消费者所广泛认同的竞争对手，白加黑没有跟进康泰克或泰诺，而是在长效、快效之外，提出“白天服白片，不瞌睡；晚上服黑片，睡得香”，将两位领先者重新定义为黑白不分的感冒药，而自己是“日夜分服”。

“白加黑”确定了干脆简练的广告口号“治疗感冒，黑白分明”，所有的广告传播的核心信息是“白天服白片，不瞌睡；晚上服黑片，睡得香”。产品名称和广告信息都在清晰地传达产品概念。

上市仅 180 天“白加黑”的销售额就突破了 1.6 亿元，在拥挤的感冒药市场上分割了 15% 的份额，登上了行业第二品牌的地位，在中国营销传播史上，堪称奇迹，这一现象被称为“白加黑”震撼，白加黑凭此定位进入了三强品牌之列。

最好的营销就是创造好的产品（概念），满足了消费者的个性化需求就是占领了市场。“白加黑”创造了一个好产品，是一个了不起的创意。它看似简单，只是把感冒药分成白片和黑片，并把感冒药中的镇静剂“扑尔敏”放在黑片中，其他什么也没做；实则不简单，它不仅在品牌的外观上与竞争品牌形成很大的差别，更重要的是它与消费者的生活形态相符合，达到了引发联想的强烈传播效果。

白加黑是研制产品之初就开始了营销策划，分析消费者、分析市场、分析竞品，最终推出满足消费者心理空白，自然也是市场空白的出色产品，名称、特点、功效浑然一体，为竞品设置了天然的竞争障碍。这是其成功的必然，值得所有的厂家，尤其是那些习惯于在产品生产出来后才开始从中途进行营销策划的厂家学习。

广告是促销组合中重要的组成部分，也是现代医药企业运用最多的一种促销方式。

一、广告的概念、类型和媒体选择

（一）广告的概念

广告，顾名思义，就是“广而告之”。美国市场营销协会对广告的定义：广告是由明确的广告主（发布者），以公开付费的方式，对产品（或服务、甚至是某项行动的意见和想法）进行非人员性的推荐活动。从市场营销的角度来看，广告是医药产品促销的必要手段，能为医生和患者提供相关信息；促进试用性购买，同时能巩固老市场，开拓新市场。此外，还能树立和加深品牌形象。

由于医药产品的种类繁多，即便是同类产品也有很多规格，而且消费者的群体差异也非常大，因此，医药产品广告的类别也相当多。根据不同的标准，广告可以划分为很多种类型。

（二）广告的类型

（1）按发布广告信息的方式不同分类，有影像广告、听觉广告、图文广告。

（2）按广告诉求不同分类，有理性诉求广告、感性诉求广告等。

（3）按广告目的不同分类，有商业性广告、公关性广告。

（4）按接受群体不同分类，有消费者广告、经销广告、工业广告、专门广告。

（5）按产品类型不同分类，有非处方药广告、处方药广告、保健品广告。

（三）广告媒体的选择

广告媒体即传递广告信息的载体。广告媒体繁多，但可以分为大众传播媒体和企业自办媒体两大类。大众传播媒体主要包括报纸、杂志、广播、电视，是广告信息传递的主要工具，被称为“四大广告媒体”。企业自办媒体是企业自己制作的广告媒体，主要有户外广告、交通流动广告、招贴广告、邮递广告、灯光广告、包装广告等。此外，广告媒体还包括网络、户外看板、车体等。

医药企业应根据各个媒体之间的优缺点，结合企业与产品的特点，选择成本效益比最佳的宣传媒介。各种广告媒体的优缺点如表 11-3 所示。

表 11-3　各种广告媒体优缺点比较表

媒体	优点	缺点
报纸	覆盖面广、地区特征明显、可信度高、灵活性强、传播及时	周期短、保存性差、不利于复制可传阅性差
杂志	周期长、保存性好、可信度高	等待期长、绝对成本高
广播	人文选择性高、可复制成本低、受众广泛	覆盖面小周期短、难以记忆、只有声音无图像缺乏表现力
电视	传递速度快	绝对成本过高、黄金时间受限制
户外	覆盖面广、声音图像并存	表现形式单调、难以吸引注意力
互联网	展露时间长、成本低、乐活性高 互动性强、成本低、反馈及时	容易被过滤、落后地区不适应

医药企业选择广告媒体应综合考虑以下几方面的因素。

1. 医药产品的特征

不同特征的医药产品，使用范围、价格等不同，所以在广告媒体选择上，要使广告媒体适应产品的特性。例如，处方药主要在医院中使用，故其信息传递主要是在专业期刊杂志上进行；而对于 OTC 药品主要适用于广大普通消费者，故其最适合的广告宣传媒介是电视和报纸。

2. 消费者的特征

做广告必须有的放矢，要了解消费者的消费习惯、购买力、偏好、对媒体的信赖程度等。例如，老年人爱听广播，小朋友爱看动画片等。

3. 媒体的特征和费用

媒体的覆盖范围直接影响消费者信息的接收效果。因此，想在全国范围内进行促销，就要采用全国性的媒体进行宣传；若仅想在某地区进行促销，从成本效益率最优化的角度考虑，最适合采用地方媒体。不同广告媒体，因其覆盖范围不同，其收费也会有很大的差异。在进行媒体选择的时候，既要考虑企业所要求的效果，又要考虑企业的经济实力，切莫因大批量资金投入广告而将企业拖垮。

4. 竞争对手的广告策略

医药企业在选择广告媒体时，除了遵守相关的规定，还应充分掌握竞争对手所采取的广告策略，采取相应的广告策略，发挥自身的优势。

二、医药产品的设计原则与效果评估

(一) 医药产品的设计原则

1. 真实性原则

医药产品与普通产品的不同之处是用于治病救人、救死扶伤，因此，真实性是医药产品广告的首要原则，也是职业道德标准的体现。所传播的药品必须以药典或药品说明书为依据；讲究信誉；医药产品广告的信息内容必须真实；医药产品广告的形式必须真实。

2. 合法性原则

法律对医药产品广告的要求比一般产品高得多。在做医药产品广告时，不但要遵守一般广告的法律法规和从业原则，而且必须遵守我国认可的国际性准则和针对医药产品的法律法规。医药产品广告的内容必须合法，以国家药品监督管理局批准的说明书为准，不得含有虚假的内容。医药产品广告不得含有不科学的表示功效的断言或者保证；不得利用国家机关、医药科研单位、学术机构，或以专家、学者、医师、患者的名义和形象做广告等。非药品广告不可涉及药品宣传。

3. 科学性原则

医药产品广告与其他产品广告一样，科学性是其目标之一。其设计不能违背药学和医学的基本原理及常识，不能违背生物学与生理学的客观事实，广告传播的手段、制作技术要具有先进性和科学性，广告设计的程序要规范化。

4. 经济性原则

医药产品广告是为促销医药产品而设计发布的，在整个设计、发布过程中广告主（医药企业）需付出若干经济费用，这些费用的付出与相应经济收益的取得应呈正比，即用尽可能少的广告费用，取得尽可能大的广告效果。所以企业在设计、制作广告和选择广告媒体时，一定要从实际出发，本着节约的原则少花钱，多办事，从而提高广告的经济效益。

5. 艺术性原则

广告本身就是一门艺术。医药产品广告的目的是向人们传达医药产品信息，是经营者与顾客进行沟通的重要桥梁。但这种信息沟通的主要方式是单向沟通，如何能以简洁、明快、准确、经济、全面和适当的力度，高效率地达到预期效果，是广告艺术性原则必须解决的问题。广告设计的艺术性要求广告具有形式美、内容美、语言美，更要富有感染力、吸引力、冲击力、推动力和魅力。

（二）医药产品广告效果的评估

从广告效果的形成过程来看，广告效果可以划分为广告认知效果、广告心理效果和广告销售效果。这是因为广告对销售的拉动不是一蹴而就的，而是通过消费者的认知、理解、购买逐步实现的。尽管企业关注最多的可能是广告的销售效果，但是缺少对其他 2 个阶段的研究，广告的销售效果也很难实现。广告效果测定的方法很多，这里主要介绍最常用的 4 种方法。

1. 直接评价法

直接评价法指邀请一些有代表性的消费者或广告专家对广告进行评价、测定。一般采用问卷调查方式，先制作广告评价表（见表 11-4），由所邀请的人员按表评估。

评定时，先请消费者代表、专家按表对广告进行评分，然后将全体人员给各项广告内容评定的分数加总，计算各项总分值，即可评定广告的总体效果。一般来讲：0～20 分为极劣广告，20～40 分为下等广告，40～60 分为中等广告，60～80 分为优等广告，80～100 分为极有益广告。

表 11-4　制作广告评价表

项目	内　容	分值	得分
吸引力	此广告能在多大程度上吸引一般读者（听众、观众）的注意力（可从画面、色彩、标题、排版、文案配置等方面考虑）	10	
	此广告对可能的购买者有无吸引力	10	
表现力	此广告能在多大程度上促使读者（听众、观众）详细了解广告宣传的商品（服务）	10	
	此广告的中心思想（主题）是否清楚、明确	20	
	此广告在阅读（收看、收听）后能在人们心中留下多少印象	10	
感染力	此广告是否给人带来好感	10	
	此广告是否让人感到可信	10	
行为度	此广告在多大程度上影响读者（听众、观众）的消费决策	10	
	此广告能在多大程度上促使人们采取购买行动	10	

2. 差额评价法

大量的广告使今天的生活变得更加丰富多彩，但作为广告主的经营者最关心的还是其医药产品的销售量是否增加或增加了多少；市场是否有所扩大和扩大范围如何；对广告的经济效果可通过核算，看广告所带来的经济效益是否大于广告所支出的费用、差额是多少。可借助下列公式计算：

$$A = (S_1 - S_2)qr - P$$

式中，A 为广告效果；S 为商品在广告前的销售量；S 为商品在广告后的销售量；q 为一种商品或同类商品的价格或平均价格；r 为与价格同口径的利润率；P 为广告费用。

如果 $A>0$，则广告是营利的、成功的。A 越大，广告收益越好。

如果 $A<0$，则广告是亏本的、失败的。A 越小，广告亏损越大。

3. 视听率调查法

视听率是指在某一特定时间内，特定视听对象与该媒体视听总人数的百分比。对电视、广播广告的效果进行的调查称为视听率调查。视听率调查可以分析某一广告（信息）收视的人数及其在性别、年龄、职业、收入阶层等方面的构成情况，从而使广告更具有针对性，避免造成广告浪费。

4. 广告文稿测评法

对广告文稿的测评，是调查一个广告文稿能否引起消费者的注意，能传递多少信息给消费者，这些信息在消费者心目中能留下多深印象等。它的调查对象，因药品广告的类别不同而不同，但都一定要从目标公众中选出。比如补钙产品广告，其调查对象只能是该产品的目标对象。调查一般是用开调查会的方式，抽样的样本容量一般在 30 人以上，否则样本容量太小不足以说明问题。

（三）医药产品的广告管理

鉴于医药产品的特殊性，世界各国政府对医药产品广告都采取了严格的管制。发布药品广告，应当遵守《广告法》《药品管理法》《反不正当竞争法》《药品广告审查办法》及《药品广告审查发布标准》等有关法律法规。

1. 审批机构

省、自治区、直辖市药品监督管理部门是药品广告审查机关，负责本行政区域内药品广告的审查工作，国家药品监督管理局对药品广告审查机关的药品广告审查工作进行指导和监督。广告审批机关在同级广告监督管理机关的指导下，对医药产品广告进行审查，县级以上工商行政管理部门是药品广告的监督管理机关。

2. 审批程序

申请药品广告批准文号，应当提交“药品广告审查表”，并附上与发布内容相一致的样稿（样片、样带）和药品广告申请的电子文件，同时提交相关的证明文件。医药产品广告的内容必须经过省级药品监督管理部门的审核批准，并取得药品广告批准文号或医疗器械广告审查批准文号后才能发布。在药品生产企业所在地和进口药品代理机构所在地以外的省、自治区、直辖市发布药品广告的（异地发布药品广告），在发布前应当到发布地药品广告审查机关办理备案。

3. 审批标准

下列药品不得发布广告：麻醉药品、精神药品、医疗用毒性药品、放射性药品；医疗机构配制的制剂；军队特需药品；国家药品监督管理局依法明令停止或禁止生产、销售和使用的药品；批准试生产的药品。

处方药可以在药品监督部门指定的医学、药学专业刊物上发布广告，但不得在大众传播媒介上发布广告或以其他方式进行以公众为对象的广告宣传。不得以赠送医学、药学专业刊物等形式向公众发布处方药广告。处方药名称与该药品的商标、生产企业字号相同的，不得使用该商标、企业字号在医学、药学专业刊物上以外的媒介变相发布广告。不得以处方药名称或以处方药名称注册的商标及企业字号为各种活动冠名。

【知识链接】

我国医药广告管理的四项制度和五大原则

一、四项制度

（1）审批制度。发布药品广告，应当向药品生产企业所在地省、自治区、直辖市人民政府药品监管部门报送有关材料。

（2）备案制度。省级药品监管部门核发药品广告批准文号，应同时报国务院药品监管部门备案。在药品生产企业所在地以外的省（区、市）发布药品广告，应在发布前向发布地省级药品监管部门备案。

（3）退出制度。经国务院或省级药品监管部门决定，责令暂停生产、销售和使用的药品，在暂停期间不得发布该品种药品广告；已经发布的必须立即停止。

（4）公告制度。对违法发布药品广告情节严重的，省、自治区、直辖市人民政府药品监管部门可以予以公告。

二、五大原则

（1）药品广告实行事前审批制度。药品广告须经企业所在地省、自治区、直辖市人民政府药品监管部门批准，并发给药品广告批准文号；未取得药品广告批准文号的，不得发布。

（2）药品广告内容以说明书为准。即以国务院药品监管部门批准的说明书为准。

（3）药品广告必须真实合法。不得含有虚假的内容；不得含有不科学的表示功效的断言或者保证；不得利用国家机关、医药科研单位、学术机构或者专家、学者、医师、患者的名义和形象做证明。

（4）非药品广告不得涉及药品的宣传。

（5）处方药不得在大众传播媒介发布广告或以其他方式进行以公众为对象的广告宣传。

任务三　医药产品营业推广

【案例启发】

一、主题

（1）爱心奉献社会幸运送给顾客；

（2）XJ 大药房真情回报专家现场免费义诊；

（3）XJ 大药房购药抽奖大活动。

时间：9 月 28 日至 10 月 7 日。

地点：XJ 大药房中心店。

二、内容

1. 爱心奉献社会幸运送给顾客

（1）在两节期间如购买茸桂补肾口服液和好谓口参苓口服液一个疗程（4 盒）以上，可优惠 10%，并免费获赠名典咖啡店 30 元的消费券一张；

（2）其他顾客在两节活动期间购买茸桂补肾口服液和好谓口参苓口服液一个疗程（4 盒）可获得 10%的优惠，并免费获赠名典咖啡店 20 元的消费券一张。

2. XJ 大药房真情回报专家现场免费义诊

两节活动期间，特邀医学专家（西医专家）亲临 XJ 大药房中心店现场免费为市民就诊，免费开具医药处方，免费测量血压等义务性的服务。顾客可以凭处方在 XJ 大药房购药享受 10%的优惠。XJ 大药房以真情回报娄底人们 3 年来对药房的大力支持与关注。

3. XJ 大药房购药抽奖大活动

两节活动期间，市民购买茸桂补肾口服液和好谓口参苓口服液一个疗程（均为 4 盒），可免费获赠名典咖啡店 30 元消费券一张，多买多送，购买其他的医药产品可参加抽奖，中奖率为 100%。

宣传：广告除了说明活动外，着重树立企业形象——药房为社会福利事业真诚奉献，把幸运无私地送给消费者。两节活动期间，在 XJ 大药房中心店通知媒体进行现场报道。

益处：不仅能花费最少的钱买到最好的产品，而且能免费获得消费券，吸引力大增，换来的是快速促销的实绩和良好的形象。

问题：促销广告往往不被消费者关注，其实并不是促销不具备吸引力的问题，而是由于促销广告本身缺乏说服力和吸引力，没有将促销活动的核心利益点表达清楚。故而，促销广告也需要进行精心的设计和创意，关键不在于说什么，而在于怎么说。

推广策略中，常用的主要有 4 种，即降价和打折、买赠、派送、有奖促销。在具体的操作比较上，降价和打折所涉及的具体活动支出费用最少，对一些价格敏感的消费群体的影响力也最大，价格的下调极易对品牌造成伤害，品牌产品所集聚的目标群体会因品牌的贬值而流失。另外，消费者是买涨不买跌，一旦价格下调，将很难回复，强行上调，只会是失信于顾客，让顾客对品牌产品心灰意冷。

与之相对应的是派送，产品派送可以在短时间内让精选的目标人群看到自己的品牌和产品，并且由于获取的低成本甚至是无成本，也容易促进获取者的尝试性消费。这种效果是很多促销方式费尽万般心思也望尘莫及的。而买赠和有奖促销，无论在促销成本和目标达成效应上都处于居中水平，这就难怪很多的操作者在实际的促销过程中，争捧这两种促销方式。不过，就时间绵延的角度来考虑，有奖促销耗时会长一些，如果操作者不想让自己的这次促销活动拖泥带水地影响后续的市场操作，买赠促销势必就成为首要选择。

策略：一般来说，消费者接受商品信息的模式为：注意兴趣欲望行动满足。注意、兴趣、欲望都是在消费者头脑市场中的活动，加上目前的消费者越来越试图在商品大潮中寻求各自爱好、趣味和审美价值的落脚点，故而怎样将比较烦琐枯燥的促销信息转化为消费者的兴奋点，就非常重要。

一、医药产品营业推广的概念和种类

（一）营业推广的概念

营业推广又称销售促进，是指企业运用各种短期诱因鼓励消费者购买和中间商购买、经销或代理企业产品或服务的促销活动。

（二）医药产品营业推广的种类

对于不同的销售对象，营业推广的方式和技巧也会有所不同。选择适当的营业推广方式，是进行促销活动的关键所在。概括而言，医药产品营业推广的目标有 4 类，即对消费者的营业推广、对医院的营业推广、对推销人员的营业推广、对中间商的营业推广。在开展医药产品营业推广时，要遵照《药品易通监督管理办法》的规定，药品生产、经营企业不得以搭售、买药品赠药品、买商品赠药品等方式向公众赠送处方药或者甲类非处方药。

1. 对消费者的医药产品营业推广

（1）赠送样品：企业在新产品上市时，为了吸引目标消费者率先使用，可以采取赠送样品的方式。赠送的方式主要有现场赠送、上门赠送和邮寄赠送 3 种。

（2）赠送优惠券：即向消费者赠送以低价格购买商品的印刷品，尤其是优惠券能使消费者清楚优惠的时限，刺激消费。

（3）折价券或积分卡：这类工具主要是对购买一定数量的消费者，为刺激其购买某种产品，或增加购买量所采用的一种形式。

（4）奖励：即对购买特定产品或一定量的顾客给予一定的奖励。奖励方式可以是一次性的，也可以是多次性的。采用一次性奖励是为了推销某特定产品，产品销售完毕即停止使用。采用多次性奖励是为了刺激顾客在长时期内购买某种产品。但需要注意的是，奖励应符合企业和产品的特性，切勿让奖励喧宾夺主。

（5）商品示范：通过参与和举办各种形式的医药产品展览和陈列，边展边销，突出、集中、重点地介绍某些产品，并对消费者所关心的问题给予现场解答，消除他们的疑虑，促进销售；并配以优惠的价格，有效刺激消费者的购买欲望。

2. 对医院的医药产品营业推广

（1） 学术推广：主要是针对处方药对医院和医生的营业推广方式，这也是医药企业近年来日益重视的促销方式。在明确产品定位和市场定位的基础上，学术推广可以采取不同的途径进行。例如，在重点医院的相关科室中举办医药产品介绍会，进行学术推广，树立该品牌在医生心目中的地位；与促销医药产品领域相关的专家开展学术报告，介绍使用该医药产品的特色和优势等。

（2）折扣：在医药产品销售过程中，医药企业可以根据购药单位销售额不定期地返回不同比例的现金和产品。在市场经济条件下，折扣是一种常见的商业行为，但是折扣必须是公开的，否则就成了商业贿赂。

（3）赞助：为医院、科室和医生个人在科学研究方面提供赞助。这种推广策略一般为外资企业所采用，例如，一些医药企业为医院和医生在科研方面提供赞助，能给客户留下很好的印象，无形之中拉近与客户之间的距离，也为企业产品进入医院做好了铺垫。

（4）赠送纪念品：很多医药企业的医药代表在医院推广过程中，常常会给医院赠送一些礼品或纪念品。例如，一些医药企业的销售员在推广过程中常会赠送给客户印有企业品牌、产品及其企业文化等资料的礼品或纪念品，这样可以有效地宣传企业形象和产品，从而更好地发展与保持和医院客户之间的关系。

3. 对推销人员的医药产品营业推广

这是企业为鼓励推销人员积极开展推销活动，实现扩大销售的推广方法，主要有以下方式：

（1）销售奖金：企业为鼓励推销人员的销售业绩而给予一定数额的奖金。例如，有些医药企业每年会给销售人员 100 万元左右的销售任务，销售人员完成或超额完成这一任务，就能得 2.5 万元的推销奖金，这在很大程度上增加了销售人员的积极性。

（2）销售竞赛：企业组织推销人员开展以提高推销业绩为中心的推销比赛，对成绩优良者给予奖励。这种奖励有精神奖励、物质奖励等多种形式，如授予称号、晋升、加薪、奖金、旅游等。企业对销售业绩排第一的销售人员授予相关称号，如月冠军、季冠军、年冠军或其他物质奖励，这极大地鼓励了销售人员的工作热情。

（3）红利提成：企业按推销人员完成的销售额或利润给予一定的提成。多销多得，少销少得。医药企业可以用这种方法鼓励推销人员大力推销医药产品。医药企业一般会给销售人员 3%～5%的提成，以此来激励他们的工作积极性。

4. 对中间商的医药产品营业推广

针对中间商的医药产品营业推广主要是指医药企业对医药批发商、零售商进行的促销活动，其主要目的是鼓励增强厂商合作规模，巩固中间商的忠诚度，促使其更加努力地推销本企业的医药产品，提高市场占有率。

（1）购买折扣：为激励中间商购买更多的医药产品，对一次购买数量较多或在某段时间内购买较多医药产品的中间商给予一定的折扣奖励。

（2）推广津贴：为鼓励中间商能够提供较好的陈列位置和更大的陈列空间，对其给予一定费用补贴或广告费的支持；对于路途较远的中间商，给予路费的补偿，以鼓励其购买本企业产品。

（3）销售竞赛：如果在同一市场上通过多家中间商来销售本企业的产品，可以根据各销售商的销售业绩，通过销量竞赛，对优胜者给予不同的奖励。这种奖励可以是现金，也可以是实物，或是其他方式，如免费旅游、度假等。

（4）医药展销会：医药企业在这类交易会上，可集中大量的品种，形成对促销有力的现场环境，可以给予目标消费者一个直观的印象。

（5）人员培训：企业为了增强产品在零售终端的销售效果，可以对中间商的员工进行专门的销售理论和销售技巧的培训。

二、医药产品营业推广的特点

营业推广是一种短期的促销方式，相对其他促销方式，医药产品营业推广有以下显著特点。

（1）针对性强、促销效果明显。医药产品营业推广是一种以激励消费者购买和调动经销商经营积极性为主要目的的辅助性、短暂性的促销措施。大多是通过提供某些优惠条件，调动有关人员的积极性，刺激和诱导消费者购买。因而医药产品营业推广见效快，对一些消费者具有较强的吸引力。

（2）无规则性和非经常性。医药产品营业推广不能频繁使用，否则会降低其促销效果。大多数医药产品营业推广方式是无规则和非经常性的，它只是辅助或协调人员推销及广告活动的补充性措施。大多数公司采用推销人员或广告去推销商品，或采用广告和人员推销相结合的促销方式，几乎没有一家公司是单凭医药营业推广去维持经营的。

（3）短期效果。医药产品营业推广一般是为了尽快地批量推销产品获得短期经济效益而采取的措施。如若按长期推销模式运作，则容易使消费者产生逆反心理，反而无法达到促销的本意。

（4）风险性。企业运用营业推广主要是通过各种工具促使消费者尽快购买其产品，虽然短期内促销效果明显，但如若操作不当，容易使顾客产生逆反心理或使顾客对产品产生怀疑。这种做法有时会拉低产品的档次和地位，甚至给人以产品质量低劣的印象，从而有损产品或企业的形象。因此，选择医药营业推广形式时应慎重。

三、医药产品营业推广的注意事项

（一）明确目标

医药企业在应用营业推广手段时，首先应该根据企业的营销目标来确定营业推广的目标。对消费者，主要是争取新顾客，扩大市场份额；或是鼓励消费者多购，扩大产品销量；或是推销落后产品，延长产品生命周期。对中间商，主要是诱导其购买新品种，储存更多的数量，鼓励其淡季购买和选择性购买本企业的产品。同时，医药营业推广的目标要与促销组合的其他方面结合起来考虑，相互协调配合。

（二）选择适当的方式

我们知道，营业推广的方式很多，且各种方式都有其各自的适应性。选择好营业推广方式是促销获得成功的关键。一般来说，应结合产品的性质、不同方式的特点以及消费者的接受习惯等因素选择合适的营业推广方式。

（三）确定合理的期限

控制好营业推广的时间长短也是取得预期促销效果的重要一环。推广的期限，既不能过长，也不宜过短。这是因为时间过长会使消费者感到习以为常，失去刺激需求的作用，甚至会产生疑问或不信任感；时间过短会使部分顾客来不及接受营业推广的好处，收不到最佳的促销效果。一般应以消费者的平均购买周期或淡旺季间隔为依据来确定合理的推广期限。

（四）切忌弄虚作假

营业推广的主要对象是企业的潜在顾客，因此，企业在营业推广全过程中，一定要坚决杜绝徇私舞弊的短视行为发生。在市场竞争日益激烈的条件下，企业的商业信誉是十分重要的竞争优势，企业没有理由自毁商誉。本来营业推广这种促销方式就有贬低商品之意，如果再不严格约束企业行为，那将会产生失去企业长期利益的巨大风险。因此，弄虚作假是营业推广中的最大禁忌。

（五）注重中后期宣传

开展营业推广活动的企业比较注重推广前期的宣传，这非常必要。在此还需提及的是不应忽视中后期宣传。在营业推广活动的中后期，面临的十分重要的宣传内容是营业推广中的企业兑现行为，这是消费者验证企业推广行为是否具有可信性的重要信息源。所以，令消费者感到可信的企业兑现行为，一方面有利于唤起消费者的购买欲望，另一方面可以换来社会公众对企业良好的口碑，展示企业良好形象。

此外，还应注意确定合理的推广预算，科学测算营业推广活动的投入产出比。

任务四　医药产品营销的公共关系

【案例启发】

在企业发展史上还没有一家企业在危机处理问题上像美国强生制药公司那样获得社会公众和舆论的广泛同情，该公司因妥善处理“泰莱诺尔”中毒事件以及成功的善后工作而受到人们的称赞。1982 年 9 月 29 日和 30 日，在芝加哥地区发生了有人因服用含氰化物的“泰莱诺尔”药片而中毒死亡的事故。在此以前，该药占据了美国 35%的成人止痛药市场，年销售额达 4.5 亿美元，占强生公司总利润的 15%。最初，仅 3 人因服用该药片而中毒死亡。可随着消息的扩散，据称美国全国各地有 250 人因服用该药而得病和死亡，一下子成了全国性的事件。

强生公司经过对800万片药剂的检验发现，所有这些受污染的药片只源于一批药，总共不超过75片。最终的死亡人数只有7人，且全在芝加哥地区。为向社会负责，该公司还是将预警消息通过媒介发向全国。随后的调查表明，全国94%的消费者知道了有关情况。

强生公司后来重新向市场投放了这种产品，并有了抗污染的包装。由于强生公司成功处理了这一危机，它获得了美国公关协会当年颁发的银钻奖。事故发生后的5个月内，该公司就夺回了该药原所占市场的70%。在这一事件中，公司针对消费者发起了一场表明自己的立场、显示其社会责任心的传播运动。那么他们是怎么做的呢？

"泰莱诺尔"案例成功的关键是因为有一个"做最坏打算的危机管理方案"。特别有意思的是，这一危机管理方案的原则正是公司的信条，即"公司首先考虑公众和消费者的利益"。这一信条在危机管理中发挥了很好的作用。

一、公共关系的含义和特点

（一）公共关系的含义

公共关系，就是一个组织运用有效的传播手段，使自身适应公众的需要，并使公众也适应组织发展需要的一种思想、政策和管理职能。可以从以下4个方面理解公共关系的含义。

第一，公共关系是一个组织与其公众之间的关系。这种关系是一个组织在与公众的相互作用和相互影响中形成的。

第二，公共关系是一种特殊的思想和活动。作为一种思想，它渗透在一个组织的全部活动之中；作为一种活动，它又具有区别于组织的其他活动的特殊性和特殊要求。

第三，公共关系是现代组织管理的独立职能。公共关系的主要任务就是，协调组织与公众的相互关系，使组织适应于公众的要求，使公众有利于组织的成长与发展。

第四，信息沟通与传播是公共关系的特殊手段。公共关系用以协调组织与公众的主要手段，就是信息沟通与传播。信息沟通与传播主要以现代大众传播媒介为物质工具。

（二）公共关系的特点

医药行业政策的变迁，以及新医改对于医药营销的冲击，使在不远的将来，营销战略的创新和营销媒介的选择，将在很大程度上决定医药企业的营销效率。医药产品的营销具有政策性、专业性和限制性等特点。同时，医药营销又面临由于媒体的负面报道、降价等政策风险和违法广告带来的种种问题，这些问题制约着其他营销工具进一步发挥作用，而公共关系能发挥出不可替代的优越性。医药公共关系的特点主要表现在以下方面。

1. 情感性

公共关系是"拉"，是悄然入心的拉拢。医药企业选择了合适的公共关系策略的应用，能巧妙地拉近与消费者的关系，使他们在情感上形成对企业和产品的好感，从而有助于后续产品销售的实现。

2. 双向性

公共关系是以真实为基础的双向沟通，而不是单向的公众传达或对公众舆论进行调查、监控，它是主体与公众之间的双向信息系统。组织一方面要吸取人情民意以调整决策，改善自身；另一方面又要对外传播，使公众认识和了解自己，达成有效的双向意见沟通。

3. 广泛性

医药产品的特殊性以及销售环境的复杂性，决定了医药企业开展公共关系的公众是非常广泛的。医药公共关系的公众分为内部公众（员工公众）和外部公众（媒体公众、政府公众、医生和消费者公众）。良好的媒体公众策略有利于形成对本企业有利的舆论气氛，增强企业的竞争力。良好的政府关系能够为医药企业在医药市场提供有利的营销环境和政策支持。而医生和消费者公众则对医药企业产品销售起到决定性的作用，同样企业内部各成员之间和谐、友善的关系是企业生存和发展的根本保证。这些公众决定了企业生存和发展的内外部环境。

4. 整体性

公共关系的宗旨是使公众全面地了解自己，从而建立起自己的声誉和知名度。它并不是要单纯地传递信息，宣传自己的地位和社会威望。

5. 长期性

公共关系着手于平时努力，着眼于长远打算。公共关系的效果不是急功近利的短期行为所能达到的，需要连续地、有计划地努力。医药企业要树立良好的形象和声誉，不能计较一时一地的得失，而要追求长期的、稳定的战略性关系。

二、医药公共关系的形式和作用

（一）医药公共关系的形式

医药公共关系的活动方式是指以一定的公关目标和任务为核心，将若干种公关媒介与方法有机地结合起来，形成一套具有特定公关职能的工作方法系统。按照公共关系的功能不同，医药公共关系的活动方式可分为以下 5 种。

1. 宣传性公关

宣传性公关主要是运用报纸、杂志、广播、电视等各种传播媒介，采用撰写新闻稿、演讲稿、报告等形式，向社会各界传播企业有关信息，以形成有利的社会舆论，创造良好气氛。这种方式传播面广，推广医药企业形象效果较好。

2. 征询性公关

征询性公关主要是通过开办各种咨询业务、制定调查问卷、进行民意测验、设立热线电话、聘请兼职信息人员、举办信息交流会等各种形式，连续不断地努力，逐步形成效果良好的信息网络，再将获取的信息进行分析研究，为经营管理决策提供依据，为社会公众服务。

3. 交际性公关

交际性公关主要是通过语言、文字的沟通，为医药企业广结良缘，巩固传播效果，可采用座谈会、招待会、谈判、专访、慰问、电话、信函等形式。交际性公关具有直接、灵活、亲密、富有人情味等特点，能深化交往层次。

4. 服务性公关

服务性公关主要是通过各种实惠性服务，以行动去获取公众的了解、信任和好评，以实现既有利于促销又有利于树立和维护医药企业形象与声誉的活动。医药企业可以各种方式为公众提供服务，如消费指导、消费培训、免费修理等。事实上，只有把服务提到公关这一层面上来，才能真正做好服务工作，也才能真正把公关转化为医药企业全员行为。

5. 社会性公关

社会性公关主要是通过赞助文化、教育、体育、卫生等事业，支持社区福利事业，参与国家、社区重大社会活动等形式来塑造医药企业的社会形象，提高医药企业的社会知名度和美誉度的活动。这种公关方式公益性强，影响力大，但成本较高。

（二）医药公共关系的作用

1. 塑造医药企业形象

塑造组织形象，可以说是公共关系最基本的职能，有人因此将公共关系部称为组织的“形象设计师”。医药企业通过公共关系活动的开展，与消费者进行情感沟通，更有效地传递信息，帮助企业在公众心目中树立良好形象，以取得广大公众的信任和支持。

2. 提高企业员工素质

员工素质是指组织员工的知识技能、情感态度、价值观，以及道德、法律观念等方面的综合品质，员工素质状况决定着组织整体的质量。组织将公共关系纳入组织的管理体制，将大幅度地提升全体员工的素质。通过公共关系活动的运作及管理，组织可以在公众至上意识、交往合作意识、个人形象意识、与时俱进意识 4 个方面提高员工的素质。

3. 促进医药产品的销售

医药企业应用公共关系的最终目的是销售，不是作秀。在开展公共关系活动时，要把渠道、终端设计和实施活动，与公共关系的目的呼应起来，把公关的职能承接到营销环节上来，有助于企业的销售。例如，终端要有公关主题海报，要以公关主题的名义开展与消费者互动的公益或促销活动。

4. 优化企业经营环境

公共关系可以为产品和品牌建立良好的舆论环境，为营销造势，从某个侧面入手扩大其影响力和形成口碑。对内，有助于医药企业理顺内部关系，使全体员工以主人翁的态度维护企业形象，共同创造和谐的工作氛围。对外，通过公关活动的开展，获取政府、社会组织和消费群体的好感，有助于创造良好的外部环境。

（三）医药公共关系的促销功能

1. 信息沟通功能

信息情报是医药企业生存发展必不可少的资源。因此，医药企业公关的重要功能之一就是与公众进行有效的信息沟通，不仅要了解社会公众对企业和产品的了解程度、是否满意等信息，还要及时发布有利于企业发展、提高企业形象的信息，并消除那些不利于企业发展的信息。

2. 宣传功能

通过公共关系进行企业宣传比广告、人员推销等手段更为有效，因为医药企业通过一些公关活动更有利于社会公众了解企业情况，更能获得社会公众的信任、支持。公关活动是追求长期的效应，通过潜移默化地影响、感化，不断加深社会公众对企业、产品的理解和支持。当企业所面临的环境恶化，能通过危机公关的手段，与社会公众保持及时交流，消除信息交流的盲区，在社会公众心目中树立一种负责任的企业形象。

3. 参谋决策功能

医药企业公关活动所面对的对象是社会公众，所了解的信息主要是社会公众的相关信息，有利于企业及时掌握各种环境的变化，有利于企业决策者综合各种因素进行科学决策。

4. 协调功能

公共关系是医药企业的一项系统工程，要协调企业内部资源与外部环境的和谐发展。企业运用各种有效沟通手段，为融洽与各方的关系，协调各种冲突，求得顺利发展创建一个良好的环境。同时，企业还要解决好内部思想统一的问题，只有内部思想统一，对外宣传口径才能一致，从而提升企业形象。

三、医药公关关系的策划与实施

（一）公共关系调查

公共关系调查是开展公共关系工作的基础和起点，为企业制定合理决策提供科学依据。公关调查的内容主要包括企业的形象和地位、公关环境、社会公众心理及消费行为等多个方面。

（二）公共关系策划

公共关系是一项长期性工作，合理的计划是公关工作持续高效的重要保证。制订公关计划，要以公关调查为前提，依据一定的原则，来确定公关工作的目标，选择传播信息和公共关系营销的工具等。公共关系营销的工具主要包括出版物、实践、赞助、新闻、演讲、公共服务活动和标志媒介等。

（三）公关促销的实施

公关促销计划的实施就是将策划所确定的内容变为现实的过程。实施环节是最为复杂多变的环节，计划不可能十分详尽周到，突发事件会经常发生。这就要求公关实施人员在实施过程中完善计划，制定具体实施方案、协调各方面关系并对计划的实施加以控制，充分发挥实施人员的灵活性和创造性。

（四）公关促销的评估

公关促销评估主要是效果评估。评估标准包括：接受、了解信息的目标公众数量；改变观点、态度的公众数量；发生期望行为、重复期望行为的公众数量；等等。比较特殊的评估标准主要是消费者的惠顾率和具体购买动机。惠顾率可以反映重复购买本企业产品的人次，而重复购买能在一定程度上反映出公关促销的效果，即企业信誉的吸引力。具体购买动机是复杂的，如果消费者购买本企业医药产品是因为企业信誉卓著，或是为了回报本企业的优良服务，则也反映了公关促销的效果。

任务五　医药产品的人员推销设计

【案例启发】

"推销大王"乔·坎多尔弗，12 岁丧母，不久父亲去世，少年生活艰辛。1958 年，他毕业于美国迈阿密大学数学系。同年夏天，他成了一名职业棒球运动员。1959 年，他告别棒球队，和妻子卡罗一道来到佛罗里达，在那里做数学老师。

1960 年，他的第一个孩子出生，经济日益拮据。为了使餐桌上的饭菜丰盛起来，这年夏天，在妻子的鼓励下，坎多尔弗开始尝试人寿保险推销。他仔细推敲并背熟保险公司给他的长达 22 页的保险条款说明书，并和妻子卡罗日夜不停地排练推销保险的每一句话术。

坎多尔弗极富耐心，排除杂念，一心一意不断努力，在第一个星期就完成了 9.2 万美元的保额推销。第一年收入 3.5 万美元，相当于他当老师 12 年的收入。1976 年，坎多尔弗的推销保额达 10 亿美元，成为美国最富的推销员之一，因此，被尊称为"寿险推销大王"。

一、医药产品人员推销的含义和分类

（一）医药产品人员推销的含义

医药产品人员推销是指医药企业派出营销代表直接与各类中间商、现实或潜在顾客进行面对面接触、洽商，通过双向的信息沟通和交流，促进产品和服务的销售，并且通过信息的反馈来发现和满足顾客需求的促销方式。

推销员应把为顾客服务，发现和解决顾客的问题作为自己的首要任务，把成交建立在真正满足顾客需求的基础上。当然，推销不仅是满足顾客利益，如果推销过程没有给企业带来利润，推销员也是不称职的。

（二）医药产品推销人员的分类

医药产品推销人员的分类有很多种方法，一般来讲，根据推销对象的不同可以分为以下两类：

1. 销售代表

其主要任务是终端促销，以及为中间商提供支持、帮助其销售。例如，医药代表通过与临床医师的沟通，使其认可企业所生产的医药产品，并开出处方，而医疗机构就会从药品批发商处购进医药产品；OTC 代表在终端直接面对消费者，向其传递医药产品或相关服务的信息，促使消费者向药品零售商购买 OTC 药品。

2. 商务代表

其主要职责是向医药批发商传递信息、获得订单、签订合同、负责回款、提供医药产品技术支持、与老客户维持关系。

二、推销人员的素质和能力要求

人员推销是集信息沟通、商品交换和技术服务于一体的综合、复杂的过程。推销活动的成功，与推销人员的素质有着密不可分的关系。故推销人员应具备以下基本素质：

（一）职业素养

推销人员应具有强烈的事业心和责任感、良好的职业道德、正确的推销思想、团队协作的精神，对医药产品推销充满信心，积极主动，忠于企业和客户，认真负责地去帮助和满足顾客的需要；要有较强的自控力，能正确处理个人、集体和国家之间的利益关系；全心全意地为顾客服务，把顾客需要的满足程度视为检验推销活动的标准。

（二）业务素质

推销人员应熟悉市场、法律、企业、产品和顾客方面的知识，懂得市场营销学的基本理论，掌握市场调研的基本方法；了解国家规范经济活动的各种法律，特别是与医药产品推销活动有关的经济法规；熟悉本企业的发展历史、企业规模、经营方针、规章制度，企业在同行业中的地位，企业产品种类和服务项目，定价策略、交货方式、付款条件及付款方式等情况；了解医药产品的疗效、功能、价格、使用方法、注意事项以及保存等方面的知识；了解市场上竞争产品的优劣情况；善于分析和了解顾客的特点，要熟悉有关心理学、社会学、行为科学的相关知识；了解顾客的购买动机、购买习惯、购买条件与购买决策等情况；能针对不同顾客的不同心理状况，采取不同的推销对策。

（三）身体素质

推销人员应精力充沛、头脑清醒、行动灵活，在客户面前要保持阳光、积极向上、充满活力的一面。但是医药产品推销工作比较辛苦，经常会东奔西走、起早贪黑、食住缺乏规律，所以要想保持一个好的精神状态，有一个好的健康体魄。要保持良好的健康体魄，应注意：要经常保持良好的心态；要学会放松自己；尽量每天坚持运动；要注意饮食卫生和预防疾病；要保证充分的休息。

（四）心理素质

推销人员、推销对象和推销产品是组成推销活动的 3 个基本要素，如何激发顾客购买行为的产生，是评价推销活动是否成功的唯一标准。掌握、熟悉顾客的购买心理和各种推销技巧固然重要，但是推销人员的心理特征对推销工作的效率和效果，也有着重要的影响。成功的推销活动，不仅仅是医药产品的魅力，更多地来自推销人员的魅力。而推销人员的魅力很大一部分是由其内在良好的心理品质决定的。因此，推销人员需要具备顽强的意志、稳定的情绪、广泛的兴趣、良好的气质、坚定的自信和宽大的胸怀等心理素质。

（五）观察能力

医药产品推销人员的观察能力，主要是指其通过顾客的外部表现去了解顾客的购买心理的能力。一个人的任何一个行为表现都与内心活动有着紧密的关系，行为也就是反映内心活动的一个侧面。推销人员可以从顾客的行为当中，发现许多反映顾客购买内心活动的信息。因此，观察能力也是揭示顾客购买动机的重要能力之一。

（六）创造能力

推销工作是一项体力与脑力相结合的工作，是一项综合性很强的工作。只有具备了很强的创造能力，才能够发现并抓住市场竞争中的机会。创造的过程本身就是挑战自我的过程，也是自我肯定、体现自信的过程。在推销过程中，推销人员只有创造性地运用各种促销方式，才能发展新顾客，开拓新市场。

（七）社交能力

推销人员每天都在与推销对象面对面地沟通。从某种意义上看，推销人员也是企业的形象代表，也是企业的外交家。我们不能让所有的客户都来适应我们的习惯与喜好，这就要求推销人员要具有与各种类型顾客交往的能力，即善于与他人建立联系，相互沟通、取得信任，以及处理各种矛盾的能力，能充分平衡各种场合的气氛。

（八）应变能力

因为推销对象的心理是复杂多变的，这就导致推销人员的推销活动也是复杂多变的。如果仅仅是用一种模式或姿态面对客户，则难以真正达到预期推销的效果。这也就要求推销人员应该具有灵活的应变能力，在不违背原则的前提下，采取一些行为，从而更好地实现自己的目标。推销人员应该能够及时地觉察到顾客需求的变化对推销效果的影响，并能针对变化的情况，及时采取必要的推销策略。

（九）语言表达能力

信息沟通是推销工作的核心和关键，而语言就是表达思想、交流信息的主要工具。推销的过程，也就是推销人员启发顾客、说服顾客的过程。良好的语言表达能力表现在语言上要求清晰、简洁、明了，说话要抓住顾客的心理，针对顾客的需要，促使顾客产生强烈的购买欲望。

三、医药推销人员的管理

（一）推销人员的选拔和培训

推销人员既是企业的代表，更是顾客的顾问，因此，必须在服务精神、工作作风、业务知识、推销技巧等方面具备良好的素质和条件。一般要求从业人员在从业前能具备适合这些特点的基本心理素质，在从业后要进一步加强训练，以提高其业务知识和技能，特别是心理素养。前者要求对求职人员进行甄选，即因事择人；后者要求对录用人员进行培训。因为推销工作的优劣对企业销售工作至关重要，而推销人员之间的工作业绩悬殊甚大，所以企业要细心挑选。当前比较常用的一些甄选方式有履历分析、纸笔考试、心理测试、面试、情景模拟等。

选拔只能提供大致可信的依据，很难有详尽的标准。鉴于选拔工作困难，很多人都更加强调对推销人员训练的重要性。科学的培训，在一定程度上可以弥补甄选中难以控制的因素所造成的影响。

医药推销人员的培训主要涉及思想品德、企业情况、市场和产品知识、推销技巧、政策和法律的培训，以及社会知觉和适应能力、自控能力和应付挫折能力的训练。培训的方法应采用理论讲授和实践模拟相结合。理论讲授可以系统介绍推销知识，实践模拟则可以弥补理论讲授的不足，使受训人通过仿照实际销售活动进行训练、消化和理解理论讲授的内容，提高实际工作能力。此外，还可以采用集体训练和个别训练的方法，通过专题演讲和示范教学、分组研讨、职位演练、在职训练、个别谈话、函授课程等方式进行培训。

（二）推销人员的激励

行为科学理论告诉我们，人的行为受多种因素的影响，物质利益不是人们努力工作的唯一动机。因此，为使推销人员保持积极的工作态度和高效率，企业还必须运用其他手段来激励他们。

1. 企业文化与组织氛围

塑造企业独特的文化氛围和共同的价值观，使企业员工认可，并自觉努力工作。给销售人员提供适时的升迁机会，经常性地倾听他们的意见，在生活上对他们关怀照顾，构造和谐的工作气氛等，都能对推销人员产生一般报酬所不能达到的激励作用。

2. 精神鼓励

利用适当的机会，表扬、奖赏优秀推销人员，如评选“销售明星”等。

3. 物质激励

通常是基于推销系列指标的完成情况及销售竞赛的结果给予物质奖励。例如，根据一年内访问顾客的次数、订货单的增加额、旅途时间减少的百分比给予相应的绩效奖励。

（三）推销人员的绩效考核

绩效考核是指按照一定的标准，采用科学的方法，检查和评定企业员工对职务所规定的职责的履行程度，以确定其工作成绩的一种有效管理方法。绩效考核作为一种衡量、评价、影响员工工作表现的正式系统，可起到检查和控制的作用，并以此来揭示员工工作的有效性及其未来工作的潜能。

对销售人员的绩效进行认真、公平的评估，能了解企业的营销效率和推销人员的实际工作状态，可通过评估对销售人员进行合理的鼓励。评估主要是通过横纵向比较和定性评估的方式对销售人员的销售量、总金额、增长率、费用额、新市场开发速度、服务态度等数据进行评估。评估的信息主要来源于推销人员的工作报告、上级视察结果、顾客调查和投诉意见等方面。

【课后实训】

医药产品促销策略

一、实训目的

掌握医药产品促销的概念和作用，常见的促销方式和医药产品促销组合的策略；熟悉影响医药产品促销组合的各种因素；了解医药产品促销、医药促销组合的基本内涵；学会运用医药产品促销理论与客户沟通交流、制定促销广告、在营销中树立企业和产品及个人的形象、进行医药产品促销、在实践中开发客户、处理异议及促进销售，具备在竞争激烈的医药市场促销活动中灵活运用销售技巧的能力；掌握医药市场调研方案的制定、医药市场调研方法、医药市场调研问卷的设计、医药市场调研报告的撰写；具备分析问题、解决问题的能力以及团队合作精神。

二、实训内容

给 AN 牌 AD 滴剂（0—1 岁）制定促销策略。

三、实训要求

（1）对 AD 滴剂（0—1 岁）市场进行调查，分析 AN 牌 AD 滴剂（0—1 岁）的优势和劣势。

（2）调查分析同类产品的促销策略。

（3）利用学到的知识，为 AN 牌 AD 滴剂（0—1 岁）制定促销策略。

四、实训步骤

（1）将学生以5～10位为单位分成若干个小组，各小组推荐一位组长。

（2）小组成员集体讨论实施方案，指导教师审核。

（3）小组成员分工收集该产品的信息资料。

（4）分析资料，确定策略，提交分析报告和汇报PPT。

五、考核标准

（1）每个实训小组提交的分析报告：60分。

（2）制作的PPT：20分。

（3）PPT的现场演讲完成情况：20分。

参考文献

[1] 国家药品监督管理局. 中华人民共和国药品管理法[M]. 北京：中国民主法制出版社，2019.
[2] 国家药典委员会. 中华人民共和国[M]. 北京：中国医药科技出版社，2020.
[3] 刘徽，黄远珺. 医药市场营销技术[M]. 2 版. 西安：西安交通大学出版社，2020.
[4] 沈志平. 医药市场营销[M]. 3 版. 北京：科学出版社，2015.
[5] 张丽. 药品市场营销[M]. 北京：中国中医药出版社，2013.
[6] 唐代芬，张嘉杨. 医药市场营销学[M]. 北京：中国石化出版社，2019.
[7] 杨文章. 药品市场营销学[M]. 北京：中国医药科技出版社，2015.
[8] 崔艳，卢延颖.医药市场营销技术[M]. 3 版. 北京：中国医药科技出版社，2021.